JN108796

特撮
古生物学者の
スーパー科学考察
地球
芝原暁彦
大内ライダー
科学

特
球
科
科楽特奏隊
大内ラ
Suzaki

はじめに
――または、私は如何にして特撮を愛し、古生物学者になったか

この本は怪獣やスーパーヒーローなどの特撮作品を「地球科学」の視点で見てみようというものです。地球科学とは、化石や地層、あるいは火山や地震など、地球の中身や歴史について考える学問です。

１９７８年生まれの私は４歳の時に恐竜にほれ込み、化石の研究をしようと考えました。その後、筑波（つくば）大学に入って微生物の化石の研究で博士号をとり、今も茨城県のつくば市で研究を続けています。

そんな私ですが、11歳の時に『ゴジラVSビオランテ』を映画館で見て大きな衝撃を受け、特撮というジャンルにも目覚めてしまいました。１９８９年の出来事です。この作品の素晴らしさは怪獣のデザインや設定だけでなく、ゴジラの移動経路を地図上に描き出し、人間が先回りして対策を考えるというまさに地球科学的なストーリーにあります。

11歳といえば、周囲の友人たちは戦隊やライダーからほぼ全員が卒業しているお年頃。

そんな時にようやく特撮の素晴らしさに気づいた私は、化石を集める傍ら、書店で『ゴジラVSビオランテ』の設定資料集を購入し、それに載っていたメカニックの設計図面や脚本を毎日のように眺めては興奮するというおかしな少年時代を過ごしました。

周囲の友人たちと違うタイミングで特撮にハマった結果、私は大人になっても特撮から卒業できていません。『ゴジラVSビオランテ』は今でも毎朝出勤する際にカーナビでBGM代わりに音だけを流しており、もはや研究前に集中力を高めるためのルーティーンと化しています。それどころか、大学時代には自分でデジタルカメラとパソコン編集を使いながら特撮作品を制作し、NHKのBSプレミアムに投稿するなど、特撮を作ることにものめり込んでしまいました。

このように化石と特撮とを両方学んだ結果、今では古生物学者でありながら、VRや3DCGを駆使して化石を研究する、少し変わった技術の開発を行っています。2016年にはこうした研究を専門に行う「地球科学可視化技術研究所」を設立しました。この研究所の名前も、ウルトラ警備隊や科学特捜隊などの防衛組織を意識して命名したものです。

このような人間なので、特撮を観賞する時も必ず地球科学の視点が入ります。この作品はどこで撮影されているのか？　この地形はどこか？　作中に登場する生物の元ネタは何か？　そんなことを考えながら、日曜朝のスーパーヒーロータイムを視聴しています。

オタク仲間の研究者と話す時は、「この論文は198X年に論文が出ている、となると、○○レンジャーが放送されていた年ですね」などと話が展開していきます。一見関係ないようですが、実はこれ、地球科学で用いられる示準化石や年代スケールと同じ考え方です。「この化石が地層から出てきた場合、その地層は○○年前のもの……」と、化石からいろいろなことがわかるのと同じなのです。いや、同じだと思っています。

さて、前置きが長くなりましたが、本書は特撮と地球科学を純粋に楽しんでいただくために、2つのシンプルなルールに従って作品を考察しました。

①特撮作品の画面に映っていることはすべて「事実」と捉える

②特撮作品が作られた時代の技術的背景や世相なども考慮する

まず①は、特撮の映像を見ていてしばしば感じる「このシーン、何だかおかしくないか？」という疑問に対して「それは脚本のミスです」ないし「スタッフの知識不足です」といった大人の事情に逃げず、揚げ足を取らず、真面目にその理由を考えるということです。すなわち、作品の科学的な間違いを指摘するのではなく、画面に映った「事実」を成立させるためにはどんな地球科学的こじつけ（知的な遊び）がありうるのか？　を全力で考えていくわけです。

②は、①を踏まえたうえで、その作品が作られた時代背景や技術的背景などを、地球科学的な視点から真面目に考える、というものです。特撮作品はその時代の最高のミニチュア製造と撮影技術によって作られています。すなわち特撮作品を見るうえで、その時代の技術的背景を考えることは、最先端の科学や考え方を知ることにもつながるからです。

以上2つのルールにのっとり、特撮映画を映像面と技術面から地球科学の視点で、全力全開で楽しんでいきます。さらに今回は、バンド「科楽特奏隊」メンバーであり行動派の特撮オタクの名をほしいままにしている大内ライダーさんに、お付き合いいただき、対談形式で考察していきます。

ここで、あらかじめおわび申しあげたいのは、数十年にわたって作られ続けた特撮作品の数はあまりに膨大で、できるだけ多くの分野を解説する予定ではおりますが、どうしても紹介する作品に偏りが出てくるかもしれないということです。それもひとえに私の作品に対する「愛」ゆえと笑っていただければ幸いです。

さて皆様、ご準備はよろしいでしょうか？　ここから先はフィクションとしての特撮と、現実の地球科学の境界がなくなる世界、すなわちフィクションと現実が融合する世界が待っています。それではご笑覧ください。「スーパー地球科学タイム」の始まりです！

目次

第一部

ゴジラの移動ルートを分析！ 謎を解くカギは地形にあり――13

第二部

ウルトラマンの目は、おそらく少しずつ進化している——83

第三部 あえて考察しよう！ なぜ、スーパー戦隊はいつも岩場で闘うのかを ——165

第四部

ライダーで「悪墜ち」しがちな古生物学者、および研究と特撮の話――241

目次

【第一部】

ゴジラの移動ルートを分析！謎を解くカギは地形にあり

『シン・ゴジラ』、東京駅とヤシオリ作戦本部近すぎ問題

芝原 元々この企画は編集者さんからいただいた1通のメールから始まりました。『シン・ゴジラ』の最終決戦では、どうしてあんなにゴジラから近い場所で指揮をとっていたのか、あそこではゴジラの熱線が主人公たちに当たっちゃうんじゃないか、というご質問でした。そこで、いや実はそれはちゃんと地形的な理由があるんですよ、とやりとりをしまして。ではそれをテーマに考察イベントをしてみませんか？ということで始まりました。

大内 そうだったんですね、それでこちらの渋谷は「東京カルチャーカルチャー」までお越しになったと。

芝原 はい。今日もつくばからやってまいりました。元々、特撮ネタはツイッターの別アカウントでつぶやいていたのですが、恐竜関係の本アカウントの方に誤爆してしまい、それを編集さんに発見されまして。

大内 芝原先生、別アカあるんですね？

芝原 大内さんにはあとでお教えしますね(笑)。といっても、特撮についていろい

図1　『シン・ゴジラ』東京駅での最終決戦とヤシオリ作戦本部。

ろ語ってるだけなんですが。最近は恐竜と特撮、どっちがメインの話題かわからなくなってきました。では、始めていきましょう！　漫画家のすざ木しんぺい先生に描いていただいた絵（図1）を見てください。登場しているのは『シン・ゴジラ』の**第4形態**ですね。このゴジラを倒すために、血液凝固剤という薬品を口につっこんで、全身を凍結させようという作戦が東京駅周辺で展開されます。

大内　この本の出版元イースト・プレスさんのオフィス（神保町）のすぐ近くですね。ゴジラが暴れているのが、会社の窓から見切れたりして。

【第4形態】
『シン・ゴジラ』に登場するゴジラは、人間の約8倍の遺伝情報を持つと設定されており、単一個体でありながらさまざまな環境に適応して形態を変化させる。第1形態は水棲生物らしき姿、その後、呑川から蒲田へ上陸した際には第2形態と呼ばれる姿に変化（通称、蒲田くん）、さらに北品川で肉食恐竜のような第3形態に変化（通称、品川くん）する。その後、鎌倉から再上陸した際には全高118・5mにまで大型化し、その姿を第4形態と呼ぶ。

芝原　社屋がゴジラの熱線でピーッと切られて、半分くらいになってそうですけど。さて、こちらのすざ木先生のイラストですが、多くの路線が交わるのが東京駅で、左下にもその建物が描かれていますね。そこに、無人新幹線爆弾や、無人在来線爆弾が登場します。実は私も今日は無人在来線爆弾がプリントされたTシャツを着て参加しています(ドヤ顔)。

大内　おお！　いいですね。

芝原　そして、右下では、**巨災対**(きょさいたい)のリーダーたちがガスマスクをつけて、放射性物質を防ぎながら近くで指揮をとっていますね。この指揮所があるのが、竹橋にある**科学技術館**です。

大内　後ろに星形の模様が描かれてますよね。

芝原　もうこれだけで、博物館が好きな人ならピンとくると思います。科学技術館は外壁全体に星形の模様がデザインされていて、建物の大きな特徴となっています。科学技術館自体は、ウルトラシリーズの撮影に使われるなど、特撮とは非常に縁の深い場所です。『シン・ゴジラ』で最終決戦の指揮をとっているシーンは、実際にこの建物の屋上で撮影されています。なんでこんな近場でやってるんだ、というのが

【巨災対】
巨災対(きょさいたい)(巨大不明生物特設災害対策本部)と呼ばれる架空の組織の略称。ゴジラに対応するため、さまざまな公的機関の研究者や有識者によって構成された組織という設定で、ゴジラを凍結させる「血液凝固剤」を開発すべく奔走する。

【科学技術館】
公益財団法人日本科学技術振興財団によって運営される博物館。宇宙や生命、資源、化学など、科学に関する幅広い展示が行われている。ウルトラマン80のロケ地としても使用された。米村でんじろう氏がサイエンスショーエリアをプロデュースしたことでも有名。

今回の大きなテーマです。

大内　決して高いビルではないんですよね？

芝原　はい。むしろ少し低いくらい。

大内　科学技術館はオタク系イベントもよくやるので、僕も行ってましたね。『シン・ゴジラ』を見た時、全然大きくもないし、近い場所だし、なんでこんな所が拠点なのか、と僕も疑問に思っていました。

芝原　**オタクの聖地だからというのはあると思いますが、もっと科学的な理由があるのではないか。**ここから考察が始まります。

大内　なるほど！「オタクの聖地だから」など、大人な視点でかたづけずに、科学で考察する。こうやって進めていくわけですね。

『シン・ゴジラ』の東京侵攻ルートを地形で見る！

芝原　そうなんです、こんな感じで進めていきます。さて、ここからは東京の地形を詳しく見ていきましょう。図2は、『シン・ゴジラ』でゴジラがどの場所を通っていったかという図です(図2)。ゴジラの位置情報は、茨城県つくば市にある産業技術総合研究所の川邉禎久先生が映画館に10回以上通われて、すべてのシーンを書き起こし、それぞれのシーンで壁の時計が何時を指しているのか、といった情報から推理したデータです。ちなみに川邉先生は、ブラタモリの伊豆大島編にも出演されている有名な火山研究者です。

大内　川邉先生、なんて熱量なんだ……！

芝原　さて今回のゴジラは、東京湾から現れて呑川を遡上、蒲田で上陸して品川に移動します。その後、自衛隊が対戦車ヘリコプターで攻撃するかな、と思ったら諸事情によりできなくて。

大内　はい。一回海に消えていきましたね。

芝原　その後、今度は鎌倉から上陸して多摩川の方に侵攻してきます。自衛隊と交戦するんですが、残念ながら阻止できず、都内を破壊します。そこからの足取りが不明な部分もありますが、最終的には東京駅周辺に到着します。

大内　そして、無人爆弾に血液凝固剤、というわけですね。

芝原　周辺の地形を説明すると、科学技術館周辺の、へこんでいる地形が皇居のお

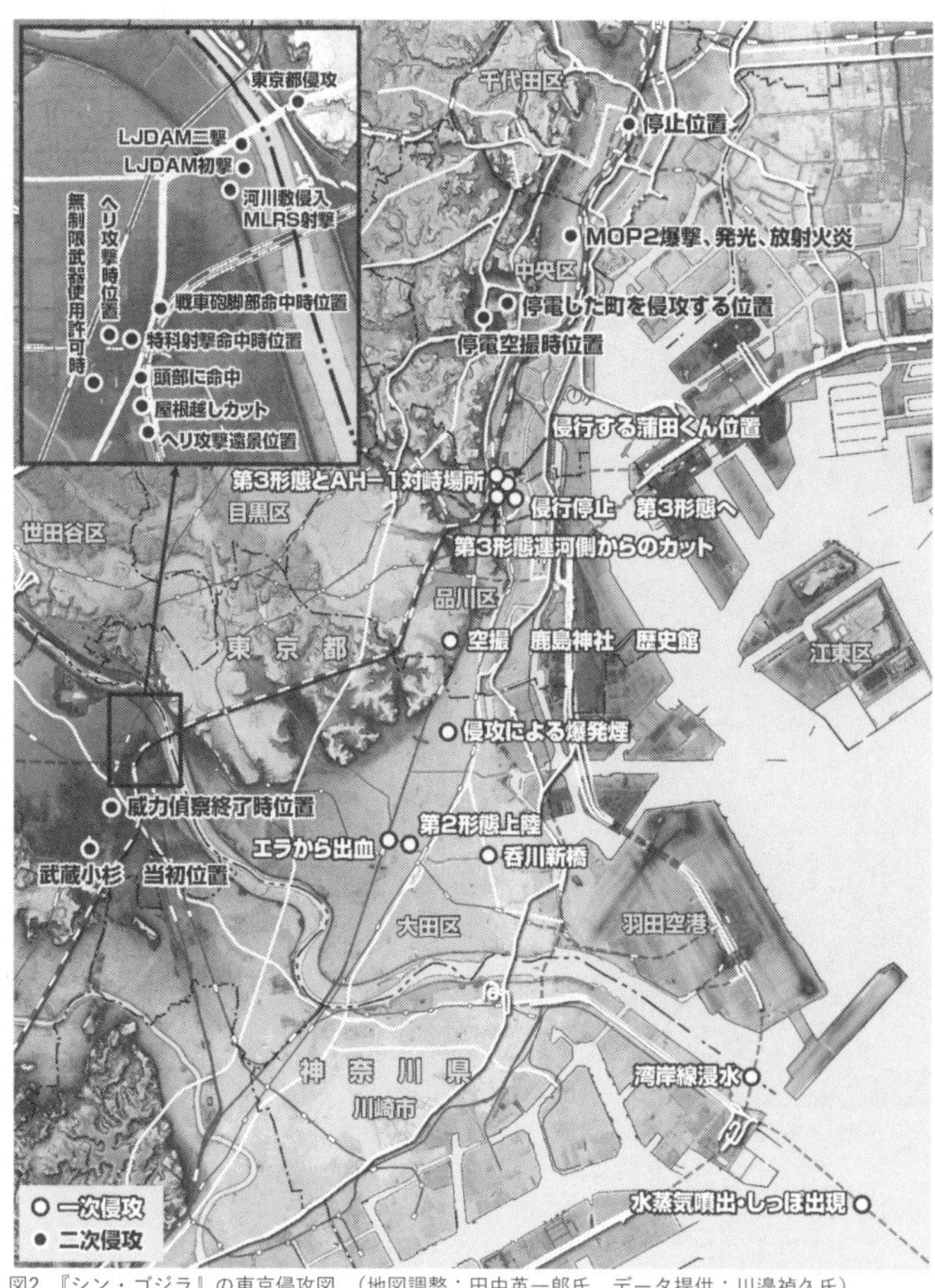

図2 『シン・ゴジラ』の東京侵攻図。（地図調整：田中英一郎氏、データ提供：川邉禎久氏）

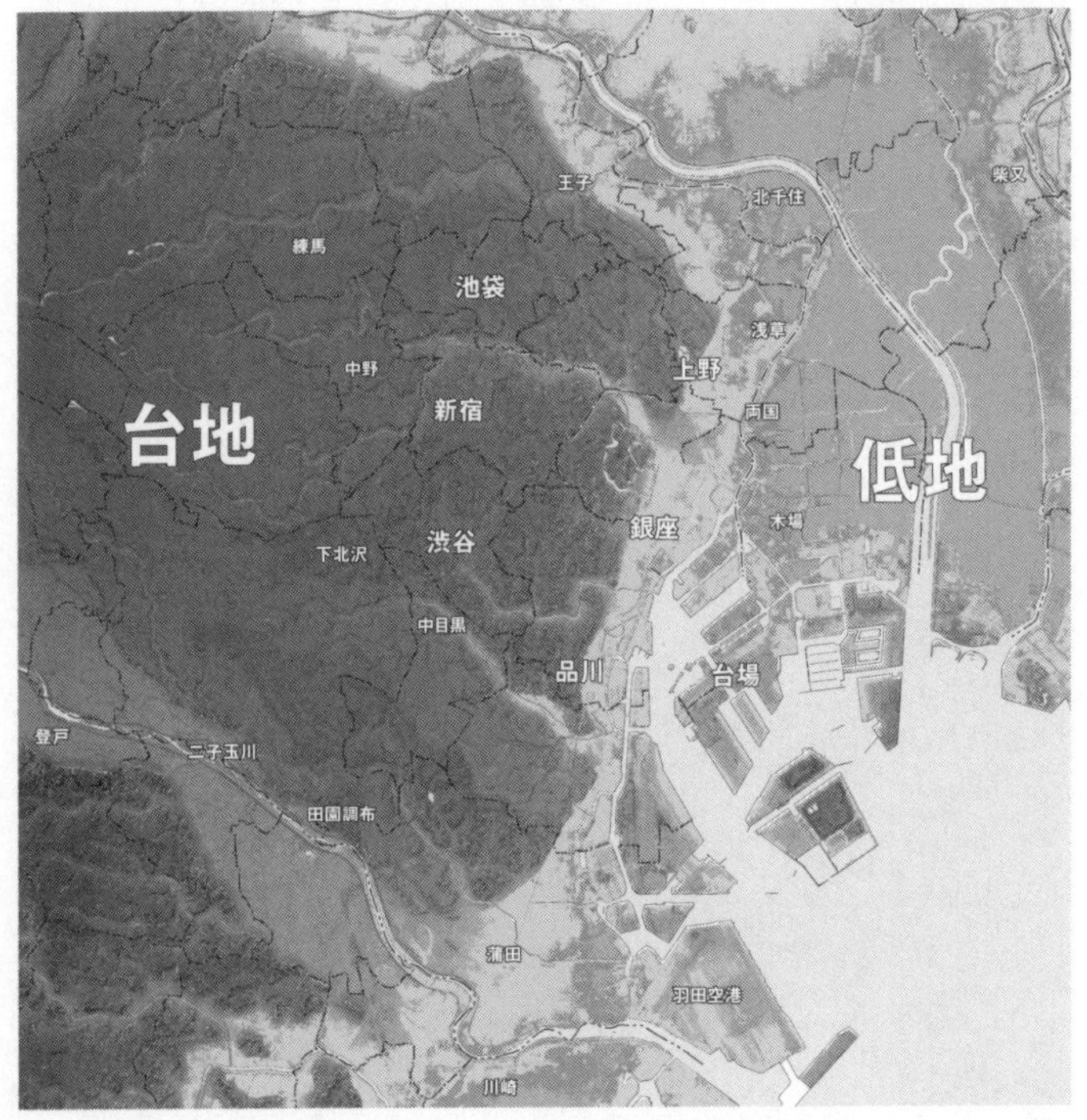

図3　東京の地形(東京駅を中心に、30km四方)。(地図調整：田中英一郎氏)

谷です。

堀です。ほぼ中心にあるのが銀座と東京駅です（図3）。新宿がその西側、南西が渋谷です。

大内　渋谷っていってみれば谷？　みたいな所にあるんですね。

芝原　はい。渋谷に坂が多いのは、まさにこういう風に台地を川が削って、いろんな凸凹を作っているからです。

大内　代官山とか、青山とか、都内には山がつく地名が多いですよね。

芝原　渋谷の駅から東京カルチャーカルチャーに行くために、坂を上らなければいけないのも、こういった地形の影響です。ここで押さえておきたいのが、地図の右半分が、地形的に低い場所、すなわち「低地」と呼ばれるエリアです。南東の海のエリアがお台場で、お台場と東京駅の間くらいの位置に東京タワーがあります。そして、地図の左半分が「台地」と呼ばれる場所です。

大内　結構高低差がありますね。

芝原　だいたい台地の縁の部分で十数ｍくらいの高低差があります。西に行けばいくほど高くなり、川が作り出した扇状地と呼ばれる地形になります。図3の地図のレイアウトだと、台地と低地がほぼ半分ずつ表示されていることになりますね。

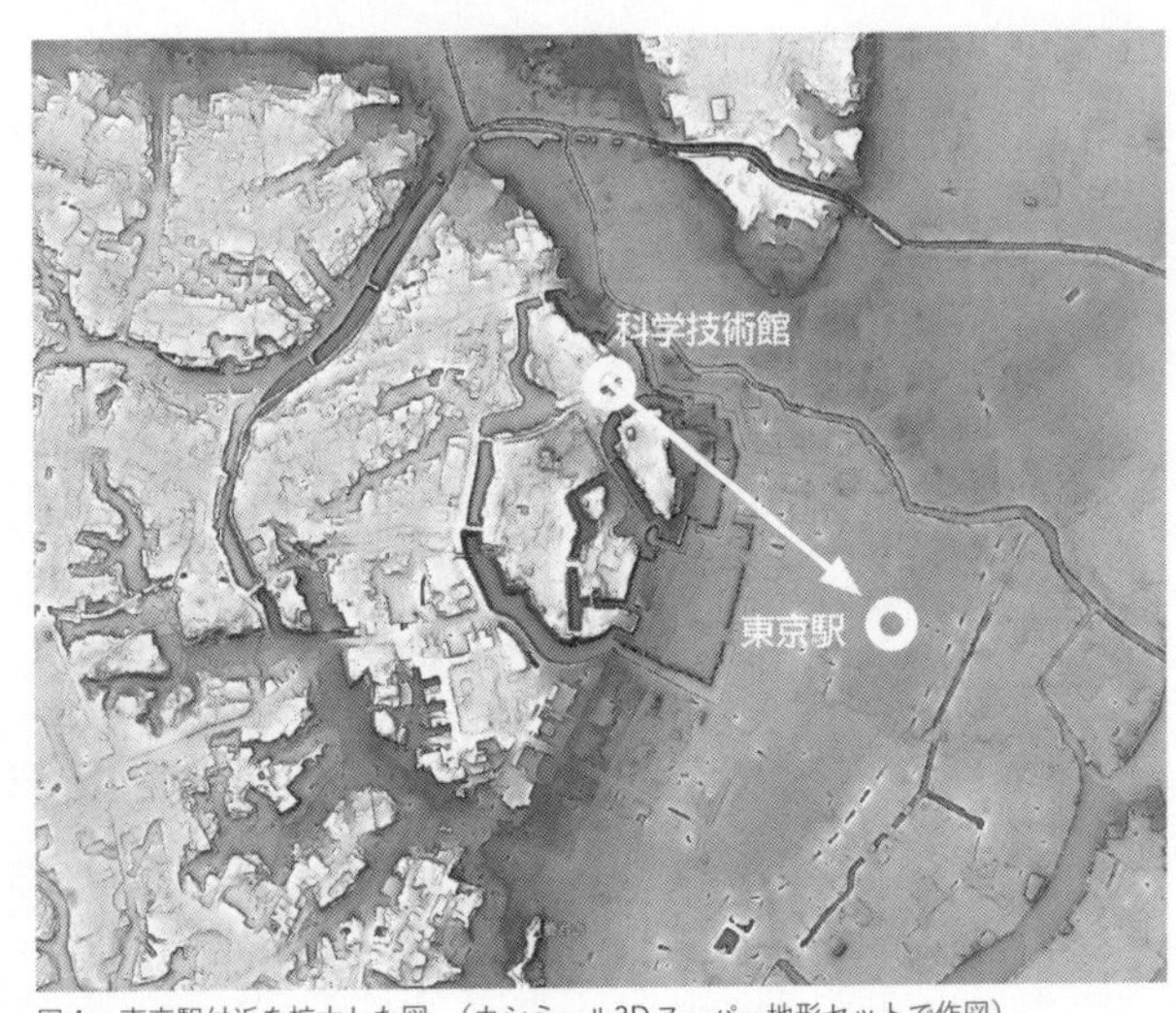

図4　東京駅付近を拡大した図。（カシミール3Dスーパー地形セットで作図）

大内　あれ、東京駅って、台地と低地のちょうど境目に建っているんですね。

芝原　そうなんです。これを踏まえて、図4で皇居付近をもう一度見てみましょう。印のついている所が東京駅です。ゴジラが最後に暴れまわっていた場所ですね。主人公の矢口蘭堂（らんどう）たちがその最終指揮をとっていたのが、科学技術館。だから、ちょうど台地の縁の所にいます。

大内　やはり近いですね。絶対ゴジラの攻撃当たっちゃう……。

芝原　まあまあ、焦らず焦らず……（笑）。

図5　東京駅付近を拡大して建物を追加し、北西方向に見下ろした図。（データ提供：大道寺 覚氏）

ヤシオリ作戦本部は地形的戦略に基づいて設置された！

芝原　さて、ここに建物を追加して斜めから見ると、こうなります（図5）。この図から、ビルに遮られているものの、科学技術館屋上からは、丸の内と東京駅周辺をだいたい見下ろせることがわかります。

大内　皇居周辺の建物の中では、科学技術館が、一番好都合？

芝原　表現が難しいのですが、ちょっとだけ小高い敷地内にある、その中では割合高い建物、という感じですね。

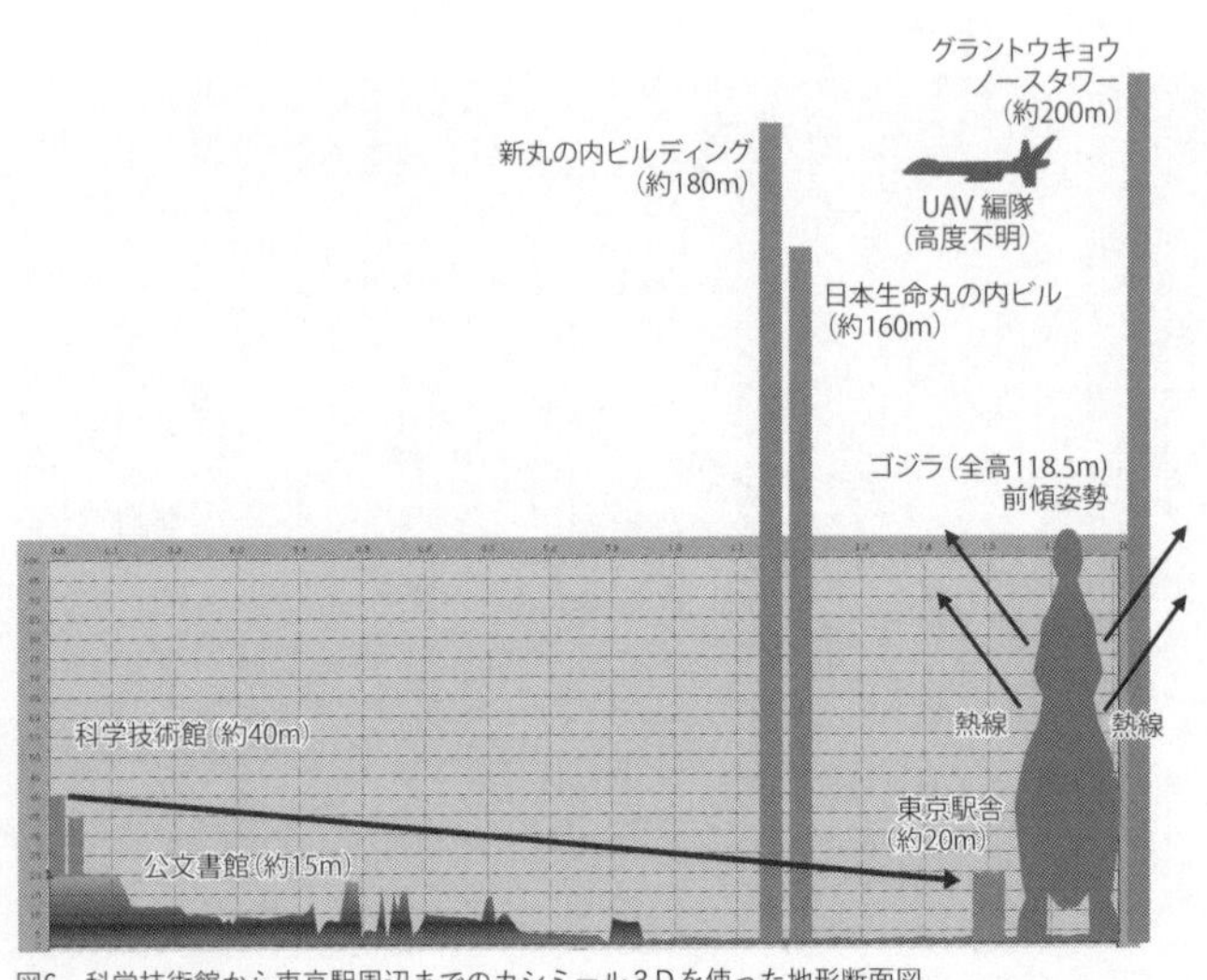

図6　科学技術館から東京駅周辺までのカシミール３Ｄを使った地形断面図。

大内　駅から科学技術館へ行く道って、めっちゃ坂を上るんですよね。門をくぐってからも、そこから更に階段も上ったりして。だから、ちょっとだけ小高い、というのは実感があります。

芝原　そんな感じですね。この地形を横から見たらどうなるか、というのが図6です。科学技術館から、東京駅舎あたりを見下ろしている感じなんですが。

大内　これってどういう種類の図なんですか。

芝原　**カシミール３D**というソフトを使って作った地形断面図と呼ばれ

【カシミール３D】
DAN杉本氏によって1994年から開発が続けられている地図ソフト。国土地理院の地図や空中写真、地形にこだわった「スーパー地形セット」などを表示するほか、産業技術総合研究所の地質図とも連携し、さらにそれらを３D表示できる。地図ソフトの代表的存在であり、2012年に国土地理院の第1回「電子国土賞2012 PC部門」を受賞した。（参考：カシミール３D公式サイト：https://www.kashmir3d.com/　2021年3月12日閲覧）

るものです。右下にあるのが東京駅です。駅舎の高さがだいたい20mくらい。その前にそびえたつのが日本生命丸の内ビル160m。更に新丸の内ビルディングが180mですね。これに対して、標高15mくらいのちょっと小高い丘に科学技術館がありますね。これも高さ20mくらいなので、だいたい標高40mくらいの所に、矢口蘭堂たちは立っています。

大内　間に細かい建物はありますけど……。

芝原　おそらく、ゴジラの攻撃で周囲のビルがなくなると、東京駅周辺が見通せるようになる位置と思われます。

大内　へー、すごい。でも、そうするとやっぱり、ゴジラの熱線が科学技術館に到達してしまうのでは……。

芝原　**問題はどこにゴジラがいるか、にあります。**図6の右側にいる細長いシルエットがゴジラです。私が描いたひどい絵ですが。『シン・ゴジラ』のゴジラは全高118・5mと設定されています。全高というのは、足から頭のてっぺんまでのことをいいます。ただし、恐竜のように前傾姿勢になることが多いので、体勢によっては頭の位置がもっと低くなると思われます。そして、背中から熱線を出しますよね。

大内　『ゴジラVSビオランテ』に出てくるゴジラも同じ攻撃をしますよね、身体のいろんな所からビームを出してる。

芝原　はい。今作のゴジラは、背中から上空に向かって対空砲火をします。というのも、上空をUAV（無人航空機）が飛び回って、対戦車ミサイルを大量に撃ってくるので、反撃しているんです。最終作戦では、ゴジラが空を飛ぶものを攻撃するという習性はわかっているので、むしろバンバンUAVを上空に飛ばして、なるべくゴジラの意識を空に向けさせています。UAVが撃墜されている間に、地上で作戦を遂行しようというわけですね。

大内　なるほど、ゴジラは上空を意識している。

芝原　そうです、熱線は割と上に向かって発射されているわけです。だから、逆に近いからといって日本生命丸の内ビルのように高い場所から指揮をとってしまうと、攻撃が当たりやすい。実際、劇中では、付近のビルが薙(な)ぎ払われています。

大内　そうか！　**むしろ、ちょっと低い所にいる方が、熱線が当たる確率は低くなる！**

芝原　もちろん、100％安全というわけではありません。ゴジラが少しでも身体

【UAV】
UAVとはUnmanned Aerial Vehicleの略称。最近ではドローンとも呼ばれる。ヘリコプターのような回転翼や飛行機のようなプロペラ、ジェットエンジンなどさまざまな動力で飛行する。近年ではレーザー航空測量が可能なものもあり、化石調査の際にも活用されているほか、災害時の緊急調査にも利用されるなど、人々の平和と安全にも大きく貢献している。

を傾けたら、熱線が飛んでくる可能性もゼロではないです。

大内　でも、主にビームは斜め上に向けて撃ってるから、高層ビルにいるよりは安全。

芝原　東京駅周辺がギリギリ見通せる高い位置で、熱線が当たりづらいというと、科学技術館は割と現実的な選択だと思います。

大内　このゴジラがいる反対の、グラントウキョウ側からでは、構造的にゴジラが見えない。皇居がある関係で、北西側からだけ見える。

芝原　ということだと思います。劇中でゴジラの熱線で周りの建物が倒されて、あと、途中で自衛隊と米海軍がわざと建物を爆破して、ゴジラを足止めしようとするシーンもありますから、どんどん、周りの建物はなくなっていっちゃうんですよね。それで丸裸にされていっても、科学技術館だけは残る。いい作戦だと思います。

大内　つまり、科学的な根拠にもとづいて、最終作戦の拠点が選ばれていたと。ただオタクの聖地だから選ばれたのではない。

芝原　**そういうことです（ドヤア！）**。

大内　せ、説得力ある！

芝原　ちなみに、この東京駅と科学技術館を斜め上から見た図5ですが、実は高度な技術が使われています。皇居のお堀のように、東京にはさまざまな凸凹がありますよね。東京駅周辺ものっぺりしているわけではなくて、建物を作るための**盛土**(もりど)や自然の作った地形があるんですが、その**地形データ**の更にその上にビルのデータが追加されています。こんな細かいデータはどこの国にでもあるわけではなく、日本では国土地理院やいろんな測量会社が、こういう詳細な地形データを全国くまなく作ってくれている。

大内　なんて緻密な職人の仕事……！

芝原　ちなみに、こちらのデータはニシムラ精密地形模型ＣＥＯの大道寺覚さんよりお借りしました。私の研究ベンチャー『地球技研』のＣＴＯでもあり、ＮＨＫ『ブラタモリ』などに模型を提供している方です。なぜ彼がこのデータを持っているかというと、これを使ったガチ模型を大道寺さんが作成したからです。

大内　ガチ模型？

芝原　東京駅を中心に約25㎞四方を１０００分の1縮尺で模型化したのです。図7をご覧ください。国立競技場の形が見えます。ビルの１棟どころかアパートの１棟

【盛土(もりど)】
土地を造成する際に、土を盛って平らな敷地を作ったもの。

【地形データ】
国土地理院などの地形データは通常、建物を除いた地形だけのデータが使われている。測量はおもに「航空レーザー測量」が使われている。これは航空機からレーザーを発射して地上から反射して戻ってくる時間差をもとに、距離を測る方法で、微細な地形の測定を可能としている。（参考：国土地理院による解説　https://www.gsi.go.jp/kankyochiri/Laser_semmon.html　２０２１年3月12日閲覧）

図7　25m四方の東京巨大模型。（写真提供：大道寺 覚氏）

1棟までも忠実に再現している模型です。ちなみにこの模型の寸法は25m四方。とんでもないサイズです。

大内　はあ〜。

芝原　同じものが、パリで行われた『MANGA都市TOKYO』展に使われ、そのあと日本の国立新美術館で凱旋（がいせん）展示が行われました。

大内　僕、見に行けませんでした。行きたかった。

芝原　そういった経緯で東京の凸凹に関するデータが存在していました。ジャパニメーションを紹介するイベントだったので、スクリーンに作品を映しつつ、作品の聖地がどこにあるのか、プロジェクションマッピングして地図に表示していました。例えば、スクリーンに『STEINS;GATE（シュタインズゲート）』が表示されると、秋葉原の部分がぱっと照らされたりとか。これの特撮バージョンを、ぜひやってみたいですね。さて、これを踏まえて。

大内　踏まえて⁉

『ゴジラ』（'84）はどのように新宿を目指したのか？

芝原　『シン・ゴジラ』考察を踏まえたうえで、時計の針を1984年に戻してみたいと思います。多分大内さんはまだ生まれてない頃だと思いますが。

大内　いえいえ、実は84年は僕の生まれた年なんです。

芝原　そうなんですか！

大内　僕はこの作品の公開の2か月前に生まれました、そう、『ゴジラ』（'84）！

芝原　おめでとうございます。日本に驚異の才能が生まれた年ですね。

大内　いやいやいや。

【STEINS;GATE】
主に2010年前後の秋葉原周辺を舞台としたアドベンチャーゲーム。素粒子物理学などを元ネタとした緻密なSFとして評価が高く、続編や関連作品が数多く制作されている。

図８　『ゴジラ』（'84）のワンシーン。

芝原　私が小学校1年生の時だったかな？　しばらくゴジラの映画はやっていなかったんですが１９８４年にリアルなゴジラを復活させよう、ということで制作されました。かの有名な中野昭慶特技監督と、橋本幸治監督によるものですね。『シン・ゴジラ』の樋口真嗣監督も、当時スタッフとして参加されていました。

大内　ストーリーは、ゴジラが30年ぶりに現れて東京を襲うというものでしたね。

芝原　この時のゴジラがどう移動したかを解説しましょう。ゴジラは東京を襲ったあと、伊豆大島の三原山へと移動させられます。どうやって誘導したかというと、この時のゴジラは、どうも鳥の鳴き声に反応するらしい、ということを研究者が突き止め、三原山に大きなパラボラアンテナを設置し、音を流すことによって新宿からおびき寄せました。最後は、三原山の火口の縁を爆破することによって、ズドンと下に落としました。その時のゴジラの鳴き声が何ともすごくてですね、『フィギャアアアアア！』という甲高い叫び声を上げます。あれがもう子どもの頃は怖くて怖くて。

大内　今回の挿絵(図8)の『フィギャアア』は非常に再現度が高いですね！

芝原　さて、このような作戦に至った経緯を地球科学的に解説していきたいと思います。どんなルートをたどったか、図9に示しましたので、ご覧ください。

大内　また地図が出てきましたね。

芝原　もう日本大好き！　というくらいゴジラは日本に来ますからね。インバウンドに匹敵するレベルです、頻繁に日本を旅しに来てる。まず伊豆諸島の南側にあるといわれる架空の大黒島という所から出てきます。ちなみにこの地図なんですが、日本列島があって、その周辺の海底や海の底の形がどうなっているのかというのを、国土地理院や海上保安庁のデータを使って描いています。

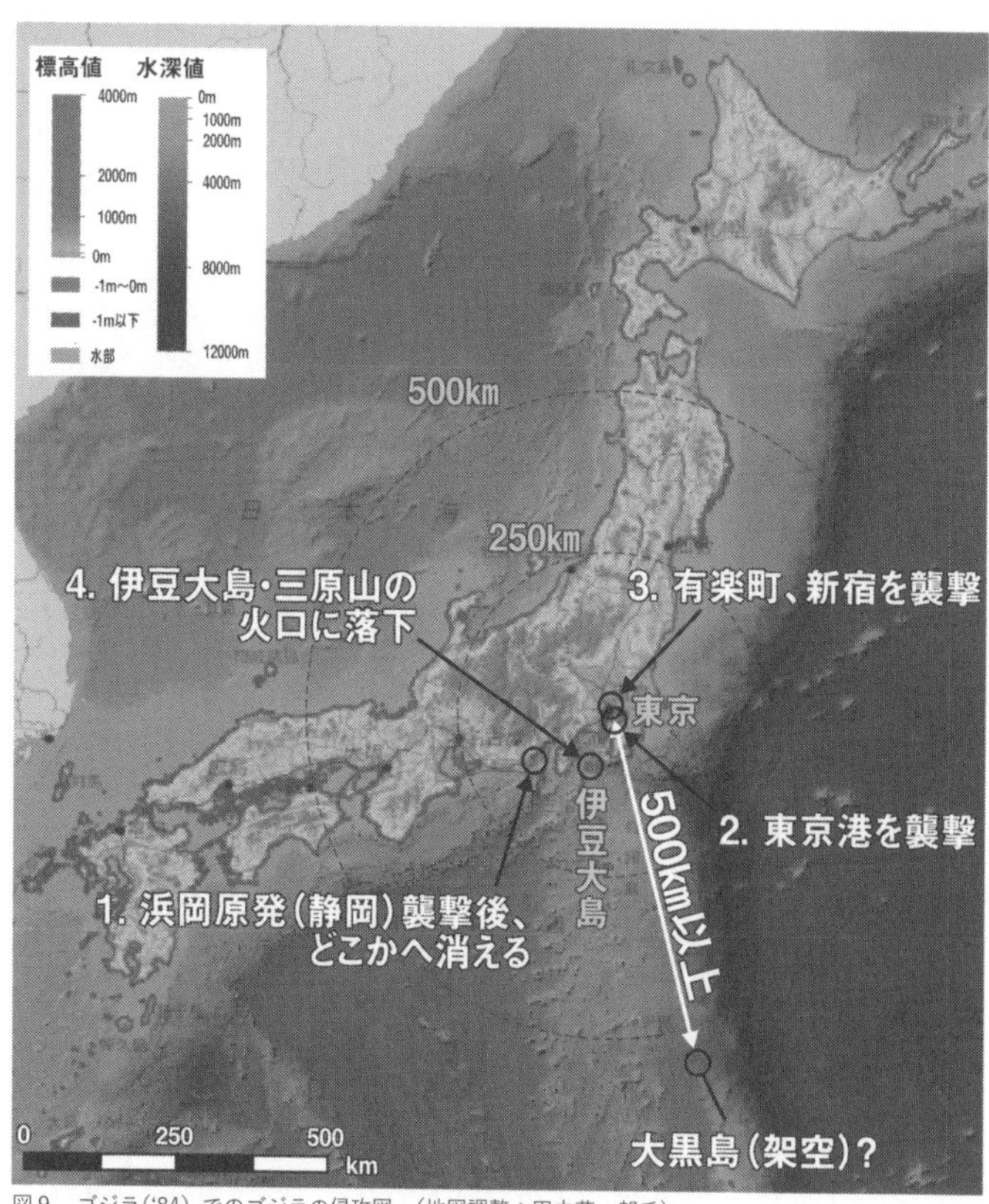

図9　ゴジラ（'84）でのゴジラの侵攻図。（地図調整：田中英一郎氏）
「色別標高図（海域部は海上保安庁海洋情報の資料を使用して作成）」及び、「淡色地図」（地理院地図　https://maps.gsi.go.jp/）をもとに作成。Shoreline data is derived from:United States. National Imagery and Mapping Agency."Vector Map Level 0(VMAP0)."Bethesda, MD:Denver,CO: The Agency; USGS Information Services, 1997.

大内　日本周辺の海の底って、谷形になってるんですね？

芝原　そうです。この太平洋側の色が濃い部分がプレートの沈み込み帯と呼ばれる箇所です。そして、そのすぐ脇のさらに濃い部分が日本海溝ですね。

大内　あー、なるほど。

芝原　太平洋プレートは東側からやってきて、日本の下に沈み込んでいるので、深い海底の谷が作られているわけですね。もちろんプレートは1枚ではなくて、いろんな所からやってきて沈み込んでいるので、地図のあちこちに深い所があります。また、沖ノ鳥島が地図の南西にあり、南鳥島が南東にあります。だいたいこのような位置関係なのですが、今回のゴジラはこの中央の部分から出てくる。

大内　そこから一気に新宿を目指しますね。

芝原　そうです、少なくともこの間500km。その長距離を数日で移動してしまいます。非常に移動能力の高い怪獣ですね。新宿を襲ったあとに、今度は伊豆大島に向かいます。

大内　この大黒島の場所は、地図に記されている箇所で特定されているんですか？

芝原　架空の島ですが、伊豆諸島の南端という設定なので、仮にこの辺としました。

大内　プレートの位置からこの辺だと思ったということですね。

芝原　はい。この時のゴジラの移動経路は割とシンプルで、まず静岡の井浜原発という架空の原発を襲います。石坂浩二さんが出てきて、ゴジラを目撃するシーンがありますね。そこで原発を破壊して、中の放射性物質をたらふく吸収して、どこかに消えちゃう。次に出てくるのが東京港です。東京湾の港にいきなり出てきて、暴れまわる。その後有楽町を観光して、武田鉄矢さんに怒られる、と。映画を見てないと何のことだかよくわからないですが。

大内　とにかく、豪華なゲストが多数出現しますね。

芝原　多くの破壊行為のあと、ついに新宿に行きます。そのぐらいから、どうもゴジラが鳥の声に反応するらしいぞ、というのがわかってきて、伊豆大島にその鳥の声を再現した、特殊な音波を発生する装置を設置。その音に誘導されて三原山にやってきたところを火口に落下させられて、お話が終わります。

大内　沈みゆくゴジラを見ながら総理大臣が泣いちゃったりなんかしてね……。

芝原　そうそう。さて、図10で東京の地形をもう一度見てみましょう。東側が低地で、標高0ｍ未満。低地のエリアはそこからだいたい標高４ｍくらいの間におさま

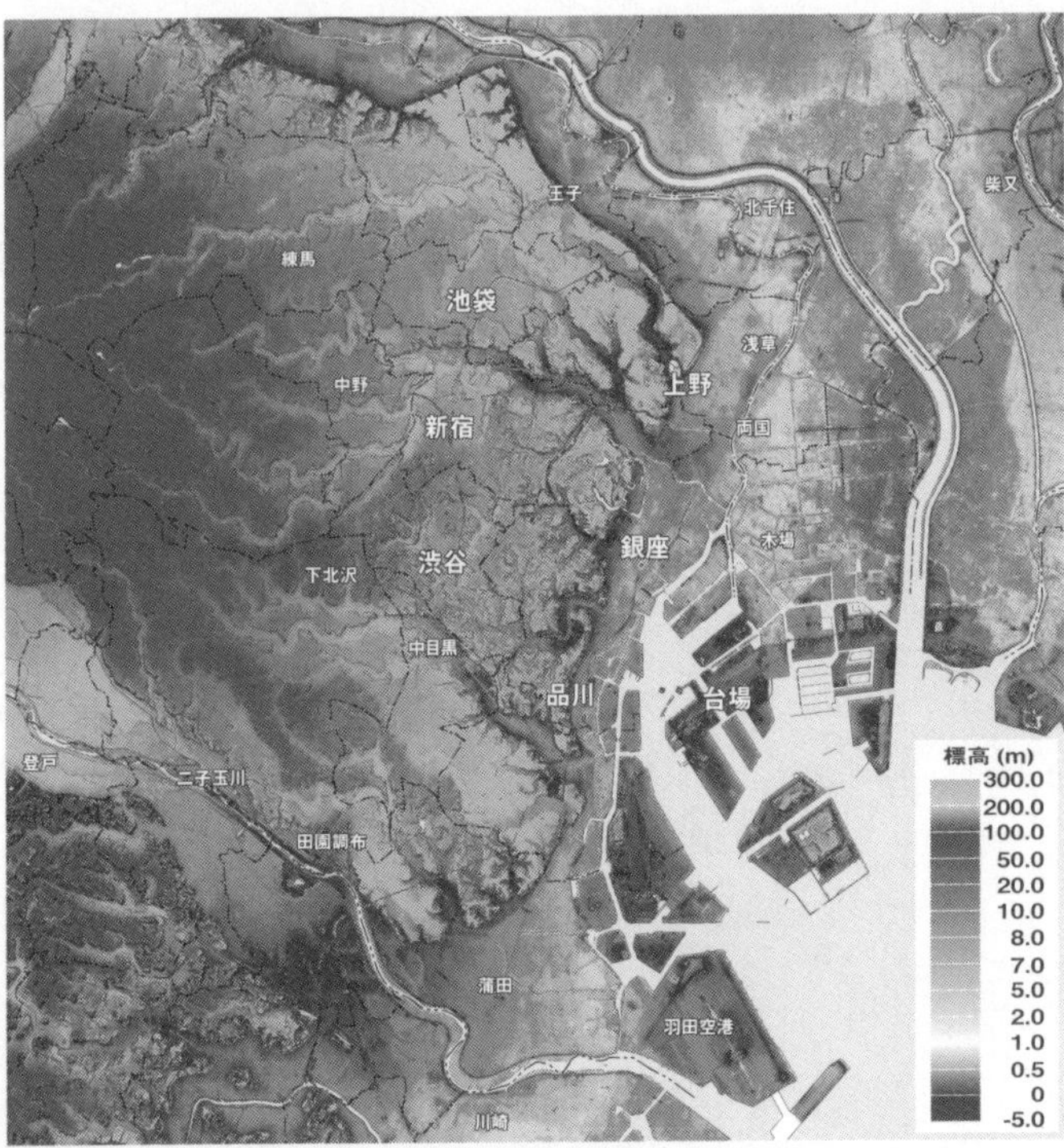

図10　標高を示した東京の地形図。東京駅を中心とした30km四方。国土地理院地図（https://maps.gsi.go.jp/）をもとに作成。（地図調整：田中英一郎氏）

【標高を示した東京の地形図】

おおむね図の東側（右）が低地で、荒川を中心として周囲に行くほど標高が約－0・5ｍから5ｍと高くなる。さらに上野や銀座を挟んだ西側（左）が台地で、西に行くほど標高が約5ｍから60ｍと高くなる。二子玉川や田園調布を挟んだ南西（左下）には多摩丘陵（標高～約200ｍ）がある。この地図では低地部分は標高が低いほど色が濃く、逆に台地や丘陵部分は標高が高いほど色が濃く見えるように調整し、複雑な地形を表現している。図11、16、18も同じ。

っています。

大内　関東平野と呼ばれているので、だだっ広く平らだと思っていたんですけど、結構高低差がありますね、東京。

芝原　そのイメージが普通だと思いますし、間違っていないと思います。他の山がちな地方に比べると、関東平野が平坦（へいたん）なのは間違いないです。しかし、最近は細かく地形を測定できるようになりましたので、そのデータで地図を作ってみるとこうなります。平らだといわれている柴又（しばまた）も、詳しく見ていくと、実は１ｍ前後くらいの高低差があるんです。図10の右側で色が濃い箇所は、海よりも低い東京０ｍ地帯と呼ばれる場所です。北千住や浅草のあたりも低地なんですが、その中でも微高地と呼ばれるちょっと小高い丘があったりする。

大内　本当だ……。

芝原　逆に海沿いの箇所は４ｍ以上盛り上がっています。これは埋め立て地だからです。東の端っこが東京ディズニーランドです。

大内　もしかして、ちょっと盛り上がっているのって、アトラクションのせいですかね？

芝原　おもしろいでしょ？　ここだけちょこっと高くなっているのが、プロメテウス火山。

大内　あ！　ディズニーシーの！

芝原　ちなみに、データは国土地理院のものを使っています。本来地形のデータの上に建物のデータがあるんですが、建物の高さまでデータに入れてしまうと複雑すぎるので、通常それらは取り除いてしまうんですね。

大内　でも、プロメテウス火山はデータとっちゃうんですね。

芝原　そうなんです。地図の他の場所は、道路や建物の基礎になる盛土とかしか記されていないのに。プロメテウス火山だけは、人工物なのに入っちゃってる。つまり、ここだけ地形として扱われているようです。

大内　ほ〜。

芝原　という、地学界のテッパンネタです！

大内　あはは、お決まりの話なんですね。

芝原　**プロメテウス火山って、日に何回も人工的に「噴火」しているので、多分地形にカウントされているのではないか。**というのも地学的な冗談です。

大内　僕らの知らない地学的な冗談、まだまだ沢山ありそうですね……。

芝原　本書でも、折に触れて披露していきますね。

1984年当時の新宿事情

芝原　さて、東が低地で西が台地、という話をおさらいしておきたいと思います。これを見ていただくとわかるのが、新宿とか吉祥寺とか、どんどん西の方に行くにつれて標高が上がっていきます。吉祥寺駅のあたりで60m弱くらいです。

大内　なにー、吉祥寺って結構山の上にあるんだ！

芝原　そうなんです。更に、凹凸が細かくわかる地図に切り替えてみましょう（図11）。範囲は同じです。『ゴジラ（'84）』のゴジラが最初に侵入するのが、やや南の東京港。大井ふ頭と呼ばれている所ですね。ここから有楽町コースに入ります。

大内　有楽町マリオンのあたりに行きますね。

芝原　割と観光に来た人が行きそうな所で、その後、台地の縁を登って、副都心へ向かっていったと思われます。

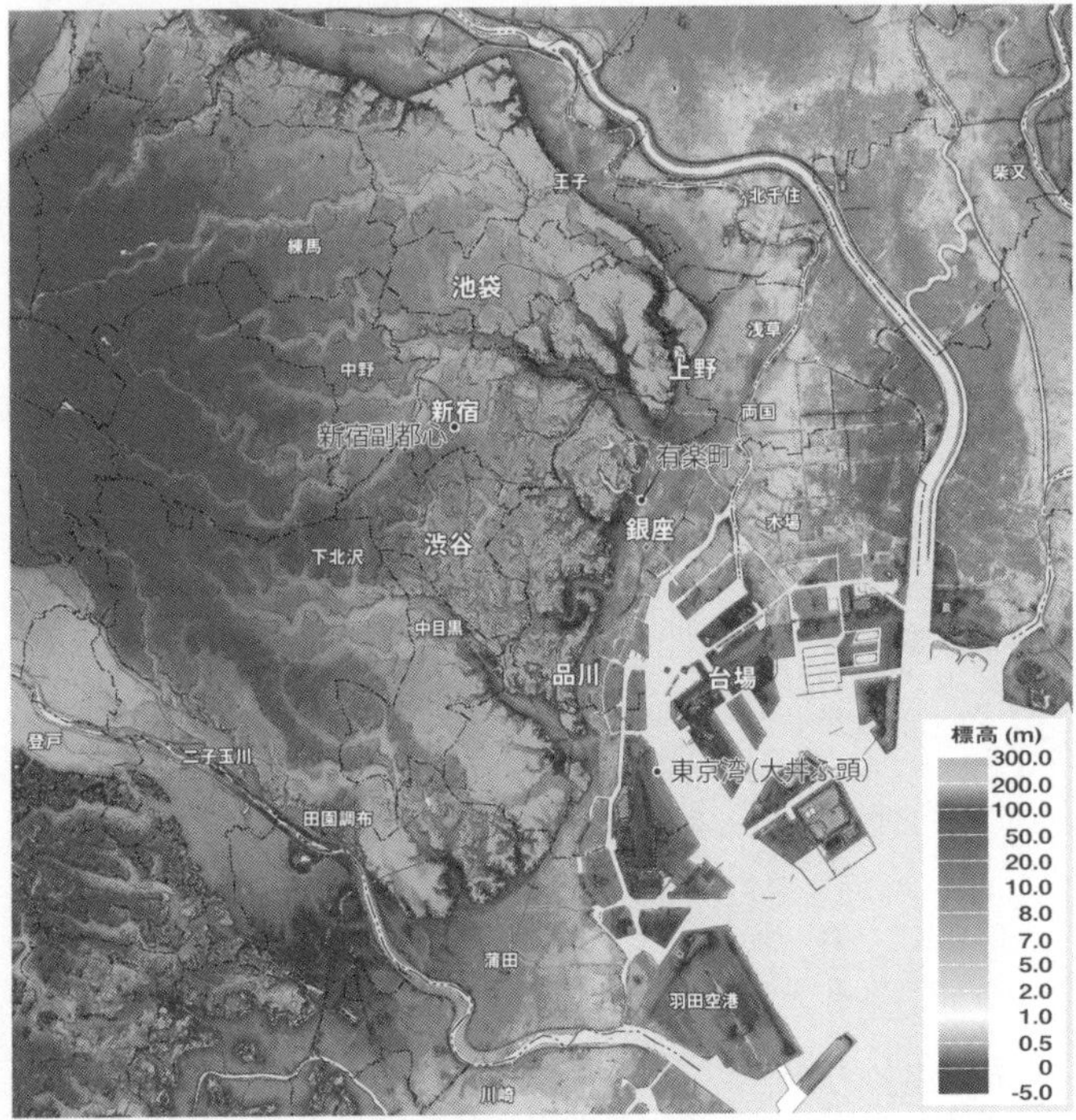

図11　図10に、有楽町と新宿の位置を示した東京の地形図。東京駅を中心とした30km四方。（地図調整：田中英一郎氏）

図12　新宿駅付近を襲う、『ゴジラ』（'84）のゴジラ。

芝原　またすざ木先生のイラストですが、まさにこんな感じで新宿駅の東口付近が出てきます（図12）。これもぜひ本編で確認していただきたいのですが、カメラのさくらやが映るんですね。

大内　しかし、あのシーンに映っていたもの、ほとんどなくなっちゃいましたね……。

芝原　ゴジラに破壊されたわけではないけれど、なくなってしまいました……。今はビックカメラになってます。せっかくなので、ここからは国土地理院の空中写真を使って見ていきたいと思います。図13は、19

84年、まさに『ゴジラ(,84)』が作られた当時のものです。右上にあるのが新宿駅で、その北東にさくらやがありました。だから、先ほどのイラストは、ちょうど南東の方から新宿駅を見ている景色になります。当時の新宿の状況を見ていきたいと思います。

大内 あれ？ **副都心のようすが今とちがう？** 都庁もまだできてないですね。

芝原 副都心はまだ空き地だらけなんですねえ。ビルがぽつぽつ建ち始めたぐらいですかね。

大内 僕の家はどの辺かなあ。

芝原 個人情報なので、そのあたりはあまり詳しく言わない方が(笑)。

大内 この写真の中にありますよ。

芝原 大内さん、本当にシティボーイなんですね。僕みたいな地方出身者(福井)にしてみたら、まぶしく見えてきた。

大内 僕も栃木の地方出身者なんだけど。

芝原 それにしても新宿に家がある！ すごいなあ。

大内 1984年頃は、まだ都庁周辺はガラあきなんですね。

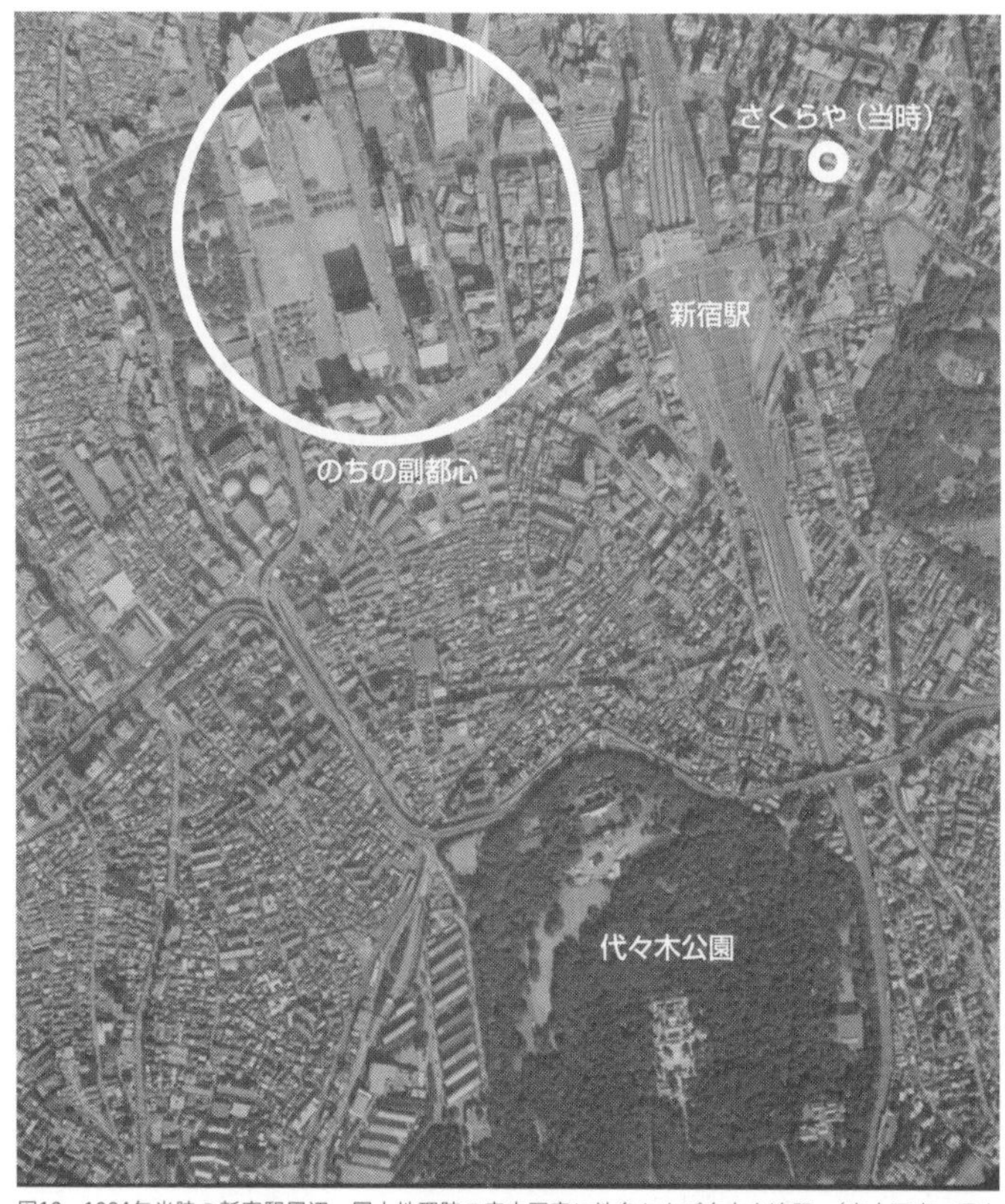

図13　1984年当時の新宿駅周辺。国土地理院の空中写真に地名および白丸を追記。（空中写真：国土地理院）

芝原　時代ごとの空中写真を出していきたいと思います。違いがよくわかりますから。図14は7年後の1991年の写真です。ゴジラでいうと『ゴジラVSキングギドラ』の年ですね。この7年間で副都心が結構発達しています。

大内　ビルができてますね！

芝原　キングギドラ最大の見せ場、東京都庁を破壊して戦うシーンがここですね。今後公開される海外版ゴジラでもオマージュされるのではないかと密かに期待しているんですが。2019年の『ゴジラ　キング・オブ・モンスターズ』のラストでキングギドラの真ん中の生首だけが出ていたので、次はメカキングギドラが出るんじゃないかと。

大内　日本の逆パターンですね。

芝原　そう！　首だけが残ってるから、その他がメカのパターンはアリですよね。ラストでゴジラに倒されたキングギドラの真ん中の首だけが残ってて、悪い人たちがそれを利用しようとたくらんでましたもの。だから、おそらく次の映画ではそれがテーマになるんじゃないか、と。

大内　そうですね！　これは特撮ファンあるあるネタかも。

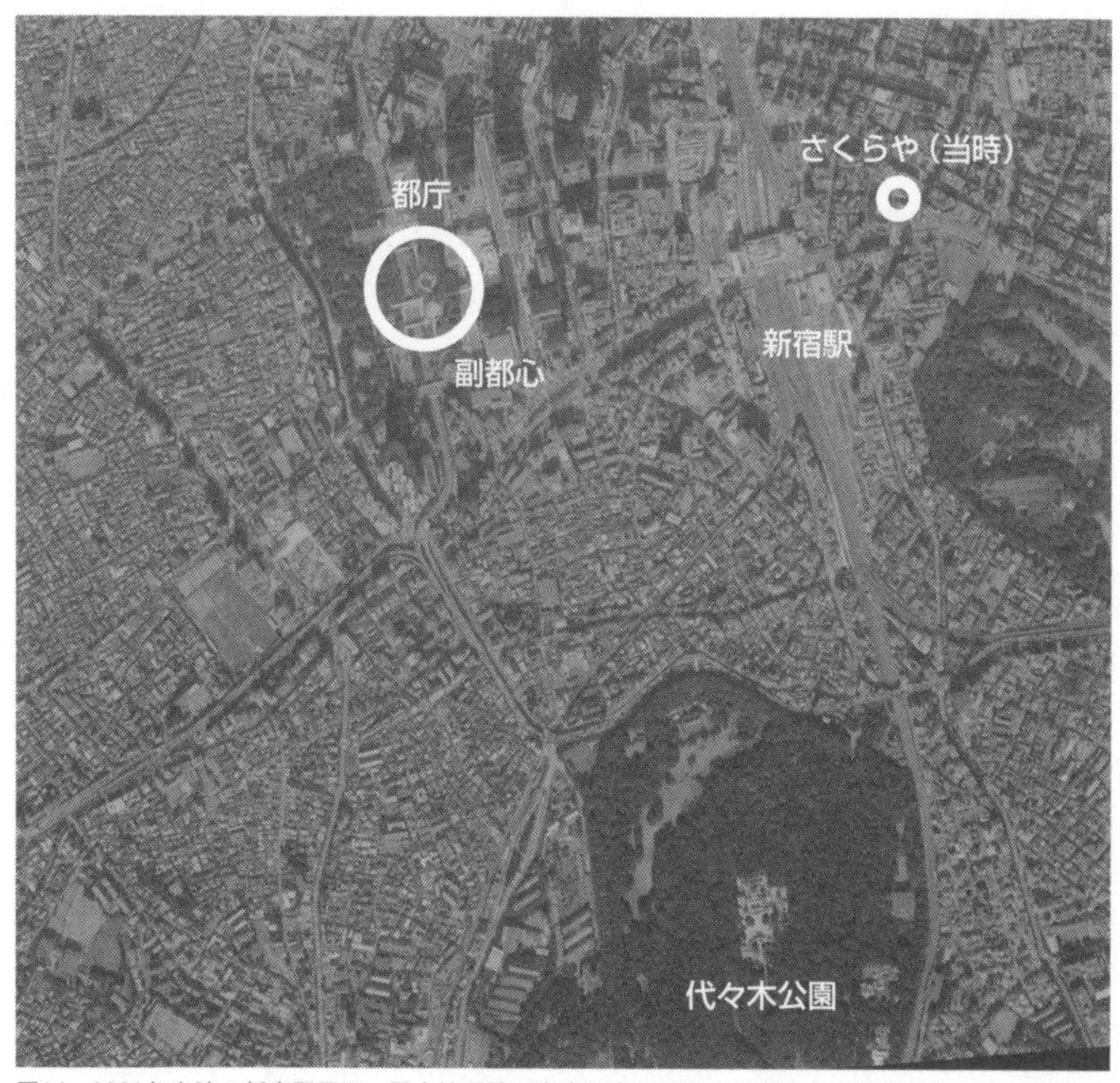

図14　1991年当時の新宿駅周辺。国土地理院の空中写真に地名および白丸を追記。（空中写真：国土地理院）

芝原　日本の1991年の映画では、真ん中の首だけがゴジラに吹っ飛ばされたので、それを人工の首に付け替えて、サイボーグになって未来から復活してきます。日本版と海外版でちょうどキングギドラの残された生身の部分が逆パターンになっている。

大内　特撮ファンは、次にここから何か起きるんじゃないかな、と期待を寄せていますよね。

芝原　楽しみですね。さて、副都心は絵的に映えるので、いろんな作品の舞台になりがちなのですが、特に都庁がこの頃にできて話題になりました。更に今度は時計の針を巻き戻してみましょう。図15は1956年の写真、つまりゴジラが一番最初に作られた年の2年後ですね。新宿駅があって、代々木公園があって、都庁がある副都心が……。

大内　これは……なんですか⁉

芝原　地形マニアの間でしばしば話題になることをお伝えしましょう。**実は副都心あたりは淀橋（よどばし）浄水場という、浄水場だったんです。**

大内　無茶苦茶でかい！

【淀橋浄水場】
かつて存在した東京都水道局の浄水場。1965年に廃止され、その跡地を再開発して新宿副都心がつくられた。現在は東村山浄水場が、その機能を担っている。

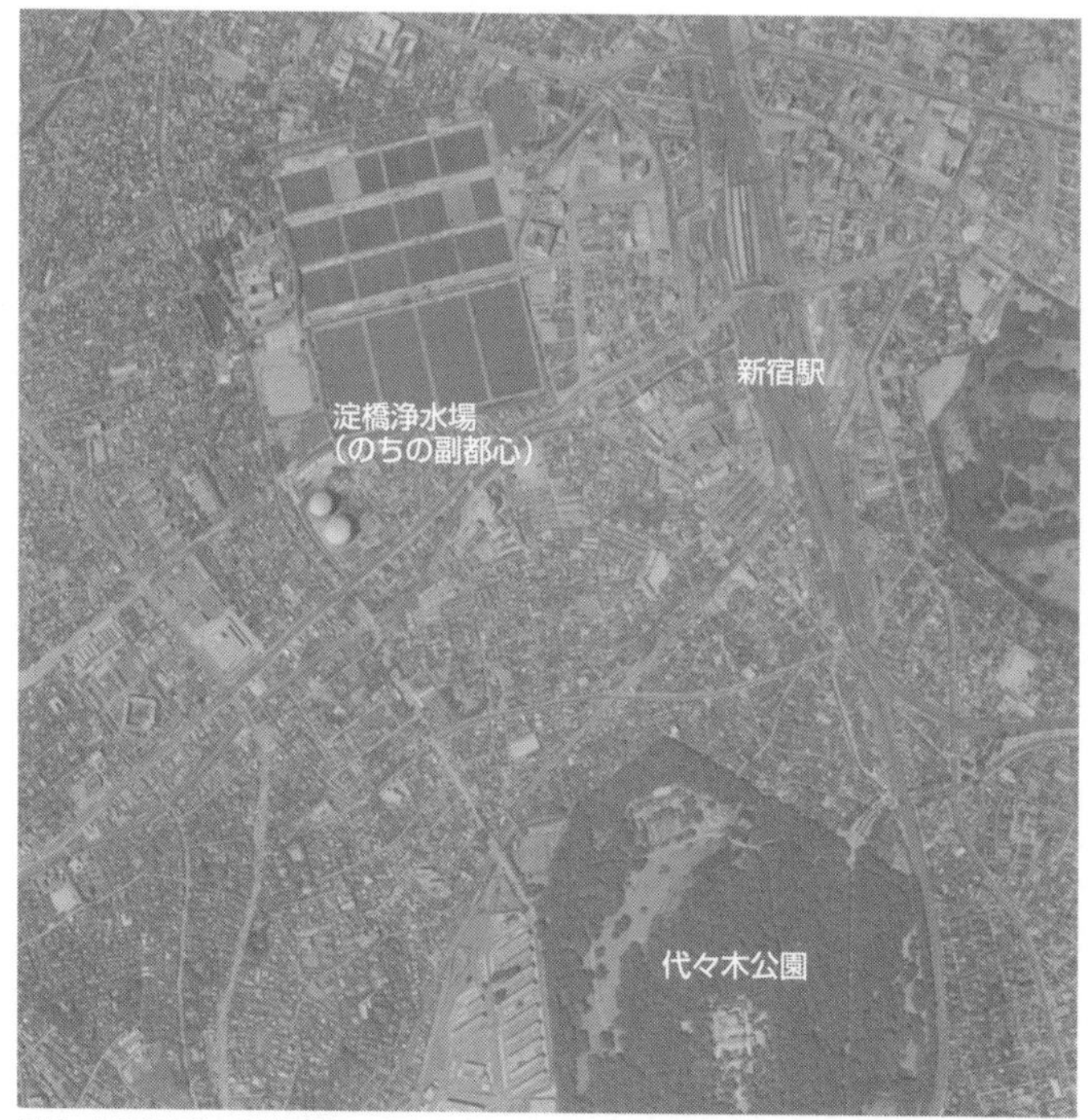

図15　1956年当時の新宿駅周辺。国土地理院の空中写真に地名および白丸を追記。（空中写真：国土地理院）

芝原　これを改造して、副都心にしたわけですね。

大内　この淀橋のあたりにできたのがヨドバシカメラってことですか！

芝原　多分そうだと思います。

大内　自然にできた通りとかは変わっていないみたいですね？

芝原　基本的な道路は変わっていません。

大内　甲州街道にくっつくぐらいの位置に浄水場があったんだ、おもしろいですね、この空中写真。

芝原　樋口真嗣監督のインタビューによると、『ゴジラ』（'84）に出てくる超兵器『スーパーX』が、甲州街道を通ってきたらしいです。

『ゴジラ』（'54）は東京の低地をがっつり攻めた！

芝原　では、さらにちょっと時計の針を戻してみたいと思います。1954年にゴジラの1作目が作られました。この作品に関しては、とても多くの方が素晴らしい本を出されていて、ゴジラと東京の風景とか、なぜゴジラが東京を襲うのか、とい

【スーパーX】
『ゴジラ』（'84）に登場した架空のメカ。正式名称「陸上自衛隊幕僚監部付実験航空隊首都防衛移動要塞T―1号 MAIN SKY BATTLE TANK スーパーX」。首都防衛移動要塞とも。耐熱性に優れた装甲と垂直離着陸（VTOL）機能を持つ。新宿副都心の高層ビル街でゴジラと戦った。

ったテーマの本が沢山あります。ではあえて、地形的に見ていくとどうなるか。

大内　地球科学の視点は、新しいですね！

芝原　**まず、初代ゴジラは、台地ではなく低地を移動しているんです。**

大内　低地？

芝原　はい。低地を移動する理由は東京の地下にあるのではないか。図16は先ほどと同じ範囲の地図に、ゴジラの移動経路を追加したものです。

大内　おおー、ちょうど低地を沿うように……一度ちょっと高い所に上がりますけど。

芝原　『ゴジラ('84)』はもっと西の新宿に行ってましたよね。『シン・ゴジラ』は台地を含めたもっと西のあたりを攻めたわけなんですが、初代ゴジラはがっつり低地を攻めています。港から北上する途中で、皇居を避けて。

大内　あー、このルートの曲がった所にあったのは皇居なんですね。

芝原　そこから上野を通って、両国あたりを破壊しつくして海に帰る。最終的には海の中でやっつけられてしまうので、陸上ではここでさよならになります。和光のビルのシーンですね。これもすざ木先生に絵(図17)をいただきました。1回目は品

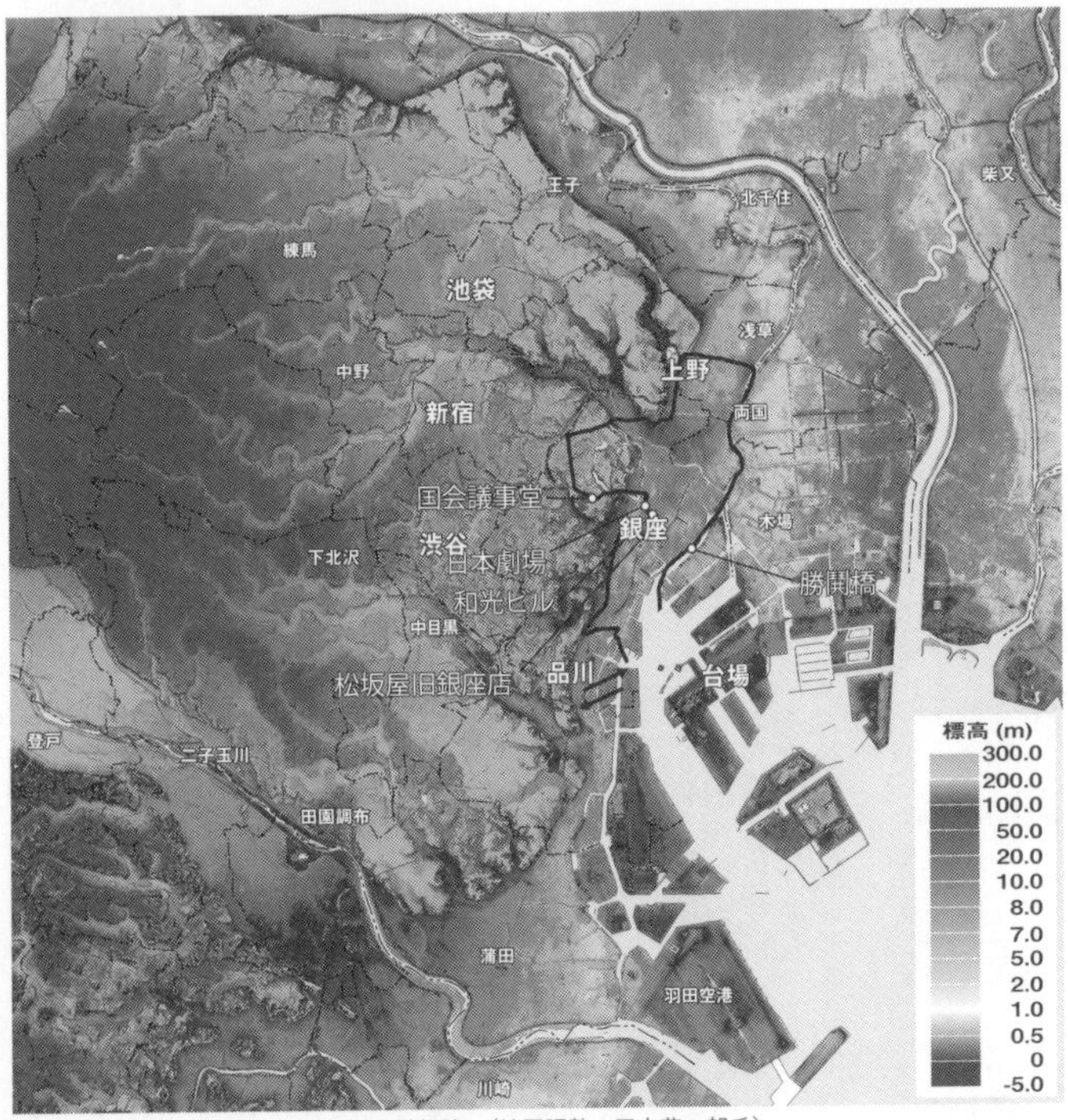

図16 『ゴジラ』（'54）のゴジラの移動経路。（地図調整：田中英一郎氏）

図17 『ゴジラ』('54) のワンシーン。

川に上陸してすぐに消えてしまいますが、２回目は当時のランドマークがたくさん出てきます。芝浦沖や新橋、銀座など。

大内　やっぱり銀座ですよね。

芝原　ゴジラは観光が好きらしい（笑）。なので、松坂屋、和光ビル、日本劇場、国会議事堂と、観光スポットを巡っていきます。

大内　平河町などが出てきましたっけ？

芝原　千代田区の近くで、アナウンサーが「さようなら皆さん、さようなら」といっていた所です。

大内　あの場所、現実にあったんですね。

芝原　ゴジラが迫ってくる様子を、テレビ塔からアナウンサーが実況して、最期まで報道していたシーンですね。子どもの頃はよくわからなかったんですが、大人になってみると、プロフェッショナルの仕事について、いろいろ考えさせられるシーンですね……。そこから、ちょっと上野に行って、浅草、隅田川、勝鬨（かちどき）橋、東京湾へと低地帯を移動します。このルートを地図に起こすと、図16のような感じになるわけです。

大内　ふむ……。

芝原　シンプルに住所と地名をそのまま照らし合わせた感じですが。結局メインは銀座になりますね。

大内　これはちゃんと映画の設定に沿ったルートなんですよね？

芝原　はい。要するに、台地のきわを歩いている感じです。

大内　浅草からは、川に沿ってますね？

芝原　そうですね。隅田川沿いに南下しています。特撮的にも、川を進む姿を撮ると映えますよね。あと、ランドマークを壊していくという意味で、当時円谷英二特撮監督と本多猪四郎監督が実際にロケハンしたということです。これと84ゴジラの出現位置とを重ねてみたのが図18。どうでしょう、差が出ますね。のちのゴジラは、ポイントごとに攻めるので、移動経路が残らないケースも多いです。その中で、初代ゴジラは移動経路が細かく割り出せる作品となっています。『シン・ゴジラ』にもそういう要素がある、というか、初代の地理的な要素もリスペクトしている感じでしょうか。

大内　初代ゴジラは戦後すぐということもあって、東京大空襲のあとの風景ですよね。

芝原　まさに、空襲から10年経ってない時期ですね。もちろんそうした時代背景を考慮した研究例もあります。ちょっとここでは別の見方をしてみようかなと。まず東京の地下の図面を見てみましょう。

大内　**と、東京の、地下?**

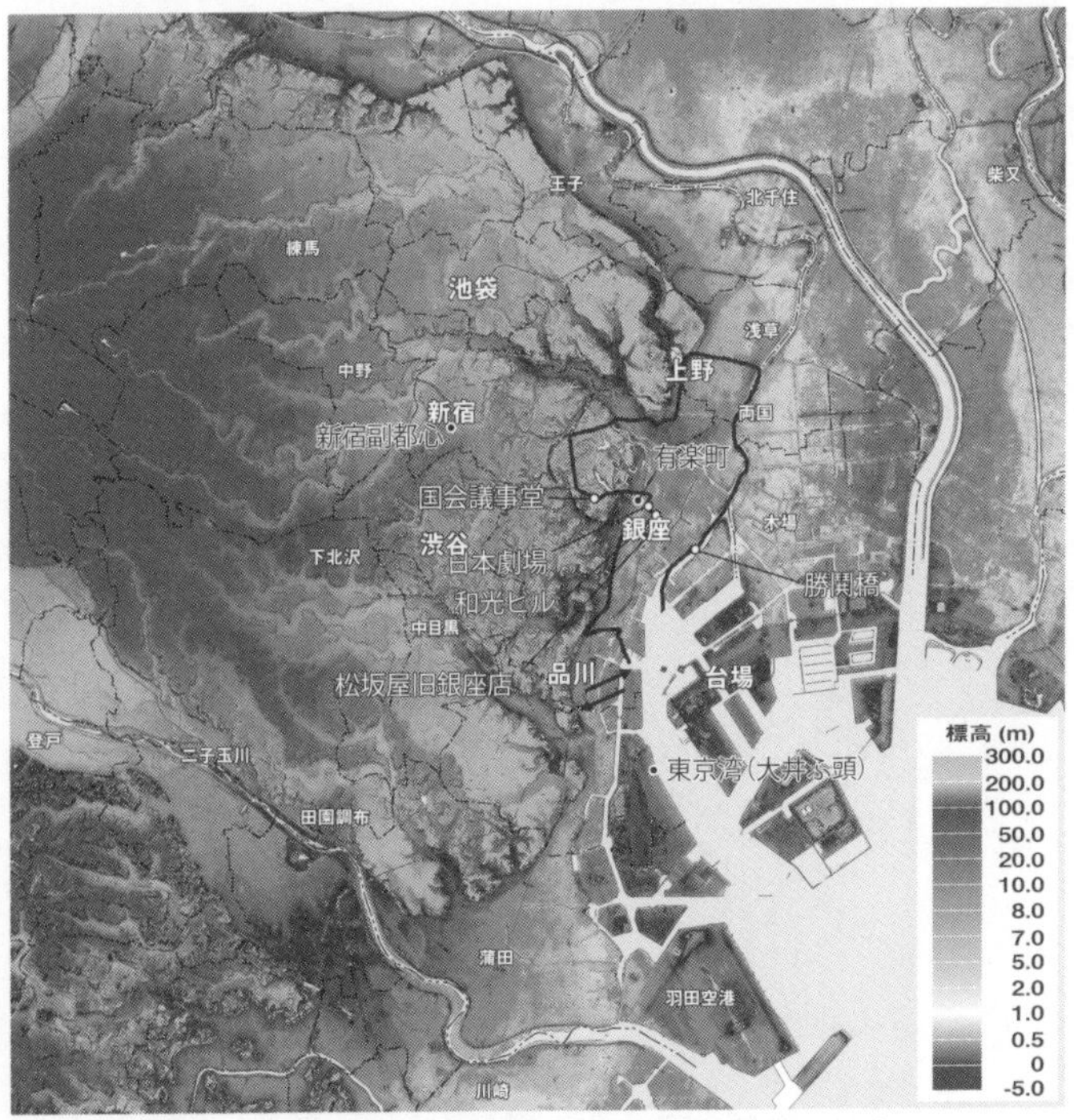

図18 『ゴジラ』('84) と『ゴジラ』('54) の移動経路比較(地図調整：田中英一郎氏)

初代ゴジラは東京の地下構造を知っていた？

芝原　東京の地下の様子がボーリング調査でわかっています。図19は東京の地下の凸凹図です。図16の地図とほぼ同じ範囲です。

大内　は〜……。

芝原　中央が皇居。その東側に東京駅があります。武蔵野は西の方にあります。赤羽がちょうど一番上あたりかな？　先ほど低地として紹介していた場所は本来、平らな場所なんですが、ここにたまっている泥を全部かきだしてみると、埋積谷と呼ばれる深い谷が出てくるんですね。

大内　あー、そういうことなんですね。

芝原　東京湾北岸の一番深い所で、70mくらいの谷。

大内　**東京の地下には実はくぼみがあるんですね！**

芝原　はい。その谷に沖積層という、新しい時代の泥や砂や礫（れき）の地層がのっかって今の低地になっている。ところが、その下には深い谷がうねっている。谷の深い所は、それが厚くたまっている。だから、この谷が深い所に高い建造物を建てる場合

【沖積層】
約2万年前以降に堆積した、一番新しい地層。

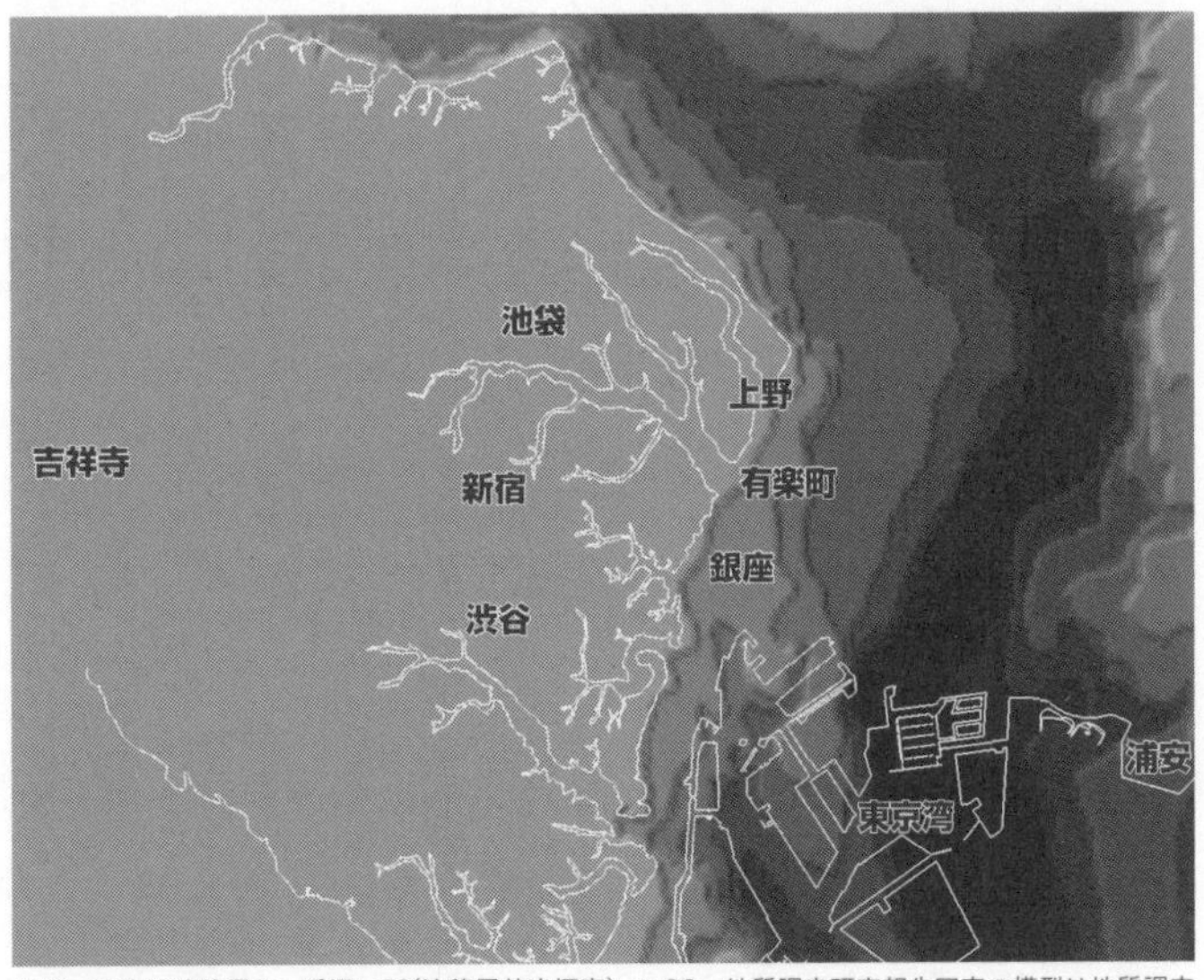

図19　東京の沖積層の一番深い所(沖積層基底標高）のCG。地質調査研究報告写真の模型は地質調査研究報告(小松原純子、2014、荒川低地の沖積層基盤地形.地質調査研究報告、65〈7/8〉、85—95）等のデータをもとに地球技研が作成。

は、地下の深い所に杭（くい）を打ちこんで、底の硬い所に届かせています。

大内　だから低地のあたりは高層ビルが少ないんですね。

芝原　それも関係していると思います。ちなみにスカイツリーは、上野の東側にある低地帯にあります。

大内　やはり深い？

芝原　深い谷の中の、少し浅い場所ですね。地下35mくらいに谷底があって、そこまで杭を打ったそうです。

大内　あ、やっぱりそうなんですね。

芝原　地下の谷底まで35m、そこから更に15mほど深い所まで特殊な杭を刺したそうなので、地表から合計50m、施工しています。それであの６３４mのタワーを支えているわけですね。

大内　しかし、なんで地下にこんな谷ができたんですか？

芝原　おお！　やはり、大内さん鋭い！　いい質問です。

東京の地下に谷があるワケ

芝原　実はこれ、**氷期と間氷期**が関係しています。現在の日本の海岸線を表す地図（図20）を見てみましょう。下は、約2万年前の日本の地図です。約2万年前は、最終氷期最寒期といって、今より非常に寒かった時代です。寒い時期は、氷床と呼ばれる大きな氷ができます。大量の水が大陸の上に捕らわれるため、海の推移が少し下がります。少し、といってはいますが、この頃は今に比べて100m以上下がったといわれています。だから、瀬戸内海がありません。

大内　ほんとだ、ない！　**東京湾もかなり後退している！**

芝原　こうなると、海岸線が今よりずっと遠くに移動してしまう。この頃、関東平野には大きな川が流れて、大きな谷を削っていくわけですね。だから、2万年前の人は大河を眺めながらそのほとりで暮らしていたのかもしれません。

大内　おお！　そうなんですか。ロマンありますね。

芝原　その当時の川が削ってできた谷が、今の東京の地下に隠れています。

大内　あー、なるほど。そこに、今は砂や泥がつまっていると。

【氷期と間氷期】
人類が進化してきた過去100万年間の時代は、寒冷な「氷期」と、比較的温暖な「間氷期」がおおむね10万年周期ごとに繰り返されている。寒い時期には海面が大きく低下し、場合によっては100メートル以上も変動したと考えられている。これは、地球が太陽の周りを回る軌道が少しずつ変化することで、太陽から地球に降り注ぐ日射量が変化するのが原因と考えられる。この周期を「ミランコビッチ・サイクル」と呼ぶ。

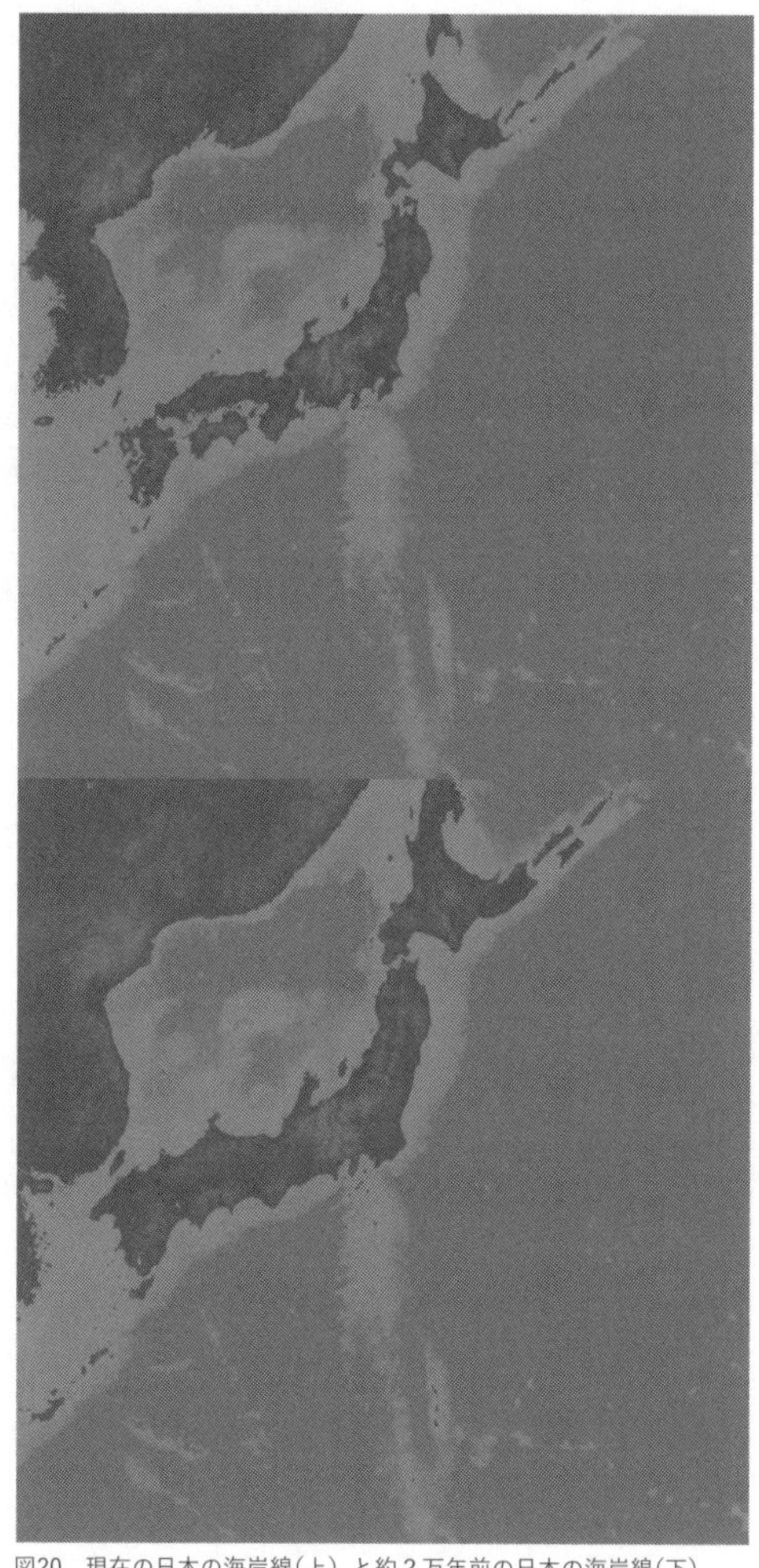

図20　現在の日本の海岸線（上）と約２万年前の日本の海岸線（下）。

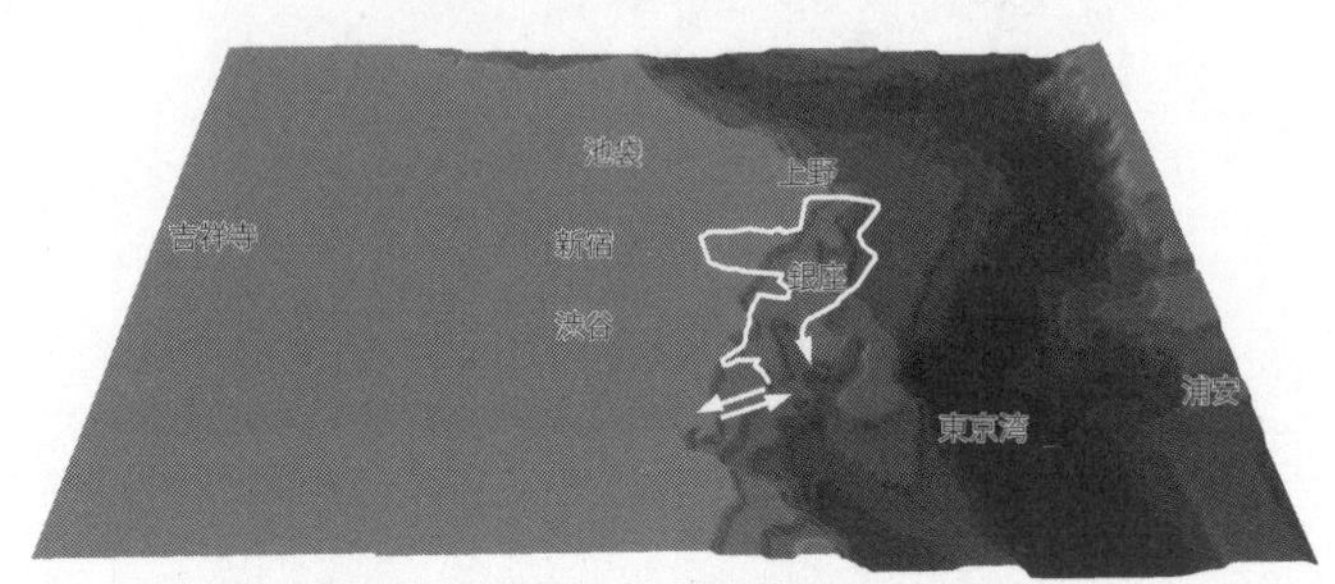

図21　東京地下埋積谷の3Dモデルと、ゴジラ('54) の進路(谷地形は10倍に強調。地質調査研究報告等を参考に3Dモデルを作成し、ゴジラの移動ルート(白線) を追記)。

芝原　平面での図だとわかりづらいので、３Ｄで見ていきたいと思います。今まで再三出てきた東京の地下図を斜め上から見ると……（図21）。

大内　谷がある！　**元々、川に削られてできた谷があったんですね。**つまり、浅草のあたりは昔、川だった。丸の内とか、あの辺も。

芝原　そうです。そのあと、川の勢いが弱まって、少しずつ砂とか泥とかがたまっていった。

大内　水が流れたあとなんですね。

芝原　その通りです。

大内　それで低地になっちゃったんだ。

芝原　問題は、ゴジラの侵攻ルートです。ゴジラは谷の中でも浅い所を歩いています。谷の深い所ではなく、谷っぺりというか、やや浅い所を踏み抜かないように歩いているのではないか。

大内　確かに、いわれてみればそうですね。

芝原　谷の深い所には近づかずに、どちらかというと、河岸というか、浅い所を歩いていています。

大内　図を見ると、一致してますね。台東区の文字の所より、東に行くと落っこちちゃうけど、あえて行かずに、やや浅というか踏み抜かない高さの所を行く。**初代ゴジラは、地盤の浅い所を縫うようにひたすら歩いている！**

芝原　本能的に地面の下の様子を知っていたか。あるいは当時まだ高層ビルが建てられなかった時代、比較的強い、谷が浅い所にランドマークになるような建物が集中していたので、そこを壊して歩いた結果、そうなってしまったか。どちらかではないかと思っています。

大内　帰りの、東京湾に南下するルートは、まさに谷沿いですもんね。

芝原　埋積谷の深い場所をうまく避けて歩いてる。

大内　上野恩賜公園の、ちょっと標高が上がる所で引き返しているんですよね。

芝原　そこから東に向かうけれど、谷の一番深い所までは行かない。これはあくまで「仮説」ですが、ゴジラが地下の地形を知っていたら、そう動いたかもしれない、と想像します。

大内　地形的な情報は確かなんですよね？

芝原　はい。ちょっと空中写真を見てみたいと思います。１９５７年頃の東京駅周辺です（図22）。第1作が公開された3年後です。上の部分が皇居で、東京駅周辺にはしっかりした建物が建っています。とにかく、建物が割としっかり建てられたり、残っていたりした場所にゴジラが現れた。

大内　ルートの中で、千代田区のあたりで少し迂回（うかい）しているのは、皇居があったからら？

芝原　そうかもしれません。

大内　皇居って、元は江戸城じゃないですか。**江戸城って、地盤的にはしっかりしてない所に建ってたんですか？**

芝原　またも鋭い！　江戸城は、むしろ半分しっかりした台地の上にあり、その東

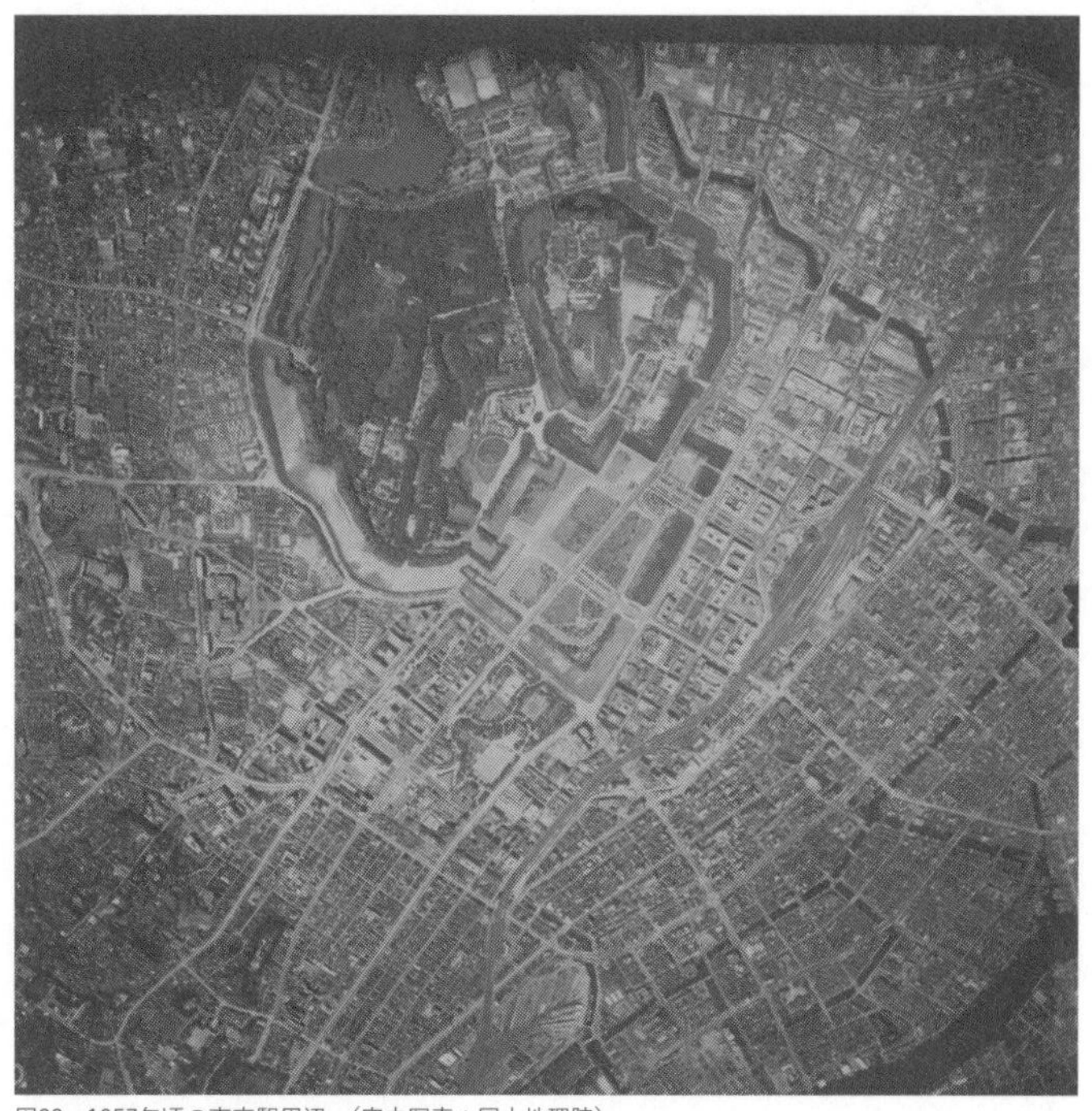

図22　1957年頃の東京駅周辺　（空中写真：国土地理院）。

側が低地なんです。昔の東京湾の画像を重ねると、江戸城の目の前まで海が入ってきます。

大内　あー、そういうことか！

芝原　外堀で、船で物資の搬入搬出をやりつつ、うまく地の利を生かしていたのかもしれません。城マニアではないので、詳しくはわからないんですが。

大内　今度城マニアの人に聞いてみましょう。

芝原　城と地形の考察は一度聞いてみたいですね。

大内　大田区のあたりは、外堀を埋めているので、その上をゴジラが通ったら踏み抜いてしまうかもしれないですね。

芝原　そうかもしれません。台地の上も平坦ではありませんから。昔の川のあととか、今だと、暗渠（あんきょ）……川だった所を埋めている場所があります。要所要所で凹地がありますから。

大内　だからゴジラも、「昔ここは川だったっぽいから、やめとくかー」って。

芝原　それで、わざと迂回した可能性もありますね。やっぱりここだけ変則的なルートですから。それぐらい、**地下の様子を感知する感覚器官がゴジラについている**

のかもしれない（キリッ）。

大内　はい（キリッ）。

日本を大横断！『ゴジラVSビオランテ』

芝原　第一部の最後に、先ほどご紹介した１９８４年のゴジラから始まる、平成ゴジラシリーズの2作目を考察します。前回死んだと思われていたゴジラが、三原山から復活して、箱根の芦ノ湖（あしのこ）で植物怪獣のビオランテと戦って、最後は福井県の若狭まで移動するというお話です。数あるゴジラシリーズの中でも、ＳＦ色が強いので、根強いファンの多い作品です。

大内　**芝原さんを特撮沼に落とした作品!!**

芝原　そうです。つくば市が舞台になっているので、聖地見たさにつくばにやってきて30年近く。私はそのまま定住しています。

大内　あはは。

芝原　今回も、この海底の凹凸がわかる地図を使いたいと思います（図23）。先ほどよりも、表示する範囲を狭くしてみました。今回は伊豆小笠原とか、海の方はあまり出てこないので。詳しく日本の地形を見ていきたいと思います。先ほどもご紹介しましたが、色が濃い所が海溝ですね。北から南につながっているのが日本海溝と伊豆・小笠原海溝。中央にあるのが、『シン・ゴジラ』でも登場した相模トラフ、海底にちょっとした谷があります。南西にあるのが、今何かと話題になっている南海トラフです。

大内　備えが大切ですね。

芝原　専門的にいうと、トラフというのは海底の溝のことをいいます。その中でも水深6000mよりも浅くて幅が広いものをトラフ、それよりも深いものを海溝といいます。溝の呼び方を深さによって、分けています。ここに情報を追加していきましょう。いや～今回は話すことが多いですね。

大内　見ている方も情報量多いです（笑）。

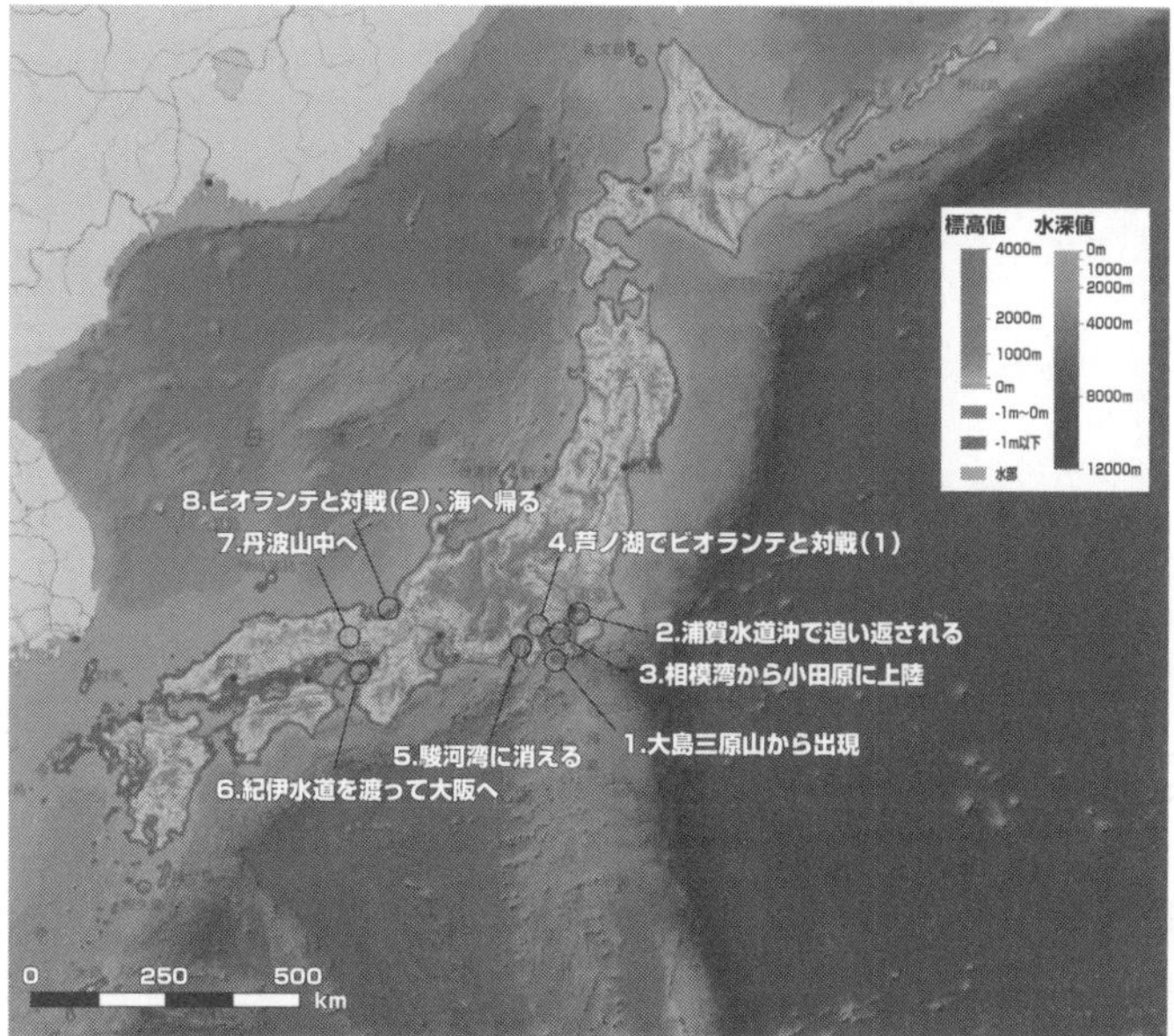

図23　『ゴジラVSビオランテ』のゴジラの侵攻経路図。「色別標高図(「海域部は海上保安庁海洋情報部の資料を使用して作成」)」及び、「淡色地図」(地理院地図　https://maps.gsi.go.jp/)をもとに作成。Shoreline data is derived from: United States. National Imagery and Mapping Agency. "Vector Map Level 0 (VMAP0)." Bethesda, MD: Denver, CO: The Agency; USGS Information Services, 1997.(地図調整：田中英一郎氏)

VSビオランテのゴジラ移動ルート詳報！

芝原　図23の番号の順にゴジラが移動します。本当は矢印でつなぎたかったのですが、そうすると、見づらくなるのでこの形になりました。まず①！　大島の三原山の火口から出てきます。84年に倒したと思っていたら、出てきてしまった。そのまま、再び東京に向かいます。ところが、浦賀水道沖で『スーパーX2』という超兵器に攻撃されて追い返されます。これが②。そのあと、一度海に撤退します。海中を泳いで、相模湾から小田原に上陸するのが③。その後、富士山の近くにある芦ノ湖に移動します。④でビオランテの第1形態と戦います。ビオランテというのは、バラとヒトと、ゴジラ細胞をいろいろあって融合させて誕生した生き物です。

大内　いろいろあって（笑）。

芝原　まだ進化の途上にあったビオランテとゴジラが対戦して、ゴジラが倒す。その後、⑤の駿河湾に消えます。おおむね東から西に移動しています。駿河湾に消えて、どうも海中を泳いでいるらしいというので、登場人物たちがゴジラの現在位置を推理することになります。**地図をコンピュータ解析**して、おそらく、次は名古屋

【地図をコンピュータ解析】モニタ上に海岸線や施設の情報を映して作戦を検討する様子が作品中盤で描かれる。これはいわゆる「地理情報システム（GIS：Geographic Information System）」の描写と考えられる。ちなみに現実世界における最新の地理情報システムは、地形だけでなく地下の様子や、施設の設計図などを統合し、3Dで描画する機能を備える。

に出てくるんじゃないかという結論に至ります。なぜかというと、ゴジラは放射性物質を食べるので、福井県の若狭湾沿岸にある原発を狙ってくると考えたからです。駿河湾沖から若狭に向かおうとすると、一番近い港があるのは、名古屋になります。ここに来るんじゃないか、と推理したわけです。

大内　自衛隊の全戦力が名古屋に配置されましたよね。

芝原　はい。ところが、もっと西側の紀伊水道を通って大阪に出てきた。これが⑥。完全に裏をかかれてしまうわけですね。この長距離を泳いで、なんと大阪湾に出てきてしまう。大変だ！　ということになりますが、自衛隊はすぐに名古屋から移動できません。

大内　『スーパーX2』を大阪に先に行かせて、なんとか足止めして……。

芝原　その間に、抗核エネルギーバクテリアと呼ばれる、ゴジラの遺伝情報から作ったバクテリアを、特殊部隊が撃ちこむんですね。それがゴジラを倒す薬になるわけなんですが。そこで『スーパーX2』はやられてしまいます。その後ゴジラは丹波山中を通って若狭に向かう。これが⑦。だから、当初推理した目的地自体は間違ってなかったんです。

図24 『ゴジラVSビオランテ』のワンシーン。

大内　名古屋は間違っていたけれど……。

芝原　そして、⑧。ゴジラは若狭で自衛隊とビオランテの第2形態と戦います。両者激しい戦いを繰り広げますが、最終的にはゴジラの体内で抗核バクテリアがじわじわ効いてきて、倒れて海に帰っていきます。

大内　そうですねえ。

芝原　すざ木先生にこの作品をイメージした挿絵を描いていただきましたが、いいですね(図24)。見ただけで、どのシーンかすぐわかる。本書を読んでいる方には説明不要かとは思いますが、一応説明します。これは東京湾の浦賀水道沖でゴジラを『スーパーX2』が追い返しているシーンです。左上に浮いているのが『スーパーX2』です。今でいう所の無人航空機、あるいはUAVですね。当時の防衛庁の地下にあるオペレーションルームから、遠隔操作されるという設定です。アンテナで信号を受けて飛び回るわけですね。先端にファイヤーミラーと呼ばれる人工ダイヤを使った鏡がついていて、ここにゴジラの熱線が当たると1万倍に収束し、ビームとして撃ち返します。当時の資料を見ると、ちゃんと設計図も書かれています。1万倍に反射はできないだろう、という意見もあるのですが、設定上ではゴジラの熱線を収束し、1万倍にして返す、という説明がつけられています。

大内　1万倍ですもんね。

芝原　すごいですよね。それを受けて死なないゴジラもどうかと思いますが。

大内　あはは、確かに。

芝原　とはいえ、さすがに一度追い返されちゃうんですね。吐いたものが1万倍で跳ね返ってきちゃうもんだから。しかしファイヤーミラーの方も、熱線を跳ね返すたびに劣化していって……。

図25　『ゴジラVSビオランテ』で火山口から復活するゴジラ。

大内　最終的にはゴジラにやられてしまいましたね。

芝原　さて、この作品では、ゴジラは火山から復活します(図25)。1984年に三原山の火口へと誘導されて落とされるんですが、出てきてしまうんですね。ここもいろいろドラマがあるので、もし未見の方がいらっしゃったら、ぜひ見てみてください。悪いやつらが三原山の火口を爆破してしまって、その衝撃で復活します。つまり火山の中で生きてた。

ここで問題になるのが、マグマの中に落とされたゴジラが、果たして生きていられるのかということ。そもそも、ゴジラは何度くらいまで耐えられるのか。

大内　なんとなく、火山平気、くらいの感覚でしたが。

ゴジラの耐熱強度を考察する

芝原　これを考えるうえで、考察しなければならない作品が、もう1つあります。1992年、つまり『ゴジラVSビオランテ』の3年後に作られた『ゴジラVSモスラ』。この中で、地中のプレートの中を掘り進む能力があることがわかります。

大内　おお、そんな描写が！

芝原　図26の世界地図を見てください。この図で示されている1枚1枚がそれぞれプレートと呼ばれるものです。プレートについて、簡単に説明しましょう。地球は、ゆで卵のような構造になっています(図27)。ゆで卵の外側にある殻に相当する部分、厚さ数kmから数十kmの部分を「地殻」といいます。その下に「マントル」と呼ばれる高温の岩があって、その更に下に「核」と呼ばれる金属のコアがあります。このマントルの部分は、熱によってゆっくりと対流しています。プレートは、地殻とマント

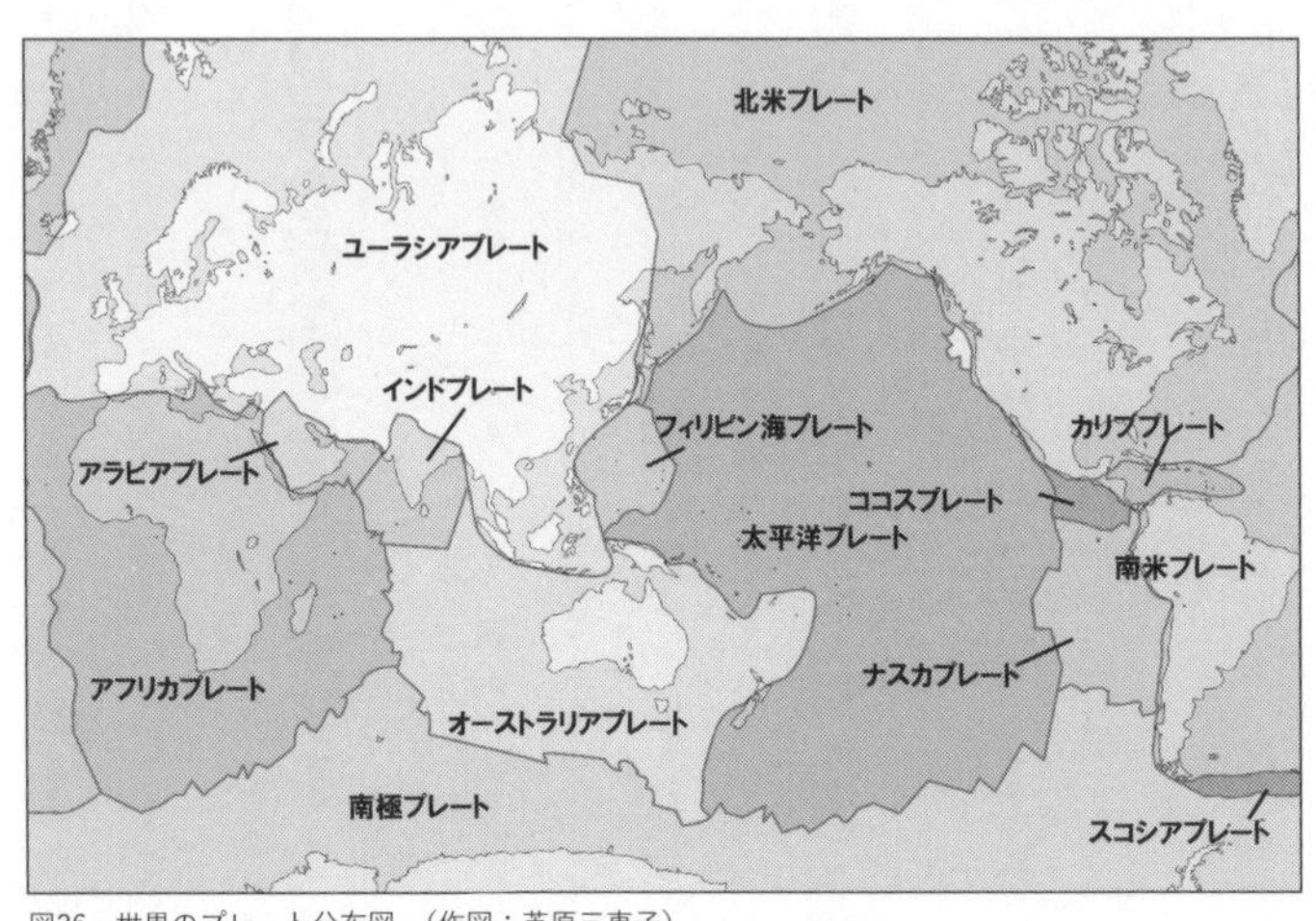

図26　世界のプレート分布図。（作図：芝原三恵子）

ルの一部を合わせたものです。

大内　マグマは今の説明でいうとどこにあるんですか？

芝原　はい。マグマはマントルの一部が溶けて発生したものです。それが火山から地表に噴き出したものが溶岩と呼ばれます。

大内　特撮あるあるなんですが、地面が割れたりするじゃないですか。それで、中からわーっと赤い液体が出てきますよね。

芝原　東映特撮でよく見る、まさに矢島信男監督が得意とする演出ですね。

大内　そうです、そうです。ああいうのを見ると、地面の下ってああなってるのかな、って思うんですが、実際は違う？

芝原　ハワイやアイスランドなんかで起きる、**割れ目噴火**という現象では、あれに近い光景になる場合もありますが、違います。**地球の中のマントルは基本的に固体です。**温度的には千数百度を超えていて、岩も溶かしかねない高温なんですが、同時に高圧でもある。

大内　圧力の関係なんですね。

芝原　**非常に高い圧力がかかっているので、通常は高温でも固体として安定している。**

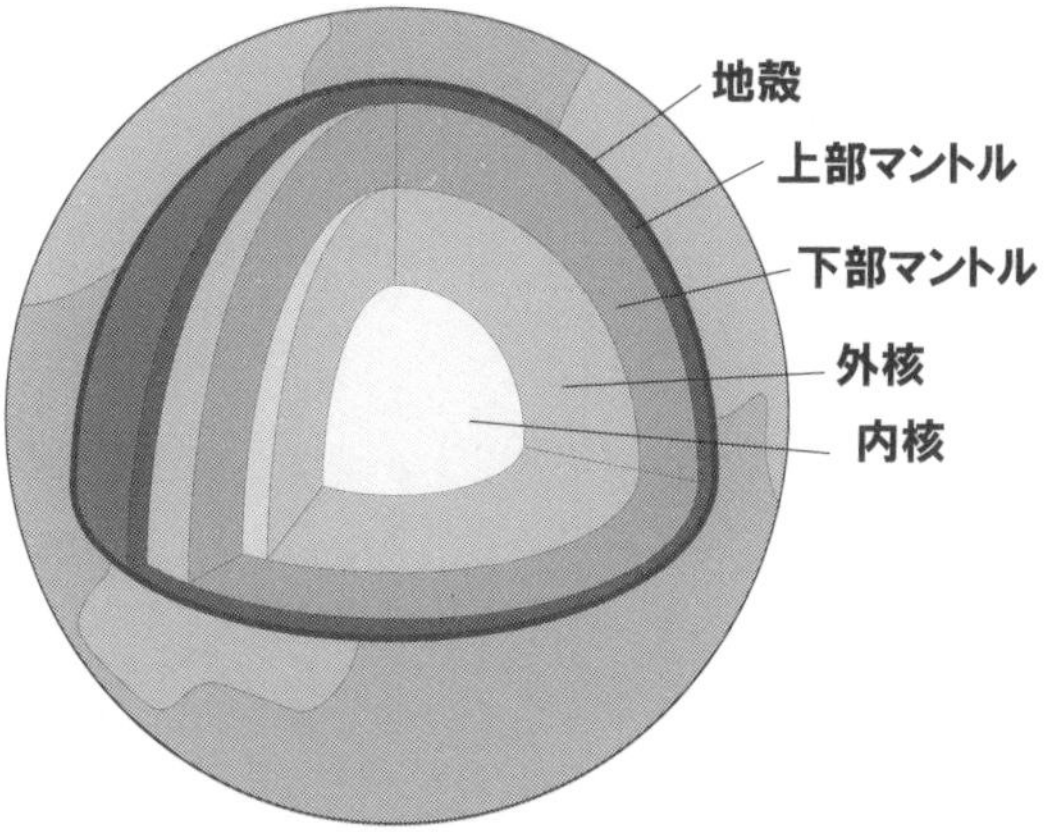

図27　地球の内部構造。地球の半径は約6400km、プレートの厚み（地殻と上部マントルの一部を合わせたもの）が約100km、その下の上部マントルと下部マントルの境界が深度約670km、下部マントルと外核との境界が深度約2900km、外核と内核の境界は深度約5100km、核全体の大きさは半径約3500kmと推定されている。

【割れ目噴火】
地面に長い割れ目が生じて、そこから大量のマグマが噴き出す現象。

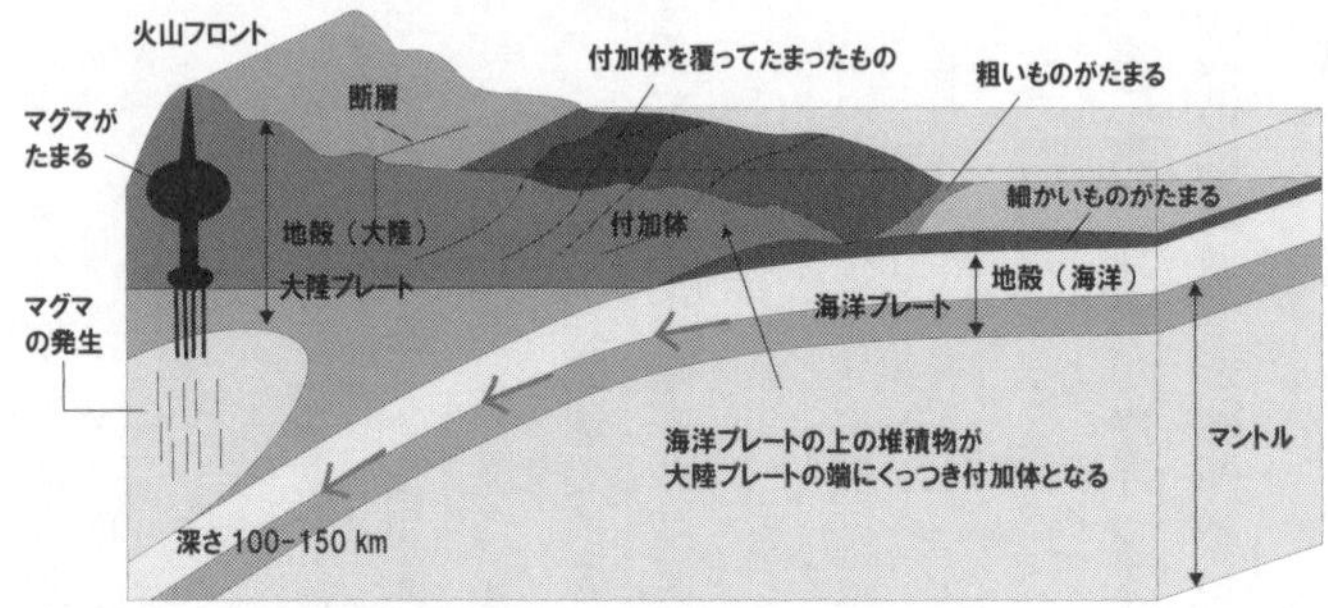

図28　地球の年表。（参考：渡辺真人（2015）地質標本館2015夏の特別展　ジオパークで見る日本の地質．地質調査総合センター研究資料集。no.618，産業技術総合研究所地質調査総合センター）

大内　なるほど。

芝原　そういう環境で、長い時間をかけてゆっくりゆっくり対流していく。その外側の地殻の部分も、1枚でできているわけではなくて、だいたい10数枚くらいに割れています。それがマントルの上に乗っている。下のマントルが動くので、その力に引っ張られて、あちこちで押し合いへし合いしているんですね。

大内　そういうことなんですね。

芝原　なのでプレートの境界ではいろいろな現象が起きる。そのうちの一つを表したのが図28です。日本の断面を表したものなんですが。プレートがマントルの動きに従って、押されてきて、日本にぶつかるとその下に沈み込んでいきます。地下の深い所で温度や圧力と、水分が含まれているなどの条件がそろうと、ごくたまにプレートの一部が溶けることがあります。そうしてできるのがマグマ。

大内　ふむふむ。

芝原　地殻、その下がマントル。地殻とマントルの一部を合わせたものがプレート。一定の条件がそろった時だけ、プレートが溶けて液体になって上がってくるとマグマになる。それが火山から噴火すると溶岩になる。だから、マグマとマントルは違うものなんですね。

大内　なるほど。

芝原　問題は、ゴジラはこの高温マントルの中を掘り進む能力があるらしいということ。『ゴジラVSモスラ』の劇中で、篠田三郎さんがゴジラが潜っていた地点を見てはっきりと『ちょうどフィリピンプレートとユーラシアプレートの境目です』というんですよ。

大内　バトラと戦っていた時ですね。バトラの幼虫と戦いながら、火山の中に飲み込まれていってしまう。

芝原　その数日後に、なんと日本の富士山から出てきてしまう。つまり、マントルの下を掘り進んで、**活火山**から地上に出てきてしまった。

大内　海底火山の入り口から入っていった、ということは、入り口も出口も一応火山の穴を通っていったわけですが。

芝原　その下のもっと熱い所を通って出てきてしまう。マントルもマグマも、温度分布が一定ではないので一概には言えませんが、だいたい地球の温度は中心部で約5500度。マントルの底の部分で約2200度。地下で発生したマグマの温度が1500度以上といわれています。

大内　かなり熱いですね。

芝原　**だから、ゴジラは少なくとも千数百度以上の場所にいられて、しかもそこを掘り進むことができるらしい。**

大内　そうなりますね。

芝原　対して、三原山の溶岩の温度が800~1200度くらい、といわれているので、それではゴジラを殺せない。……と、これで説明がついたな、と思っていた

【活火山】
活火山とは「概ね過去1万年以内に噴火した火山及び現在活発な噴気活動のある火山」（火山噴火予知連絡会）とされる。つまり過去1万年以内に噴火したと考えられており、現在も活動している火山のことを指す。富士山は最後に噴火したのが1707年であるため、これも活火山の1つである。2021年現在、日本には111の活火山がある。なお、かつての「休火山」や「死火山」という言葉は使用されなくなった。（参考：日本の活火山　産総研 https://gbank.gsj.jp/volcano/Act_Vol/index.html 2021年3月12日閲覧）

のですが。よくよく思い出したら『ゴジラVSデストロイア』に出てくる通称バーニングゴジラは、1200度で身体が溶けてしまうんですよね。

大内　で、でもあの時のゴジラは万全のコンディションじゃなかったし……！

芝原　そういう話もありますね。未見の方にご説明しましょう。1200度くらいの溶岩では、ゴジラは死なないと考えていました。しかし、1995年に公開された『ゴジラVSデストロイア』で、ゴジラの体内の核分裂が暴走して、1200度くらいで、ついにゴジラがメルトダウンして溶けてしまうという描写があったんです。だから、1200度で溶けないはずの生き物が、1200度で溶けて死ぬってなると、これはどうしよう、と思いましたが、とりあえず理屈をつけてみました。

大内　理屈……いや、地球科学的考察、ですね。

芝原　劇中でゴジラが1200度で溶けた、といっていましたが。**考えられるのは、この観測データに誤りがあった可能性。**何しろ、地球全体が大混乱な状況で測定したデータなので、ちょっと信頼性が低いかもしれない。また、観測していたのは体内温度といわれていますが、実は体表面のデータだったので、身体の中はもっと高温だったかもしれない。とりあえず赤外線のセンサーでぱっと測ったので、中まではわからなかった。

大内　今よく使ってる、非接触型の体温計みたいなやつですね。

芝原　今の時代、だいたいどこのお店に行っても、置いてるあれです。

大内　あれ、全然正確じゃないですよね。34度とか出ちゃったりして。

芝原　そうそう、びっくりしますよね。こんな風に、観測データが常に正確とは限らない。エラー値が沢山出るので、その可能性がある。

大内　今の時代だからこそ、説得力のある説ですね。

芝原　もう1つの説が、そもそもこの世界の地球では惑星内部の温度が低いのではないか？　というものです。

大内　この世界の地球？　とは？

芝原　地球の方をねじ曲げる。

大内　あはは。

芝原　なんか悪役の台詞みたいですね。

大内　実際の地球じゃないですからね。そもそもあくまでフィクションですし。

芝原　別の部でも詳しくご説明しますが、特撮は作品ごとに設定がいろいろ違うので、こんなSF的な仮説を立てています。**並行世界の地球が沢山あるのではないかという仮説です。** このゴジラの世界線においては、地球の中の温度が我々の知る地球より低いので、ゴジラが移動できた可能性も考慮しておきます。あとは単純に、先ほど大内さんもおっしゃっていたように、ゴジラの体調が悪かった。

大内　暴走してますもんね。

芝原　バーニングゴジラの通称通り、全身真っ赤に発光して、見かけは大変かっこいいのですが、あちこちが溶けだしてきてました。ひとまず、以上が私の、ゴジラの地球科学的考察です。

大内　急に結論が来ますね。**ゴジラの侵攻ルートは地形で説明できる。**

芝原　**そして地球の内部構造とも関係している！（ドヤア）**

大内　『シン・ゴジラ』で、どうして毎回こっちに来るんだ、っていう発言がありましたよね。

芝原　ありましたね。

大内　あそこって、すごくメタな発言で、特撮ではみんな東京に来るんだよな、って思ってましたけど。ちゃんと地形的な理由があった。

芝原　時代ごとにその理由は変わっていきますが、あの台詞はよかったですよね。なんで毎回こっちに来るんだ。

大内　みんな一度は思いますよね、どうして東京に来るんだって。でもあの丸の内のあたりに関しては説明ができる。

芝原　なぜゴジラはあのように日本中を移動するのか、地形からもいろいろいえることはあるんですよ、という話でした。

【第二部】

ウルトラマンの目は、おそらく少しずつ進化している

『シン・ウルトラマン』を最速考察!?

芝原　公開待ち遠しい、『シン・ウルトラマン』。今回は、いち早く考察したいと思います。

大内　え!?　まだ画像が1枚と、立像の写真が出たぐらいじゃないんですか（※2020年11月時点）。

芝原　はい。少ない手がかりからどこまで考察できるか。古生物学者の威信をかけて臨みます！

大内　なんか突然威信かけた……。

芝原　『シン・ウルトラマン』を考察するにあたって、押さえておきたい関連作品が、『ウルトラマンZ』と平成ガメラシリーズです。まずは『ウルトラマンZ』から。実はあの番組、地図が沢山出てくるんですよね。

大内　地図ですか？　あまり意識していませんでしたが……。

芝原　それについては、後ほど詳しく考察しますね。そして、そこから平成ガメラシリーズを考察していきます。いわずと知れた、樋口真嗣、金子修介両監督の名作です。このシリーズから、生物の進化について、そして、そもそも地球がなぜこんなに狙われたのかということを語りたいと思います。

大内　**『ウルトラマンZ』と『平成ガメラシリーズ』を踏まえることによって、『シン・ウルトラマン』を考察できる？**

芝原　できるんです！（ドヤ顔）。

大内　自信がすごい……しかし、全く想像がつかない。

芝原　順に説明していきたいと思いますが、その前に、見ていない方もいるかもしれませんので、『ウルトラマンZ』について軽く説明させていただきますね。

大内　見た方がいいですよ、皆さん！　僕は、ここ10年で一番ハマってますよ。

芝原　私もどハマりしてます。

大内　メダルを使って変身するんですけど、現実世界でもグッズとして売られているこのメダルが、本当に入手困難なんですよ、めっちゃメル○リで探してるんですけどねえ。

芝原　ははは。……さて、今回のウルトラマン、どういう人かといいますと新人なんですよね。ド新人です。

大内　まあ、よくある**ルーキーパターン**。

芝原　そうそう。ただ、これまでに出てきた新人のパターンでも、特に若い。地球に行くための新人研修もあまり受けてないのか、地球の言葉もあまりしゃべれない。新人研修の途中で事件があって、ひとりで地球に来ることになった。その後、「地球の言葉はウルトラ難しいぜ」とかいっちゃったりして。

大内　そういえば、初代ウルトラマンもあまり地球語は上手じゃなかったみたいで。

芝原　ハッハッハーとか笑ってましたけどね。でもそれより更に、地球の言葉は勉強中という感じですね。彼はウルトラマンゼロの弟子志望であり、第1話では師匠に「お前なんか三分の一人前だ」といわれてしまう。なので、先輩ウルトラマンたちの力を借りて戦わないといけない。そこでさっきのメダルが出てくるわけです。いろんなウルトラマンの力がこめられたメダルを3枚セットして、変身。そしていろいろな形態に変化する、というのが今回の戦い方です。

大内　ちゃんと理由づけがあっていいですよね。

芝原　この世界でいうところの科学特捜隊のような存在が、対怪獣ロボット部隊『ストレイジ』という防衛組織です。

【ルーキーパターン】
初代ウルトラマンの年齢は約2万歳だが、2000年代以降に放送されたシリーズではメビウス（6800歳）やゼロ（5900歳）、タイガ（4800歳）、Z（5000歳）など、比較的「若い」ウルトラマンが登場することも多く、経験の少ない新人の彼らが、人間と協力して成長していく様子が描かれる。

大内　いいですよねえ、ストレイジ！　こんな時代がくると思いませんでしたよ。
芝原　特に**セブンガー**いいですよね！　実に45年ぶりの登場でしたっけ？
大内　はい……！　もう、感無量ですね。
芝原　ストレイジというのは、ロボットを使って怪獣を退治する部隊です。変身するのは、ストレイジの新人パイロットでナツカワ ハルキ君という、すごく熱い男です。体育会系な今回の『ウルトラマンZ』のコンセプトにも合ってますね。

『ウルトラマンZ』に登場する古生物たち

大内　おお？　古生物？
芝原　はい、古生物です！　古生物というのは、一番有名なところでいえば恐竜がいます。他にも、三葉虫やアンモナイトなどもそうです。『ウルトラマンZ』の劇中で明確に古生物だと描写されているのが、古代怪獣ゴメスと古代怪獣ゴモラです。両方とも古代怪獣と呼ばれていますね。他のシリーズだと、ジラース。あとは恐竜戦車。中にはそのまま「恐竜」という名前の怪獣(！)が出てきたこともあります。

【セブンガー】
1974年放送の『ウルトラマンレオ』第34話で初登場。ウルトラの星で作られたロボットという設定。2020年放送の『ウルトラマンZ』では地球で開発された特空機1号セブンガーとしてストレイジの戦力として登場し、怪獣と戦う。

大内　あの子たちみんな、古生物っていう括りだったんですね！

芝原　そうなんです。今回はZ縛りでお話しするので、ゴメスとゴモラの2種類を見ていきたいと思います。古代怪獣のゴメス。元々ウルトラシリーズの、ウルトラQの第1話で、ゴメスが出てくるんですが、それがまたいろんな作品を経て『ウルトラマンZ』の第1話でも出てきます。このゴメス君、「原始哺乳類」と作中でいわれています。

大内　ゲ、ゲンシホニュウルイ？

芝原　ええ。哺乳類らしいんです、恐竜じゃないんです。恐竜は爬虫類の一群ですけど、この子は「新生代第三紀頃から生息が確認されている原始哺乳類」と劇中の台詞ではいわれています。だから、恐竜が滅んだあとに出てきた哺乳類なんですよ。

大内　恐竜が滅んだあと……？　シンセイダイダイサンキ？

芝原　そうです。恐竜が滅んだあと、新生代古第三紀という時代が始まり、その後が新第三紀。そのどちらの時期かはわかりませんが、少なくともゴメスは恐竜が滅んだあとの時代に生まれたらしいことが、今回初めて語られています。

大内　なるほど……。

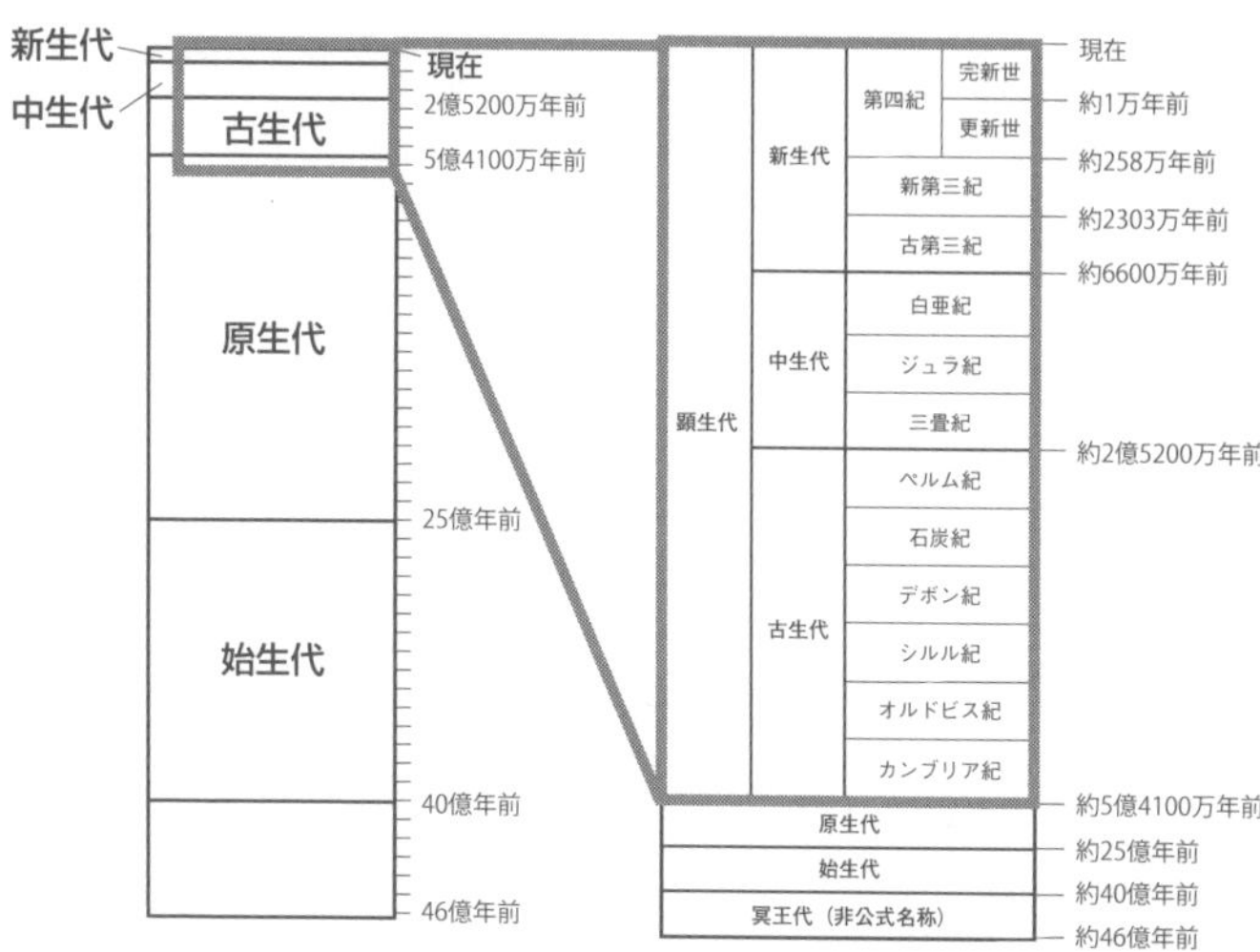

図29　地球の年表。

芝原　問題はこの古代怪獣という名前なんですが、古代という言葉は結構難しくて……。ここで地球の年表を見てもらいましょうか（図29）。

大内　あー、なんかこんな図、見たことがあります！

芝原　まず、46億年前に地球が生まれました。この図は上に行けば行くほど現代に近づきます。

大内　恐竜がいたのは……。

芝原　「中生代」という時代です。私たちもよく知るような、大型の生物が出てきたのが、そのずっと下にある古生代カンブリア紀。その前の先カンブリア時代はバクテリアや微生物、あるいは無脊椎動物らしき生物の痕跡などが見つかっているにとどまります。古生代は約5億4100万年前からですね。それより前の約40億年間については、何も……とまではいいませんが、情報があまりないんです。

大内　情報が少ない？　それはどういうことですか？

芝原　**私たち古生物学者が一番大切な情報源としているもの、それは、化石です。**

大内　なるほど……！　確かに恐竜といえば化石です。

芝原　そうなんです。化石が一番の情報源です。しかし、はっきりとした大きな生物の化石が見つかっているのは、この古生代からあとの時代なんです。地球46億年の歴史でいえば、手がかりがあるのはほんの最近なんです。だいたいの図鑑だと古生代から現代までをガッと広げて描いていますが、ちゃんと46億年を均等に表しているのが図29の左側なんです。

大内　ほんとだ、古生代より前がすごく長い。

芝原　そうなんです。**そして、問題は「古代ってどこなんだ？」ってことなんです。**

大内　ですね。『古代怪獣』っていってますからね。

芝原　古代はどのあたりなのかというと、辞典などによれば、人間が出てきてある

【化石】
「化石」という言葉に明確な定義はなく、諸説あるが慣例的には約1万年前よりも古い地層から発見された生物の遺骸を「化石」と呼ぶ。約1万年前頃は、地球の気候が安定し、人類が文化的な生活を始めたタイミングであり、化石はそれ以前の時代のものを指す。約1万年前から現在までは「完新世（かんしんせい）」と呼ばれ、地質時代としても明確に区分されている。

程度の文明活動をしている時代から中世くらいを指すらしいです。

大内 らしい？ らしいでいいんですか？

芝原 そうなんです。この言葉、捉え方によっては結構あいまいなんです。地球科学的には、どの時代が何年前かというのは厳密に決められているので、『古代』という言葉はあまり使いません。

大内 そうなんですね。

芝原 さて、さっきいっていた、ゴメスが生きていた時代、つまり恐竜が滅んだあとの時代……すなわち**新生代の第三紀**と表現されています。でも、古代とは、それよりずっとあとの、人間の文明が誕生してからを指すんです。

大内 あっ、もう既に矛盾が生じているわけですね。シンセイダイダイサンキの生命体なのに、それよりあとの古代に存在するという。

芝原 そうなんです。そこで僕は考えたのですが、多分『ウルトラマンZ』の世界では、古代という時代の定義がそもそも違うんじゃないか、と。

大内 おお……!? **「古代怪獣ゴモラ」の古代は、僕らの世界での古代とは違う!?**

芝原 そうなんです。我々の世界では、少なくとも「新生代怪獣」というべきです。

【新生代の第三紀】
現在「第三紀」という言葉は専門的には使用されておらず、「古第三紀（6600万年前～2303万年前）」と、そのあとの「新第三紀（2303万年前～258万年前）」という2つの区分名が使われている。しかしゴメスが誕生した時代は「第三紀」とだけ劇中で表現されているため、どちらの時代に生まれたのかは、現時点では不明ということになる。

大内　めっちゃ新しいですね。僕らの世界でいうなら、ゴモラとかゴメスは「新生代怪獣」(笑)。

芝原　はい。ただ、これは作品の設定ミスなどではなく、おそらく、『ウルトラマンZ』の世界は私たちの世界と時間の考え方が違うんじゃないかと、徐々に思い始めてきましてね。

大内　徐々に(笑)。

芝原　はい、徐々に(笑)。そして、もう1匹古代怪獣が出てきますよね。そう、ゴモラです……もう怪獣の中でも一番有名な方ですね。初代ウルトラマンから出てきて、恐竜の生き残りだと劇中ではっきりいわれています。なので、これはもう新生代ではなくてその前、中生代、恐竜が生きていた時代からいたであろう。

大内　今回は、休眠してたんですよね。

芝原　ゴモラ岩っていう岩に変わって休眠していて、花粉症で目が覚めてしまうという、ちょっとかわいそうな話でした。

大内　で、あっという間にやっつけられちゃうんですよね。

芝原　結構ゴモラは人気のある怪獣なので、最近のウルトラシリーズでは味方として出てくることも多かったですね。

大内　ここ10年くらいはそうでしたね。

芝原　いずれにせよ、大人気怪獣です。この子は、区分としては恐竜です。しかしこれも古代怪獣と呼んでるんですよね。

大内　ああ、ここでもう既に矛盾が……。哺乳類と恐竜が同じ区分にいるわけですね。

芝原　そうなんです。というわけで、僕は常にウルトラマンを見ながら悩むわけなんですが。

大内　あははは……博士になるような人はやっぱり大変ですね。怪獣1つ見るのも、そんなことが気になってしょうがないんですね。

芝原　はい。気になってしょうがない……それで、1つたどり着いた結論が、先ほども話したものです。**私たちのいる現実世界とは時間の流れが違う可能性なんです。**

『ウルトラマンZ』の世界は時間がゆっくり流れている？

大内　時間の流れが違うって、つまりどういうことです？

芝原　具体的にいうと、僕らの1日って、24時間じゃないですか。

大内　そうですね。

芝原　でも、『ウルトラマンZ』の世界の1日って、例えば**48時間とか、72時間とかあるんではないかな**と思い至ったんです。1日の進み方がかなりゆっくりしていて、1年はもっと長い。だから、古代といっても、ほんの数百年～数千年前の話ではなくて、もっともっと昔のことを指すのではないか。

大内　なるほど！　……なるほど？　ちょっと今無理やりな気もしましたけど……。

芝原　めげずに行きます！

大内　行きましょう！

芝原　我々がいうところの古代を数百年～数千年前のこととすると、『ウルトラマンZ』の世界でいうところの「古代」は、我々の世界でいう所の**中生代**も含んでいるかもしれないのです。何しろ、恐竜がいた時代の生物も、古代怪獣と呼んでいるので。

【中生代】
約2億5200万年前から約6600万年前までの時代。恐竜のほかに、後述する魚竜や首長竜などが生息していた。6600万年前、地球に巨大隕石が衝突したことにより大規模な絶滅がおこり、恐竜は鳥類を除いて絶滅し、中生代は終わりを迎える。

大内　ゴモラは僕らの世界ではシンセイダイダイサンキからいたけど、「古代」怪獣と呼ばれている以上は、数千年前にもいたのではないか、ということですね。だから、時間軸がそもそも違うのではないか、時間の流れが違うのではないかと。

芝原　その通りです！　だいたい1万年前を境に、地球の気候が安定して、そこから人類が文化的な活動を始めるわけなんですが、それよりもあとの時代を我々の世界では古代と呼んでいます。そしてそれより前の人類による記録、例えば古文書や遺跡などがない時代の生き物は、古生物と呼んでいるんです。

大内　なるほど。

芝原　**ざっくりいうと、人類よりもあとが「古代」で人類より前にいたのが「古生物」です。**

大内　これが、Zの世界だと、我々の世界と比較してどう違うのか……。

芝原　さらに、Zの世界と我々の世界を語るうえで、時間軸も大切ですが、地形も大切なんです。

大内　ち、地形⁇　ちょっと、脳の処理が追いつきません……。

『ウルトラマンZ』は実は地図の宝庫

芝原　冒頭でもいいましたが、『ウルトラマンZ』はとにかく地図が沢山出てくるんです。

大内　ほうほう……。そこに注目してるの、芝原さんだけと思いますが……。

芝原　え!?　そうだったんですか？　てっきり皆さんもかと……。**私は毎回毎回地図に興奮しながら見てましたよ！**　しかも、Zには、私のような無類の地図好きが出てくるんですよ！

大内　いましたっけ、そんなキャラ……。

芝原　ふふふ、その人こそ、ヘビクラ隊長です！　先ほど紹介したロボット部隊ストレイジの隊長をやっている方ですね。ちょっと珍しい名前をしてらっしゃいますが。

大内　珍しい苗字ですよね……ハハ。

芝原　ヘビクラ（蛇倉）……これを音読みすると……。

大内　僕、漢字弱いんでわからないですねー（棒読み）。

芝原　アレ？　ばらしちゃいけないのかなー。ジャグラーになりますよね？　なんか心なしか顔も似てません？

大内　そんなまさかねー、ハハハハ（引き続き棒読み）。

芝原　わはは、もう作中ではネタバレされてるので、ここで説明しますが、別の作品では好敵手として出てきた**ジャグラス ジャグラー**という魔人が、なぜかヘビクラ隊長という人間になって、『ウルトラマンZ』ではロボット部隊の隊長におさまっているんです。なんでかは……。

大内　まだ明かされていないですね（2020年11月時点）。

芝原　何か独自の目的があって動いているみたいですね。ただ、確かなこと。ヘビクラ隊長、とにかく地図を集めている。

大内　地図を集めている？

芝原　隊長の席の後ろに飾ってありますし、作戦会議でも地図が出てくるんですけど、アレ、本物です。本物の**国土地理院の地図**です。

大内　**こ、国土地理院！　蛇倉隊長、ガチだ**（**笑**）。

芝原　そう！　しかも2万5000（分の1の地形図）相当！　特に印象的に使われ

【ジャグラス ジャグラー】2016年放送の『ウルトラマンオーブ』に登場する、オーブの宿敵。普段はスーツを着た人間の姿をしているが、戦闘時には鎧をまとった黒い魔人の姿で暗躍する。しかし『ウルトラマンZ』の世界ではなぜか普通の人間として防衛組織の隊長職に就いている。本人曰く「正義に目覚めた」ことが理由らしいが、その真相は果たして……？

【国土地理院の地図】現在、国土地理院の地形図はネット閲覧が可能で、パソコンやタブレットで表示することもできる。また紙の地図を入手するにはオンデマンドで注文するか、（一財）日本地図センターなどで購入する方法がある。（参考：国土地理院公式サイト

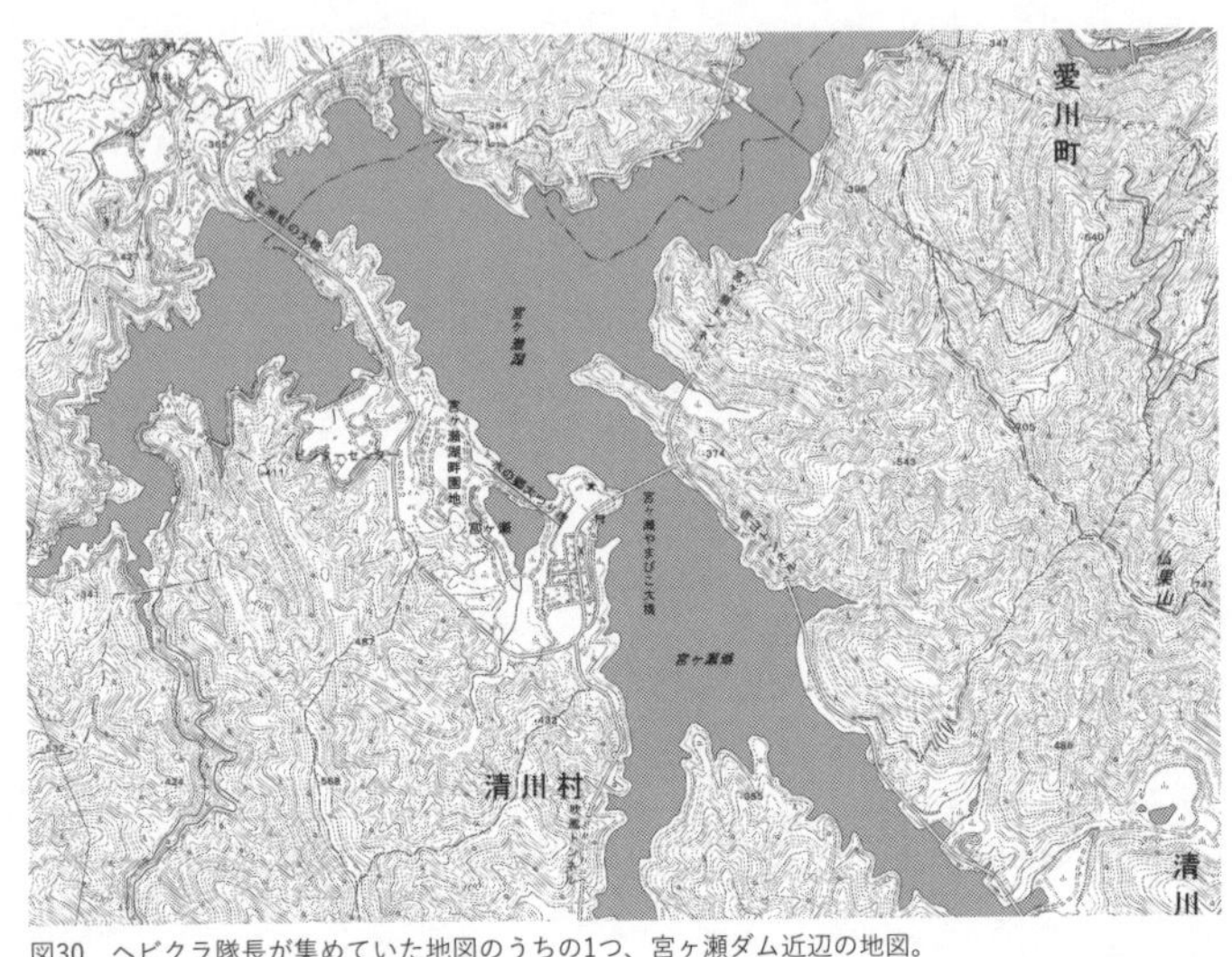

図30　ヘビクラ隊長が集めていた地図のうちの1つ、宮ヶ瀬ダム近辺の地図。

ていたのが、9話に出てきた、神奈川県の宮ヶ瀬ダムという所です（図30）。

大内　実際に神奈川県にあるダムの地図なんですか？

芝原　はい。有名なダムですね。そこを舞台にしてキングジョーというロボットを巡って、宇宙人とやりあったりするんですけど、**宮ヶ瀬ダム**の地図がそのまま出てくる。理由はまだわからないんですけどね。そして19話でまた、全然関係ないのに同じ地図が出てくるんですよ。

大内　そうだったんだ。

芝原　何か目的があって、この世界

https://www.gsi.go.jp/ 2021年3月12日閲覧）

【宮ヶ瀬ダム】神奈川県を流れる中津川に建設されたダム。ダムにはさまざまな形式があるが、宮ヶ瀬ダムはコンクリートを主要な材料とし、その自重で水圧に耐える「重力式コンクリートダム」に分類される。この形式のダムは、基礎となる岩盤が花崗岩や安山岩など、比較的堅牢な場所での建設に適しているとされる。ダム建設によってできた湖を「ダム湖」と呼び、図30では中央にある灰色部分の宮ヶ瀬湖がそれに相当する。

の情報を集めているのではないかと。おそらくかなりの量の情報を。

大内　神奈川県に何かあると。

芝原　あると思います。

大内　相模原市に何かあると。

芝原　だってわざわざ2万5000相当の紙の地図を集めてるんですよ？

大内　ちょっと待ってください、さっきから2万5000っていってますが、いったい何のことです⁉

芝原　あ、失礼失礼、2万5000分の1スケールの、細かい縮尺の地図のことです（汗）。

大内　なるほど、詳細がわかる地図なんですね。

芝原　そうです、いやはや説明不足で申し訳ない。とにかく、ジャグ……じゃなかった、ヘビクラ隊長はがんばって紙の地図を集めていると。まあ、なんでかなとは思うんですが。

大内　地図マニアなんですかね？

芝原　そうかもしれないし、もっと何か意味があるかもしれません。**地図って、本**

当に命に関わるものなんですよ。

大内　命に関わる、というのは？

芝原　我々もよく地図を持って化石を探しに行くんですけれど。恐竜がとれる所や化石が掘れる場所を見つけるためには、しょっちゅう山に入って、山仕事をしないといけないんです。そうなると、遭難の危険性と隣り合わせなんです。

大内　なるほど……！　そうした危険を回避するために、ヘビクラ隊長は地図を集めている可能性があると？

芝原　はい。ちなみに、地図がないとこうなります(図31)。つまり、遭難します。

大内　えっ？　この写真は何なんですか⁉。

芝原　これは、私が20歳ぐらいの時の写真なので……もう20年くらい前になりますかね。

大内　1999年？

芝原　えっと……『ウルトラマンガイア』の年？

大内　いや、ガイアの年かどうかはいいんですよ、何の写真なんですか？

芝原　これはですね、地図をなくして山から下りられなくなって、1週間くらいト

図31　芝原遭難時の写真。

ンネルの中で生活していた時の写真ですね。

大内　……芝原先生がですか？　これって遭難してる時の写真？

芝原　**遭難してる時にやることなくて、ヒマだったので撮った写真です。**

大内　そりゃヒマですよね、遭難してたら。カロリーメイトとカップヌードル？

芝原　懐かしいでしょ？　カップヌードルのパッケージが古いんですよ。あとお赤飯と。最後は食べるものがなくなって、その辺の植物を採取して食べてました。

大内　化石を探していたら遭難した

んですか。

芝原　ちょっと台風で山道が崩れて、山から下りられなくなって……地図も持ってはいたんですけど、情報が足りなくて。

大内　地図って、すごい情報源なんですね。情報が足りないとこんな風に遭難しちゃう……。

芝原　そうなんです。だから、ヘビクラ隊長も、何かそれほどの必要に迫られて、地図を集めているのではないかと、個人的に思っています。多分、我々古生物学者みたいに、週末になると地図片手にあちこち出かけて行っているかも……。

大内　ははは、じゃあ、ストレイジは、週末が休みなんですかね？

芝原　それはわからないです。あそこ勤務体系どうなってるんでしょうね？

大内　防衛隊は総じて大変そうですよね。

芝原　怪獣出てきたら出動ですもんね。この間なんか徹夜してましたし。

芝原　とにかく、ヒマがあれば地図を集めているんではないかと。

衝撃が走った（約1名に）、『ウルトラマンZ』2話の地図

芝原　『ウルトラマンZ』の2話で基地のモニターに、その世界の地図が大映しになるんですけど……驚愕しました……。

大内　アレですか？　シアトル方面にザンボラー（パワード版？）がいたり、マジャバがオーストラリアにいたりした地図ですか？　怪獣が世界に現れた、って時の地図ですか？　そんな驚愕することありましたっけ？

芝原　はい、まずは論より証拠です！　我々のいる世界の地図と、2話のモニターに映っていた地図を私が復元したものを、比べてみましょう（図32）。ほら！　一目瞭然！　『ウルトラマンZ』の世界の地図、なんと海岸線が変わっています。

大内　うわうわうわ！　ホントだ……。湖が増えたりしてる……。

芝原　オーストラリアに大きな湖ができたり、南アメリカは内陸まで海になっていたり。

大内　なるほど、Zの世界はこうなっている、と。

芝原　ちなみにこの復元した地図、現実の世界の地図データを使って作りました。ア

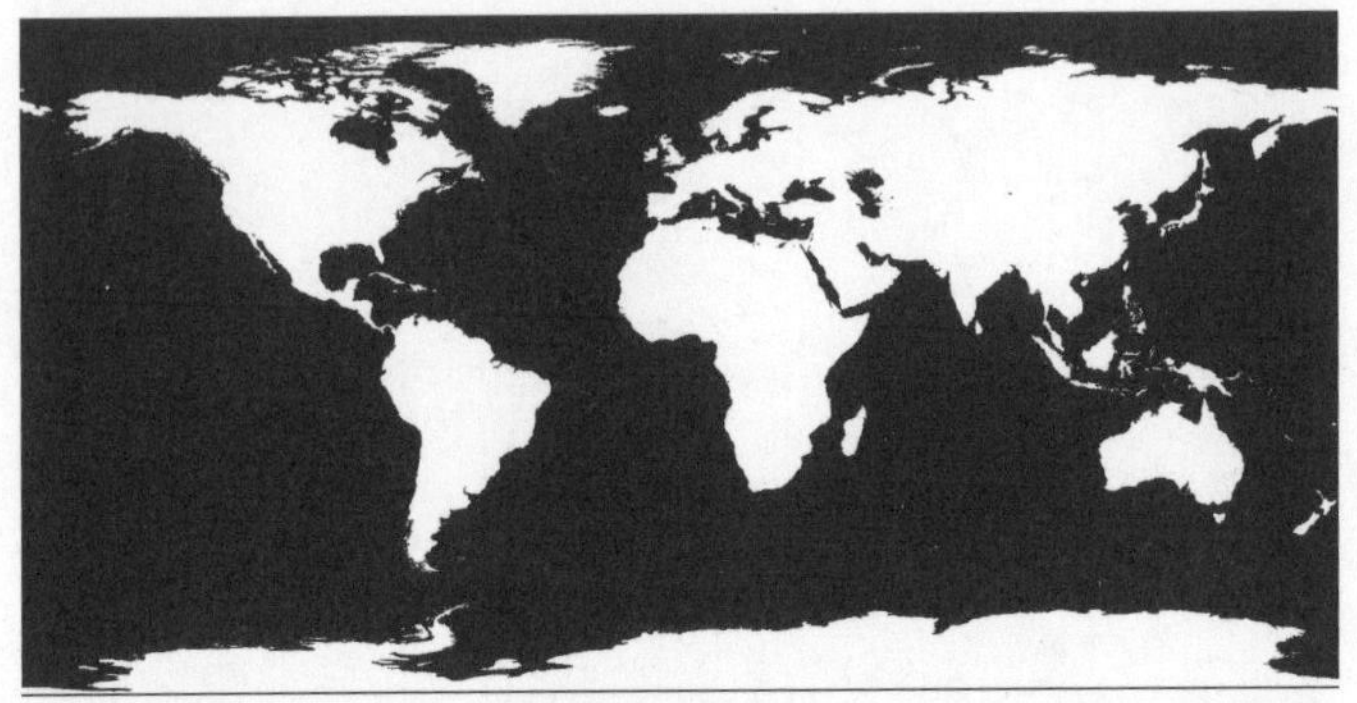

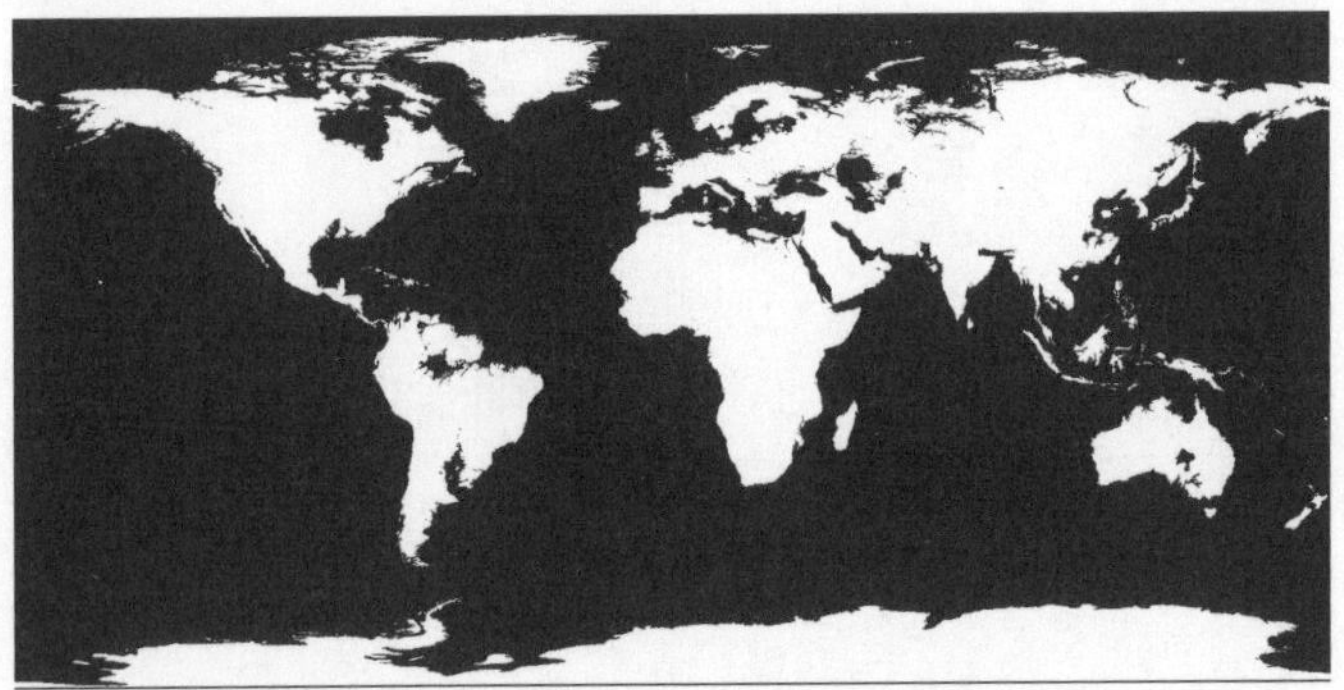

図32　現実の世界の世界地図(上）と『ウルトラマンZ』の世界の地図の復元(下)。

メリカ地質調査所の標高データ（宇宙などから測った地球の凹凸のデータをもとにして作成されたもの）を使っています。その地図の海面を少し上げてやるとZの世界の地図になるのです‼（大興奮）。

大内　えっ⁉　**現実世界の地図の海面の高さを変えると、そのままZの世界になるってことですか⁉**

芝原　まさにその通りです！　ウルトラマンZの世界も、我々の世界も、地球の凸凹の形自体は変わらないんですが、海岸線が大きく変わっている。

大内　地球の凸凹は変わっていない？

芝原　はい。海面の高さが、70ｍくらい上がっているんです。

大内　……芝原先生はこれを見て、『あれ、海岸線が違うぞ⁉』って思ったんですか。

芝原　**おいおい、あれ海面上がってるよ！　って自宅で大騒ぎしました。**

大内　……僕も2話は2、3回見ましたけど……そうだったんですね。

芝原　興奮してるの僕だけで、妻と息子はフーンっていってましたね。

大内　確かに、いろんな意味で一大事ですね。

芝原　これもあってですね、やはりウルトラマンZは未来の地球の話なのではないかなという説を温めていったわけなんですね。

急浮上した『ウルトラマンZ』は未来の話仮説

芝原　もう一度繰り返しますが、我々の世界の地図と『ウルトラマンZ』の世界の地図、これらを比較してみると海岸線（海水面）が全然違います。

大内　ユーラシア大陸の北の方とか沈んでますもんね。

芝原　相当宇宙人の活動が活発で、地球が何らかの影響を受けているんではないかと。実は日本の地図も映るんですけど、日本はそんなに変わってないんですね。これだけ世界が大変なことになってるのに。

大内　日本は変わってない。

芝原　理由は不明ですが、なにか近未来の技術でストレイジががんばっているからかなとしか。

大内　すごい技術力だな、ストレイジ……。しかもたった4人でやってますからね。

芝原　そうですね。さて……問題は我々のいる現実世界でも、これだけ海面が動く

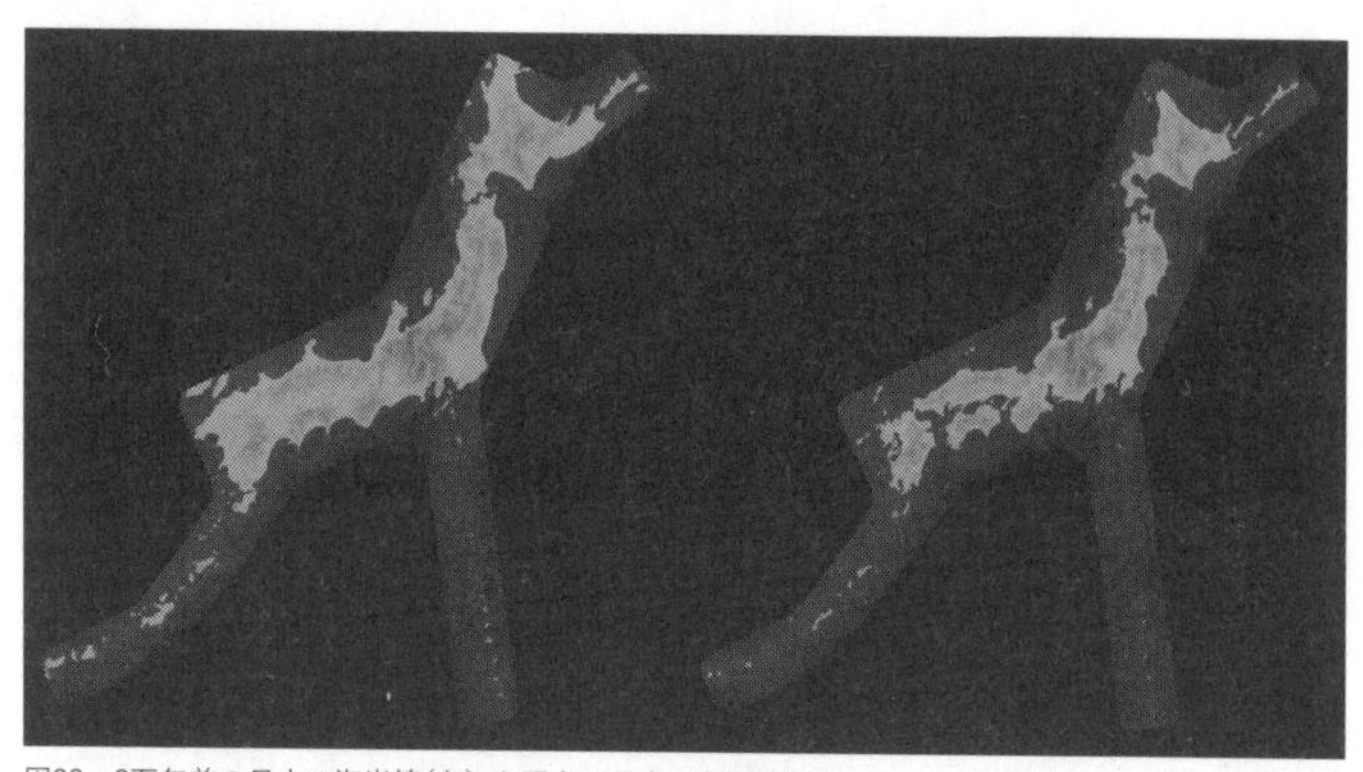

図33　2万年前の日本の海岸線(左) と現在の日本の海岸線(右)。

のかという話ですが、これまでの地球の歴史では、マイナス方向にはかなり動いてたってことはわかっています。

大内　マイナス方向？

芝原　図33を見てみてください。右側が、現在の日本地図。左側が約2万年前です。

大内　すごい違いますね。

芝原　よく見ると、瀬戸内海が干上がっています。北の北海道も本州とつながりかけていますし、東京湾も後退している。

大内　九州もくっついてますね。これが約2万年前？

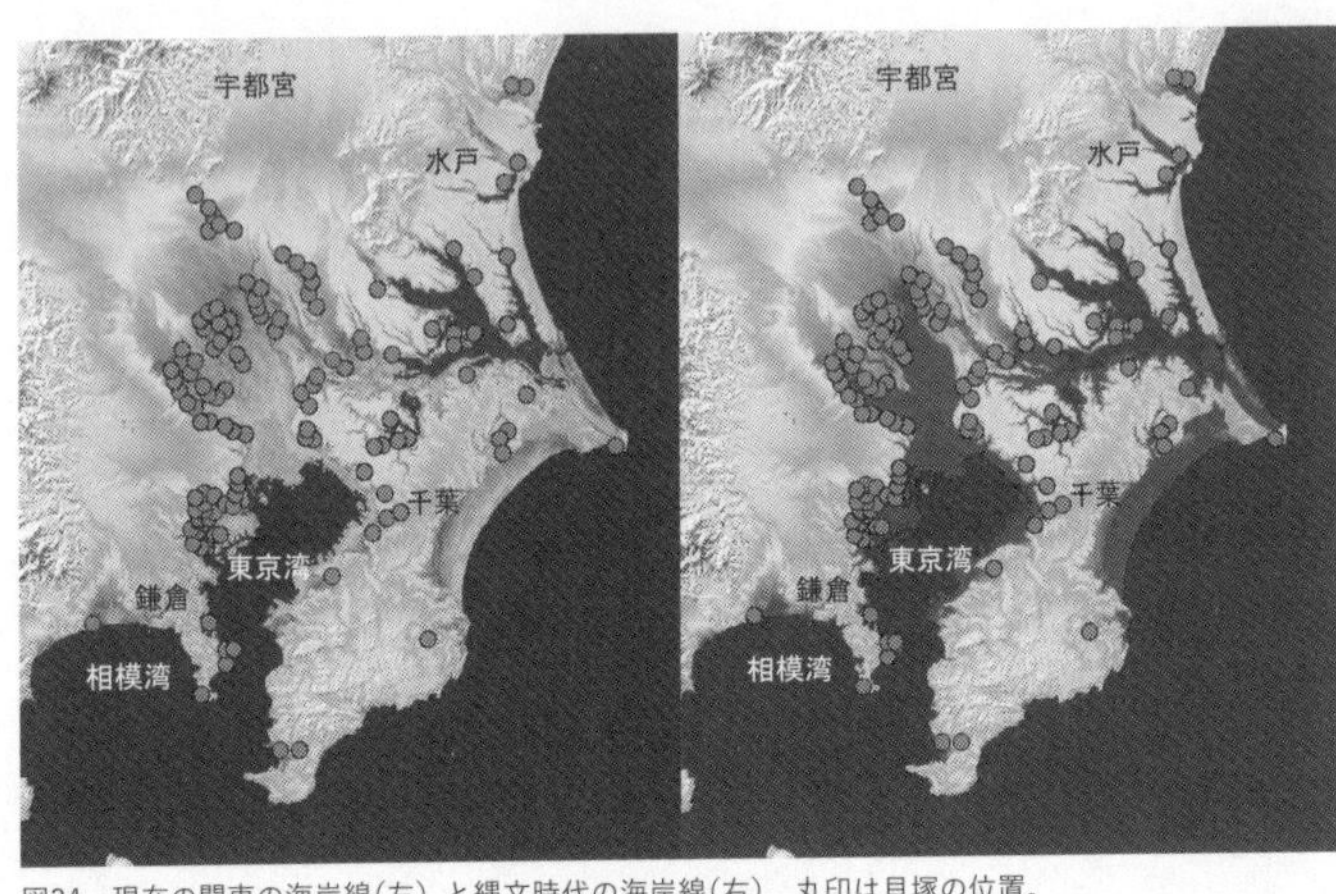

図34　現在の関東の海岸線（左）と縄文時代の海岸線（右）。丸印は貝塚の位置。

芝原　はい。今よりずっと寒かった時代、**最終氷期の最寒期**と呼ばれる時代で、海面が今より100m以上下がったといわれています。水が凍って、大きな氷として大陸の上にのっかっているので、その分海面が下がっています。

大内　なるほど。**氷になった水分が陸にのっかっているから、その分海の水分が少なくなって、海水面が下がっている！**

芝原　その通りです！　じゃあ、プラス方向、つまり海水面が上がる方はどうなのかというと、今から7千年前の縄文時代、5mほど海面が上

【最終氷期の最寒期】
最終氷期とは、約7万年前から約1万年前まで続いた氷期。氷期には気温が低下し、水が巨大な氷の塊（氷床）として大陸上にとどまるため、海面が下がると考えられている。最終氷期は最も新しい時代の氷期であるため、地層や化石、あるいは南極やグリーンランドから採取された氷の試料に含まれる気体を分析することで、当時の環境が高い精度で分析されており、地球温暖化や寒冷化を研究するための重要な基礎データが得られる。最終氷期の中でも、地球上に氷床が最も発達した約2万年前を最終氷期最寒期、あるいはLGM（Last Glacial Maximum）と呼ぶ。

がっていたということが、わかっています（図34）。これを、**縄文海進**といいます。

大内　へえ、縄文時代ですか。

芝原　これ以上どれぐらい上がりうるのかは、いろいろ学説があって、あまり迂闊にはいえないのですが、Zの世界のように急に海面が70m上がるというのは、宇宙人とかSF的な要素がないと、少なくとも短期間ではちょっと難しい……。

大内　……？　昔は今より海水面が120m下がっていたわけですけど、これからは海面が上がる可能性がある？

芝原　そうです！　だからこそ、『ウルトラマンZ』は未来の話だと私は思うんです。数万年経った未来の地球の話なんじゃないかなと思ってて、それが確証に変わったのが第5話なんですが。

大内　**確証に変わったんですね!?**

『ウルトラマンZ』の世界では、氷河期が終わっている！

芝原　私の仮説が確証に変わったのは、5話のオオタ　ユカさんという超天才の発言

【縄文海進】
縄文海進とは、約19000年前に最終氷期最寒期が終わってから始まった温暖化に伴う、緩やかな海面の上昇を指す。約7000年前にピークを迎え、今よりも海面が約5m上昇したため内陸まで海が入り込んでいたと考えられる。そのため現在は陸地である場所でも貝塚が発見される（図34）。

です。この方は、博士号を何個も持っています。5話がどういう話かというと、ウルトラマンの『ゼットランスアロー』という武器が、3万年前の遺跡から発掘されます。それを見てオオタさんが放った一言は、とてもじゃないですが、聞き逃せるものではなかった……。

大内　……えっと。何かいってましたっけ……。

芝原　「3万年前の氷河期にこんな加工技術ありえない！」という台詞です。僕はもうこの台詞を聞いてびっくりしたんですけど。

大内　……あー。僕は普通に右から左に聞き流しましたね。

芝原　**3万年前はまだ氷河期だったんだよ**って台詞ヤバくないですか？

大内　……？　まだ氷河期だった？　何かおかしいんですか？

芝原　えっ？　この時代では氷河期終わってるの？　って思ってしまったんですよ。

大内　はい？

芝原　これは大変なことですよ、『ウルトラマンZ』の世界では氷河期が終わってしまっているんです。

大内　え、別に終わっているんじゃないんですか？

芝原　いいえ、我々の世界では、まだ氷河期が終わってないんです。

大内　**ええええええ⁉　今って氷河期なんですか？**

芝原　はい、今もまだ、我々のこの世界は氷河期です！　古い時代のイメージがありますが、今もちゃんと氷河期なんです。イメージ的にマンモスなどが生息していた時代が氷河期で、今は違うと思われがちですけど……。

大内　ちょ、ちょっと待ってください！　氷河期の定義って、そもそも何なんですか⁉

芝原　細かい学説によって違うので、あくまでも平均的な言い方なんですが、南極や、グリーンランドなど大陸の上に大きな氷の塊がある時代を**氷河期**と呼ぶんですね。

大内　そ、そんな……。

芝原　逆に、過去には大陸の上に氷がない時代もあったと考えられています。とにかく、大陸の上に氷床がある時期が氷河期。その中でも特に寒い時代、一般的にイメージされる氷河期の時期を「氷期」といいます。そして比較的暖かい時代が間氷期。我々がいるのは、この、氷河期のうちの間氷期なんですね。

【氷河期】
このような混乱を避けるため、現在は「氷河期」という言葉はあまり使われず、「氷河時代（ひょうがじだい）」に統一されつつある。

大内　まさか、まだこの世界が氷河期だったなんて……。

芝原　ところが、Zの時代ではこの氷河期がまるっと終わっているらしい。

大内　あははは。じゃああの世界は遠い未来の話になっちゃいますね（笑）。

芝原　そう！　だから、『ウルトラマンZ』は未来の世界で確定だろうと。

大内　確定しちゃいますね。

芝原　でもその数秒後に、僕の確証が打ち砕かれるわけなんですけど。

大内　あはははははは、どういうことですか？（笑）。

芝原　同じく、オオタ ユカ博士が「**メソポタミア文明だって5000年前なんだよ**」っていうんです。そこでまた家の中でひっくり返ったんです、ええーって。

大内　やっぱ、博士って大変ですね……ウルトラマン見るのも、こんなに大変……（笑）。でもなんで、ひっくり返ったんですか？

芝原　**メソポタミア文明が5000年前っていうのはですね、我々のいる現実世界と同じなんですよ……。**

大内　この僕らの現代から5000年さかのぼるとメソポタミア文明……なんですね……。

芝原　はい……そうなるとZの世界は未来じゃないのではないのかと……。一度立てた仮説が崩れつつあり、どっちを信じたらいいのかわからなくなって、それで1週間くらい悶々としました。1週間悩みに悩んで、たどり着いたのが、「並行世界」です。

大内　あっ！　それは禁じ手では！

芝原　すみません。でも……困った時には、これを使うしかない……。我々の世界とは、近いんだけど違う世界。そこの話なんじゃないかと。図35のように大本の地球があって、そこからパラレルワールドで分岐した我々の2020年の地球。

大内　まだ氷河期ですね。

芝原　はい。ところが、氷河期が終わった世界線があって、そのちょっと先が『ウルトラマンZ』の世界なんじゃないかと……あ、さっきのメソポタミア文明の話を、どう解消するかというと、ここでさっきの1日が48時間説が出てくるんです。メソポタミア文明は、我々の世界では紀元前3000年前、つまり今から5000年前です。**ところが、『ウルトラマンZ』の地球は1日が例えば48時間くらいあるかもしれない。**

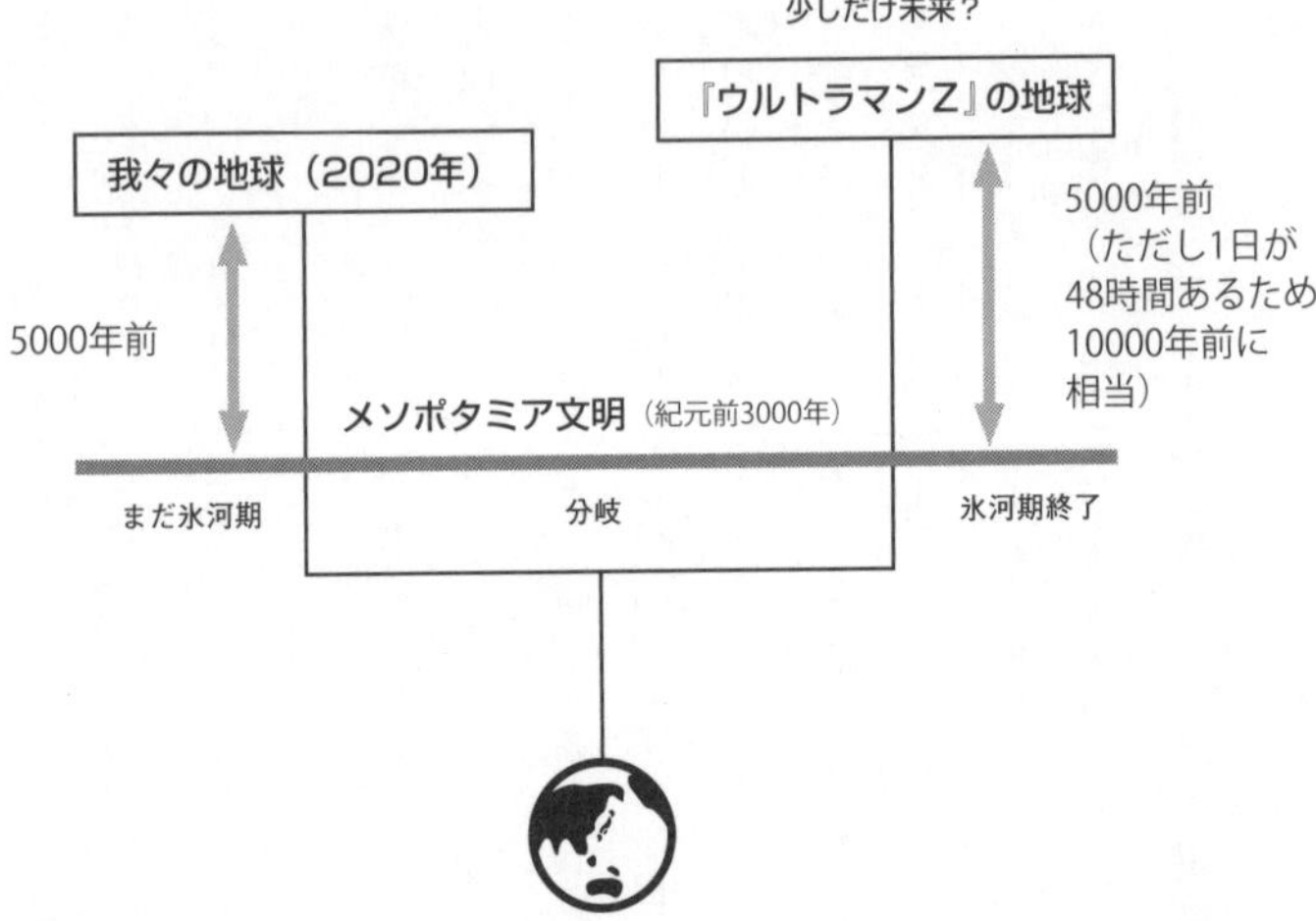

図35 『ウルトラマンZ』の世界は我々の地球と時間の流れ方が違う!?

大内 さっきそういってましたね。

芝原 そうなると、我々の地球から見ると時間が2倍くらいに延びているので、彼らから見ると500年前なんですけど、イコール我々の感覚では1万年前。

大内 おお!? すごい!?

芝原 もしかしたら、もっともっと長いかもしれない。1日がすごくゆっくりかもしれない。

大内 これは完全に説明がつきましたね。

芝原 ありがとうございます。

大内 だから、もう氷河期が終わって海面が上がっていると。

芝原　この2つの世界だけでも、これだけの違いがある。

大内　これはもう確定ですね（笑）。

小道具もかなりリアルなZの世界

芝原　もう1つ、この考え方で問題ないかなと思ったのは、劇中で出てくる科学技術のレベルは、そんなに今と変わらない描写があったからです。もちろん、我々の世界よりも進んだロボットなどは出てきます。でも、例えば、第5話で研究者が使っていた分析のための機械。ゼットランスアローが見つかった時に、それに向けてピッと押し当てて成分を調べるシーンがあるんですけど。

大内　見かけがいかにも『ウルトラ』っぽいSF的なデザインでしたね。

芝原　実はあの機械、本当に販売されているものです。これが実物の写真です（図36）。

大内　え⁉　あれって小道具じゃないんですか？　**あっ！　ほんとだ！　オリンパス製だ（笑）。**

芝原　専門的には、「ハンドヘルド蛍光X線分析計」といって、要はX線を当てて、発生させた蛍光を読みとって、その対象がどんな物質でできているのかを調べるものです。

大内　じゃあ、芝原先生は調べるシーンを見て、「あっ、ハンドヘルド蛍光X線分析計だ！」って思ったんですね。

芝原　**うわっ！　ガチのハンドヘルド蛍光X線分析計だ！　と思いましたね。**

大内　……芝原先生以外、だれも気づいてないと思いますよ。これがハンドヘルド蛍光X線分析計だって。もうこの名前を言いたいだけみたいになってるけど(笑)。

芝原　でも、これは興奮しますよ……。つまり、Zの世界は未来といっても、同じ機器を使っているのだから、とんでもない未来ではないんじゃないかなって。我々の世界と分

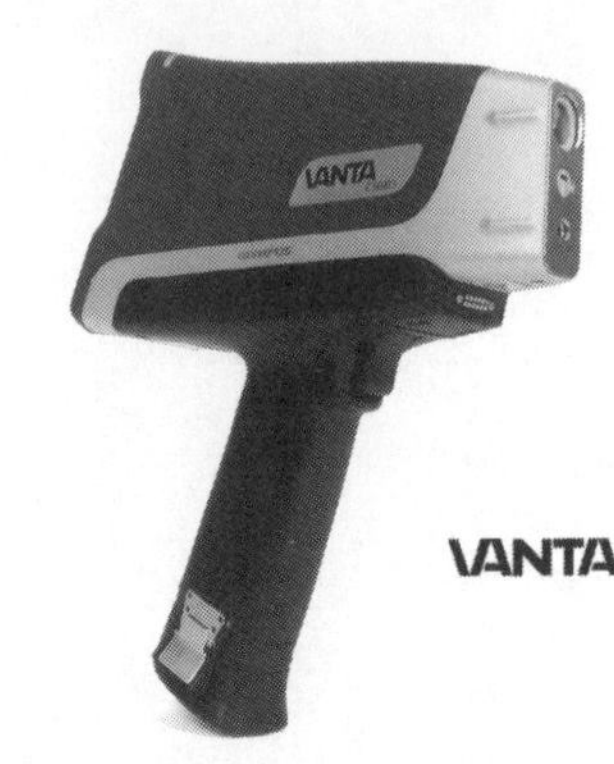

図36　ハンドヘルド蛍光X線分析計　VANTA。
（写真提供：オリンパス株式会社）

岐して、おそらくそんなに時間が経ってない。

大内　もはや、我々の世界と分岐したことが確定している……。

芝原　最近のウルトラマンはとにかくいろいろな世界の話をしますよね。それを、私がなんとか一枚の絵にまとめようとして挫折したのが図37です。

大内　挫折した図を公開する人、いるんですね、あはは(笑)。

芝原　この辺は、大内さんの方がお詳しいと思いますが……。

大内　結構いろんな書籍でも、なんとか1枚絵で説明しようとがんばってますよね。

芝原　がんばりたいけど、難しい……。さて、ここで最近のウルトラマンでもよく使われるマルチバースという言葉を紹介したいと思います。

大内　来ましたね、マルチバース！

芝原　多元宇宙ですね。先ほどは並行宇宙の話をしましたけど、本当にいろんな世界が同時に存在していて、時間の流れ方もそれぞれ違うという設定が作中で実際にあるわけなんです。ウルトラマンのイメージって、光の国ですよね。ウルトラマンキングがいて、父がいて母がいて、初代ウルトラマンがいて、セブン……ウルトラ兄弟がいると。最近はその息子や弟子たちが出ています。これだけだったら、なん

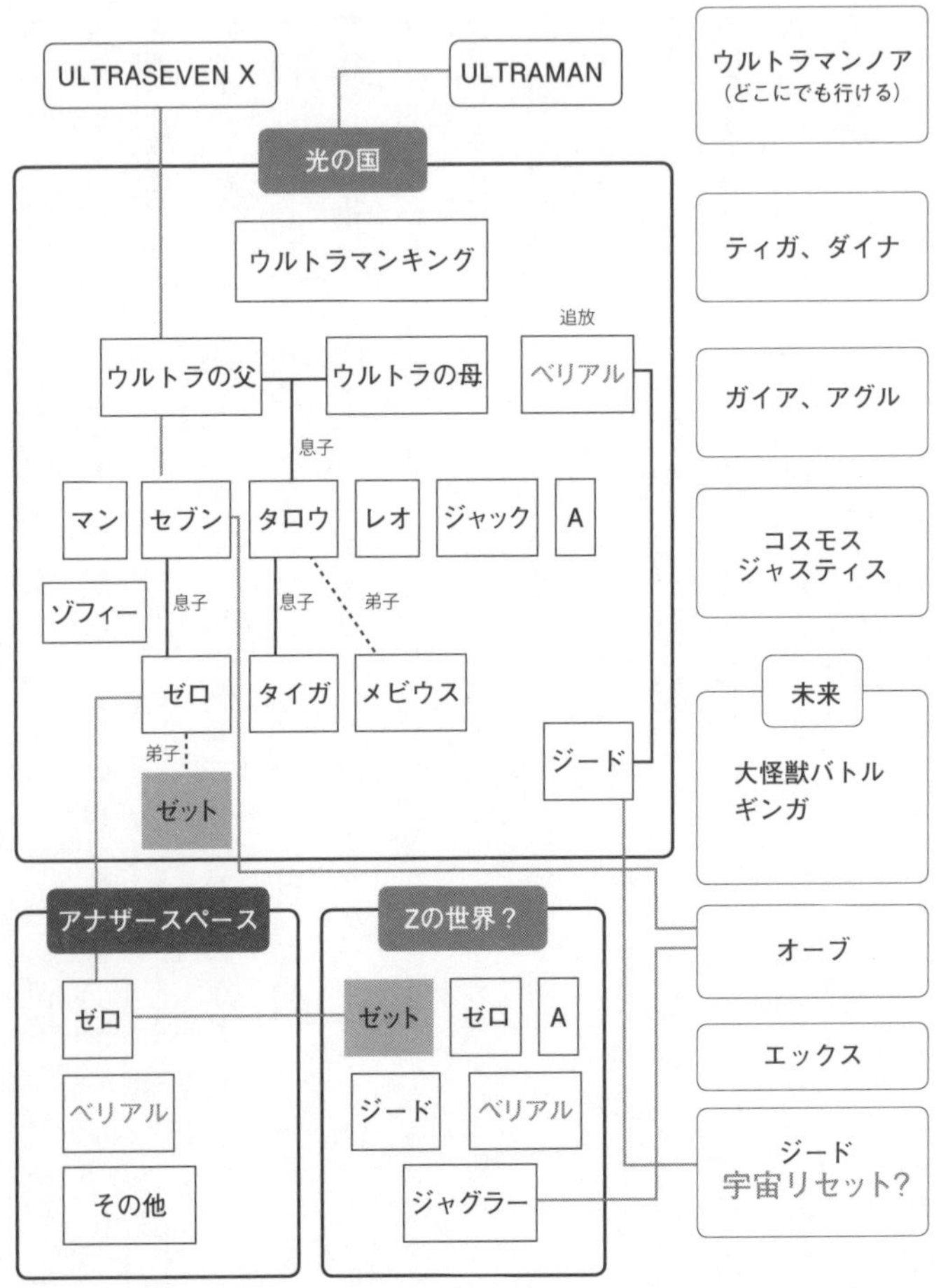

図37　ウルトラシリーズのマルチバース展開（ただし諸説あり）。

して。

とか図示できるんですけど、最近のウルトラマンはかなり複雑なことになっていま

大内　ああ、はい……（苦笑）。

芝原　外に宇宙がいろいろあって、例えばティガとダイナの世界はまた別だといわれています。ガイアとアグルの世界もまた別ですね。このティガ、ダイナ、ガイアがひとつの世界に集合する、という話もあります。こういう世界がいろいろ生まれてくるうちに、ウルトラマンノアという、どこにでも行ける人が出てきたりして。

大内　どこにでも行ける……。

芝原　これを作っていて、私はくじけそうになりました。今回のZの世界も図37で示しています。A兄さんがゲストで登場するし、先輩ウルトラマンのゼロも別の世界からやってきていて、その弟子としてゼットがいる。それを踏まえて図示しました。

大内　そこら中にゼロとベリアルはいますからね。

芝原　確かに。とにかく、マルチバースはこういうものだと思っていただければ。あ、図は大まかに見てください、多分いろいろおかしいと思いますので。複雑すぎるの

光の国 ワールド	・キング、父、母、ウルトラ兄弟（マン〜80、メビウス）他。 ・大怪獣バトル、ウルトラマンゼロ（未来）
レベル３ マルチバース （もしもの世界）	・もしウルトラマン以外が地球に来なかったら（漫画『ULTRAMAN』） ・もしウルトラマンが地球を去らなかったら（『甦れ！　ウルトラマン』） ・もしセブン以外が来なかったら（平成ウルトラセブン） ・もし主人公たちがウルトラヒーローにならなかったら（『超ウルトラ8兄弟』）
レベル２ マルチバース （全く別の世界）	・『ウルトラマンZ』（暫定） ・『ウルトラマンジード』 ・『ウルトラマンオーブ』 ・『ウルトラマンティガ・ダイナ』 ・『ウルトラマンガイア』 ・『ULTRA N PROJECT』（ネクサス） ・コスモスペース（『ウルトラマンコスモス』） ・『ウルトラマンギンガ』 ・『ウルトラマンX』 他
現実世界 or レベル３	・1965年の円谷英二監督が初代ウルトラマンと遭遇（ティガ49話）。 ・円谷英二監督が初代ウルトラマンを召喚。

移動可能

図38　ウルトラマンシリーズのマルチバース展開その２。

で図38では、便宜上かなり整理しました。チャートではなく、表にしています。

大内　さすが科学者！

芝原　いや、これもツッコミどころ満載なので、あまりじっくり見ないでいただけると……。一番上がいわゆる光の国ワールドですね。初代ウルトラマンをはじめとするいろいろなウルトラマンがいるのがここです。マルチバースにも種類があって、レベル３マルチバースというのが上から2番目の世界になります。**いわゆる「もしもの世界」。この設定は、量子力学が元ネタになっているそうで**

す。

大内　そうなんですね。

芝原　例えばもし、ウルトラマンだけが来て、それ以降のウルトラヒーローが地球に来ていなかったら、という世界が現在漫画で連載されている『ULTRAMAN』。セブン以外が来なかったら、というのが平成ウルトラセブン。主人公たちがウルトラヒーローにならなかったらという話もありますね。

大内　ちゃんと『超ウルトラ8兄弟』も拾ってくれてますね。

芝原　もちろんです、名作なので！　こういう世界がありつつ、最近のウルトラマンはレベル2マルチバース、全く別の世界で、もしもの可能性もない世界とされています。

大内　ジード、オーブ、ティガ、ダイナ……これらは完全にOtherというわけですね。

芝原　で、こういう話をする時にすっぽり抜け落ちてるのが、もう1つの世界があるんじゃないかという話です。我々の現実世界とウルトラの世界がちょっとだけ交差している世界があるのではと。

大内　今のこの現実世界と、ウルトラマンが交差する世界?

芝原　どういうことかというと、『ウルトラマンティガ』の第49話で、1965年、ウルトラマンが放送される前の年に円谷英二監督が最初のウルトラマンと遭遇したという話があるんですね。

大内　ありましたね。

芝原　元々、監督はウルトラマンと出会っていて、それをきっかけにウルトラマンという作品を作ったという、ロマンあふれるストーリーです。しかもその時、監督がウルトラマンを召喚して怪獣をボコボコにするというすごい話なんですけど。こういう風に、我々が住む現実世界にもウルトラマンは接触してきているので、なかなか考察が難しいです。

大内　ほんと、複雑ですよね。

芝原　まとめるとZの世界にはいくつかの可能性があります。**1つは数万年後の世界、もう1つは1日がものすごく長い地球。**

大内　これ、いいですね。1日が長いの。

芝原　のんびりできますよね。

大内　変身時間の3分っていうのも全然気にしなくていいですね。この間のバラバ戦（『ウルトラマンZ』第19話「最後の勇者」）もずっと変身しっぱなしでしたけど、あれも多分あの世界の3分なんですよ。

芝原　そうか！　あの3分の長さにも説明がつく！

大内　**ウルトラマンの世界**に入ると、時間が長くなりますし。

芝原　1秒が1分なんでしたっけ。とにかく、時間の流れがそれぞれ違うので、こういう可能性もありうるかなと。

大内　完全に説明がつきましたね。

芝原　あと、最後に思い切って……。**全く別の宇宙である可能性。**

大内　Ifではなく、完全にOtherだったと。

芝原　ここまでがウルトラマンZの考察でした。

大内　きれいに地図の矛盾点から、時間の流れまで、完全に一本の線でつながっていて、これはもうオフィシャル解説ではないかと(笑)。感服しました。

芝原　ありがとうございます。これを踏まえて2021年公開の『シン・ウルトラマン』はこの図のどこに入るのか、というのを、今度は平成ガメラシリーズから推理

【ウルトラマンの世界】
『ウルトラマンZ』では、変身する際にインナースペースと呼ばれる空間に入る。この空間内では時間が間延びし、1分間が地球上の1秒間に相当するという設定。

していきたいと思います。

大内　え？　ここで平成ガメラ？

芝原　はい。ガメラだからこそわかるものがある。う～ん、どきどきしてきました。多分、自分史上最大の無謀な挑戦になりますので。

大内　全く想像できませんね……。というかなぜそんな無謀な挑戦を？　もう既に情報量が多くて、国語辞典1冊読み終わった気分です。

平成ガメラシリーズは、日本を大横断

大内　既に僕はもうおなかいっぱいですが、ここから、更に替え玉がくるらしい。

芝原　何個替え玉がくるか！　はっはっは！

大内　休憩中にスマホを確認したら、大監督から「見てるよ」と励ましのお言葉をいただきまして。

芝原　えっ！　本当ですか？　その監督ってもしや……!?　ありがとうございます！

大内　ちょっと、この会場でお名前を出すのは控えさせていただきますが、応援の

お言葉をいただいて、やる気がみなぎってきました。

芝原　地球のマナがみなぎってきましたね。

大内　（自分の胸を指して）この辺に穴があいて、ドーン！　と。

芝原　ウルティメイト・プラズマが出ちゃいますよね（笑）。

大内　というわけで、早速ですが、『シン・ウルトラマン』は図のどこに入るのか、平成ガメラシリーズから考察。極めて無謀に思えますが、芝原先生よろしくお願いします。

芝原　はい、承りました。平成ガメラシリーズは、１９９５年から１９９９年にかけて３本作られていて、今年（２０２０年）に開催された『特撮のＤＮＡ』展でも取り上げられている作品ですね。

大内　25年前ですね。

芝原　25年前……私はまだ高校生だったなあ（遠い目）。いわゆる昭和ガメラというシリーズとは、また違う世界を描いています。金子修介監督、樋口真嗣特技監督が描かれた、もし今我々が生きている世界にリアルな怪獣が現れたらどうなるかという作品です。今講演をしているカルチャーカルチャーがあるこの渋谷もぐちゃぐちゃに破壊されてしまう。

大内 最高のシーンですよね。

芝原 我々は先ほど、『マナがみなぎる』といっていましたが、これはガメラの設定ですね。平成ガメラの世界における地球というのは、マナという生命エネルギーに満ち満ちています。それを集めて作られた、古代文明の生体兵器がガメラです。

大内 作られた生き物なんですね。

芝原 はい。このマナを集めて、いろんな技を駆使するわけです。本気を出すと、おなかの中にあるプラズマ炉から、直接マナを発射して敵をやっつける。これがウルティメイト・プラズマというガメラの必殺技です。

大内 実際に映像を見てもらわないと、ちょっと何をいってるのかわからないと思いますが。

芝原 これはぜひ見ていただきたいですね。シリーズ屈指の名シーンですから。『ガメラ2 レギオン襲来』のラストで出てきますので。いったん、簡単にまとめてみたいと思います。平成ガメラの年齢は約1億5千万歳。そして全高、すなわち人間でいう所の身長が80m。これに対して、体重が120トンしかない。

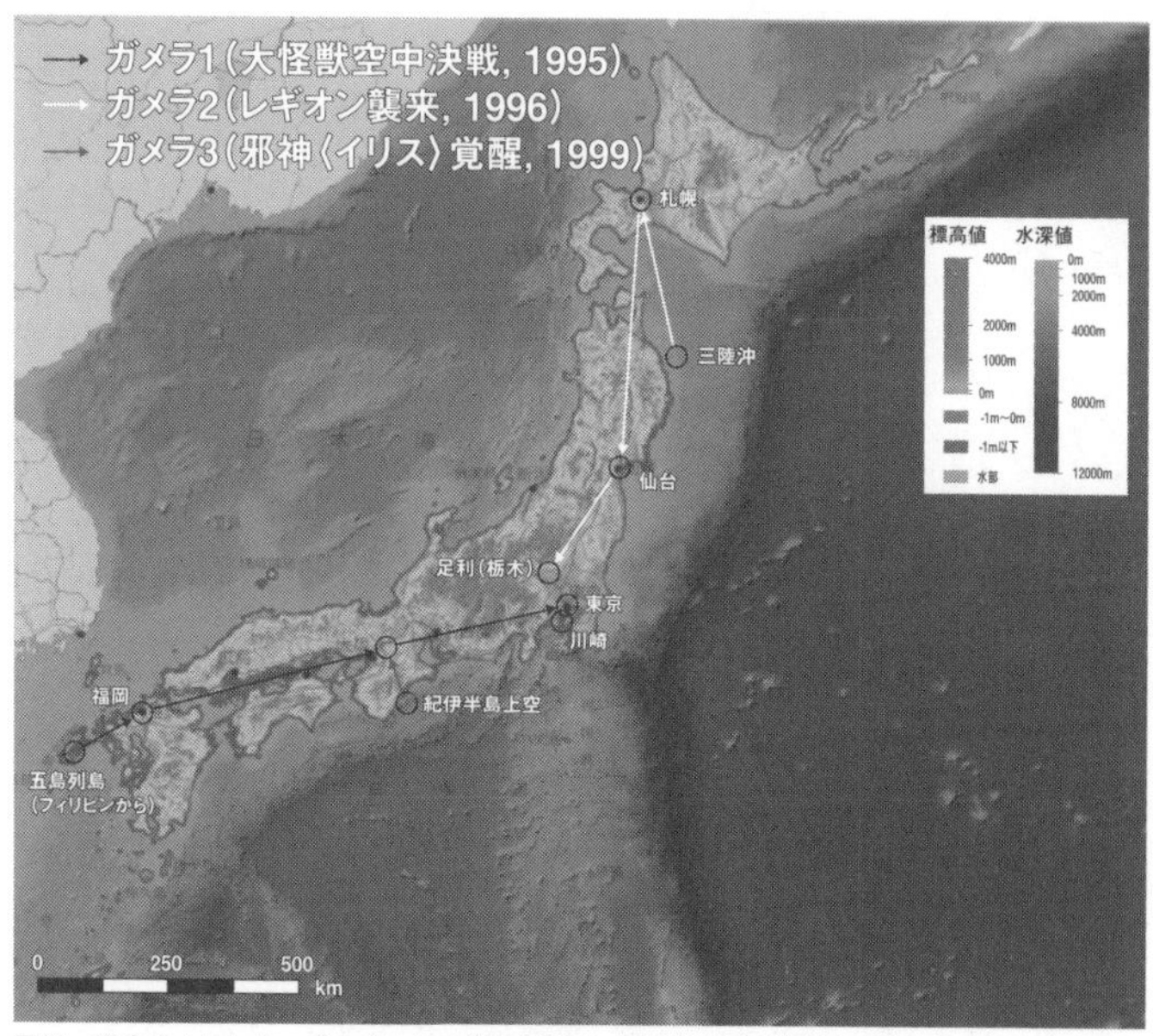

図39　平成ガメラシリーズのガメラの移動経路図。「色別標高図（海域部は海上保安庁海洋情報の資料を使用して作成）」」及び、「淡色地図」（地理院地図　https://maps.gsi.go.jp/）をもとに作成。Shoreline data is derived from:United States. National Imagery and Mapping Agency."Vector Map Level 0(VMAP0)."Bethesda, MD:Denver,CO: The Agency; USGS Information Services, 1997.（地図調整：田中英一郎氏）

大内　「しか」ない？　ガメラって軽いんですか？

芝原　はい。『シン・ゴジラ』と比べてみると、ゴジラの全高が118・5mで9万2000トン。

大内　そうか、確かに桁が全然違いますね。

芝原　逆にいうと、軽くて飛べる、非常に機動力のある怪獣として描かれています。どれくらい動くかというと、図39に示したように日本列島を飛びまわります。

大内　ほお……。

芝原　1995年の『ガメラ　大怪獣空中決戦』、1996年の『ガメラ2　レギオン襲来』、1999年の『ガメラ　邪神〈イリス〉覚醒』の移動ルートを3つの線で示しています。

大内　まさに日本大縦断なんですね。

芝原　1はフィリピンから九州の五島列島に来て、ここから福岡で戦って、東京に行って……東京からいきなり宇宙に飛び出して、最後は**横浜のコンビナート**で敵のギャオスをやっつけて終わります。

大内　ここはもう横浜の爆発シーンが最高なんですよね。みどころしかない。ちょ

【横浜のコンビナート】
映画の終盤、宇宙空間からガメラとギャオスが地上へ落下するシーン（1時間26分6秒）で、東京湾西岸にある根岸湾の空中写真が使われている。このため、両者は根岸湾の埋立地にある工業用地に落下したと特定できる。なお地図は北を上に向けて表示するのが常であるが、このシーンでは画面の左側が北になっているため、googleマップなどと照合する際には注意が必要。

っとこの話を始めると、止まらなくなるので、今日は科学的な話をしましょうか。

芝原　そうでした、えっと、1年後の『ガメラ2』では、今度は三陸沖から出現します。三陸沖というと、ちょっと広いのですが、ガメラを発見したヘリコプターのパイロットが「北海道方面に飛んでいった」といっているので、この台詞から推測すると、三陸海岸の北側かなと。仙台でいろいろあって、ガメラは半死半生になってしまって、しばらく活動停止しているんですけど。そこから復活して、栃木の足利市へ行きます。

大内　私の出身の栃木ですね。**ちっちゃい頃にガメラ2を見て『なんで足利なんだろ』って思ってました。**

芝原　不思議ではありますよね。おそらく東京を目指すであろうといわれていたのに、なぜかちょっと西の方にふれて足利に行ってしまう。これも、地球科学的な何かがあるのかもしれない。足利って結構、特撮世界における地球の中心じゃないかと考えています。

大内　栃木の足利が地球の中心？　僕、そんな大変な県の出身だったんですね。

芝原　**そこで生み出されたマナの集合体が大内さんなんですよ。**

大内　いやいや、そういうのはいいですから！　本当に何もないところなんです。

芝原　すみません（笑）。とにかく、移動経路はこんな感じだ、という所だけ押さえておいていただければ。

大内　はい！

平成ガメラシリーズの世界にカメがいないことは、何を示唆する？

芝原　これを踏まえて、先ほども話題になっていた、平行世界の話をしていきたいと思います。平成ガメラシリーズの世界にはカメがいない。これ自体はウィキペディア等によく書かれていると思います。

大内　そうですね、公式設定で、カメが恐竜と一緒に絶滅してますね。

芝原　ここで**カメの進化**について押さえておきましょう。我々の世界ではだいたい2億5000万年前に枝分かれして進化して今も生きています。しかし、ガメラの世界では、恐竜が滅んだこの6600万年前に一緒にカメが滅んでいます。**ちなみ**

【カメの進化】
我々の世界におけるカメは、2億5200万年前のペルム紀末に起きた生物の大量絶滅の前後から、独自の進化を始めたと考えられている。こうしたカメの進化は、国立研究開発法人理化学研究所がスッポンとアオウミガメのゲノム解読を行ったことで明らかにされた。（参考：理化学研究所プレスリリース https://www.riken.jp/press/2013/20130429_1/　2021年3月12日閲覧）

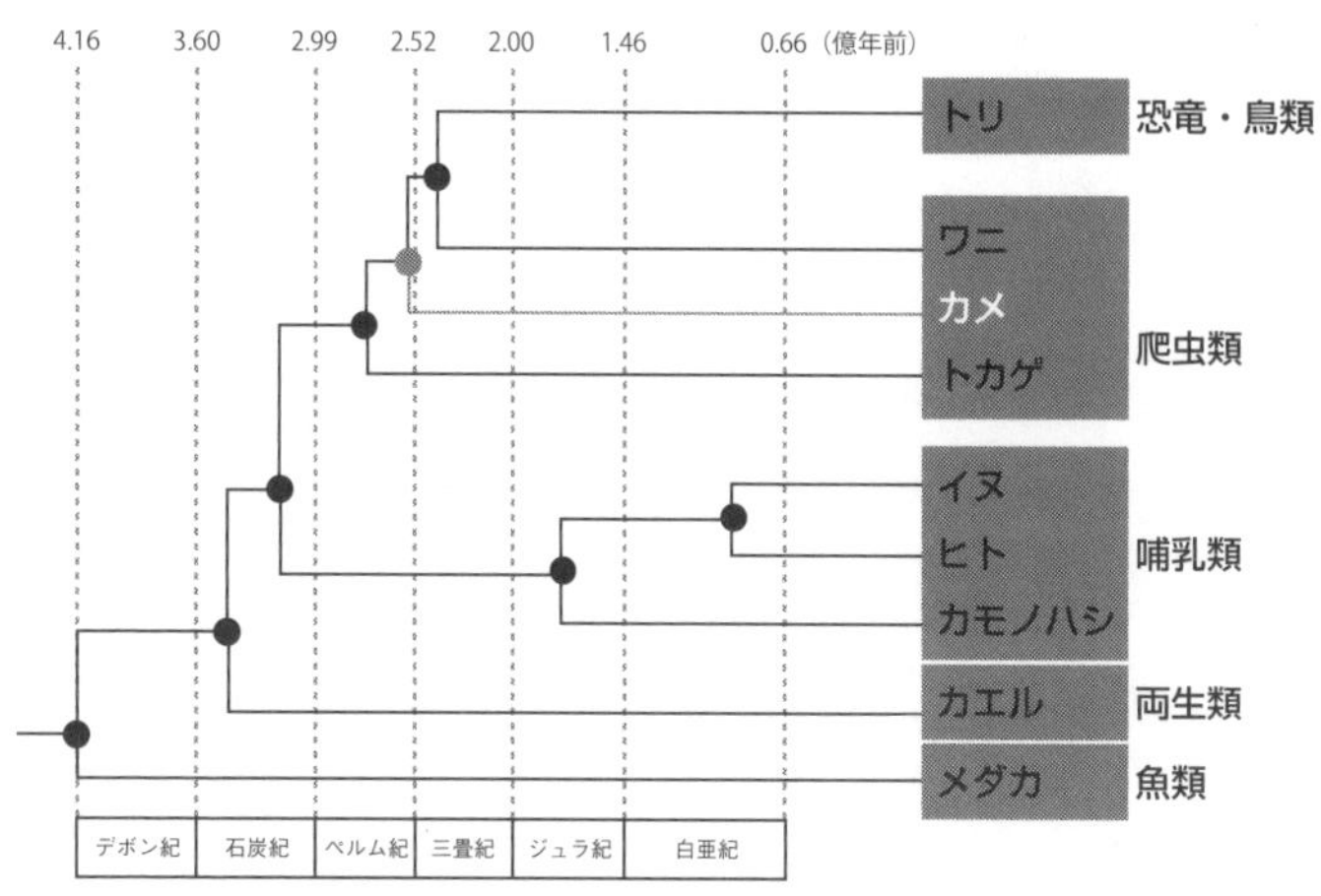

図40　カメの出現時期。理化学研究所プレスリリース（2013年4月29日　https://www.riken.jp press/2013/20130429_1/#fig3　2021年3月12日閲覧）を参考に作図。

に恐竜は、巨大隕石がメキシコに衝突して、地球の環境が激変して滅んだ、というのが、今の一般的な説です。

大内　恐竜の絶滅の理由って、僕が子どもの頃、諸説あったような……。

芝原　そうでしたね。ただその後、隕石の衝突した跡が見つかったことから、今では隕石衝突説が主流なんです。

大内　そうなんですね。知らなかった！　**あと、ガメラの世界にカメは最初からいないんじゃなくて、途中で絶滅したからいないんですよね？**

芝原　そうなんです。この隕石衝突による環境変動の力が我々の世界よりもはるかに強かったのではないかと類推

【巨大隕石がメキシコに衝突】　約6600万年前に、直径10㎞を超える小惑星がメキシコのユカタン半島に落下した。ユカタン半島北部にあるチクシュルーブ・クレーターと呼ばれる衝突跡がその痕跡と考えられている。衝突による衝撃はマグニチュード11以上、遡上高が300メートルに達する津波も発生したと試算されている。さらに衝突によって吹き飛んだ地殻の表層が細かいちりとなって太陽光を遮り、地球が寒冷化したことで生態系が大きく変わり、恐竜をふくむ多くの生物が絶滅したとされる。（参考：『古生物のしたたかな生き方』土屋健著、芝原暁彦監修、2020年、幻冬舎）

します。だから、劇中には「カメ」という単語がほとんど出てこないんです。

大内　そういえばそうですね。

芝原　3でようやく「玄武」などカメを表す台詞も出てくるので、全く認知されてないわけではないこともわかる。

大内　6600万年前がこの分岐点なんですね。

芝原　はい、そこから分岐して、カメがいるのが我々の地球。カメがいなくなったのが平成ガメラの地球。

大内　なるほど！

芝原　平成ガメラの地球は大変なことになっています。怪獣が沢山出てくるんですけど、地球の中だけでも空を飛ぶ怪獣ギャオス、そのギャオスの変異体と呼ばれるパワーアップしたイリス。地球の外からはレギオンという、また強力な敵が襲ってきている。

大内　とんでもないですね。

芝原　このシリーズは怪獣が本格的に人間を襲う残酷なシーンが結構多いです。ギャオスは、ガメラと同じ生体兵器ですが人間を食べてしまう。更に2作目に出てきたレギオン。こちらは、地球外生命体で、人間や地球の生き物とは違い、珪素（けいそ）でできた生き物。３作目で出てくるイリスは京都で暴れまくった怪獣なんですが、ギャオスが変異してできた生き物です。この中で特に注目したいのは、２作目に登場したレギオンです。

大内　その真意は……？

芝原　**まず、二酸化珪素を食べて身体を作っています。**

大内　要はガラス質ですね。光ファイバーとかもバリバリ食べちゃいますよね。眼鏡かけてる人を襲うっていうのも、それですよね。

芝原　そうです、そうです。

大内　僕、小さい頃にあれを見て、「大人になっても眼鏡をかけない、携帯も持たない！」って思っちゃいましたけど……結局どっちもバリバリ使っているという。

芝原　現代社会においては切っても切れない物質ですよね。劇中では大泉洋さんが襲われちゃってました。

大内　あはははは。実際にレギオンが出てきたら全員死にますね。

芝原　そして、レギオンは植物と共生しているんですね。都市に巨大な巣のような形の植物が生えるんですよ。

大内　旧ロビンソン百貨店ですね。

芝原　そうそう、すすきのにでっかい花が咲いちゃう。レギオンはこの花に卵を産み付けます。ハチやアリのような生態で、沢山実る植物……草体というんですが、この種に卵を産み付けるんですよ。さて、レギオンの主食である二酸化珪素は化学式で表すとSiO_2で、これをレギオンが分解すると大量の酸素ガスが発生します。それと、他の可燃物と混合させて大爆発を起こすことによって、種を宇宙まで飛ばしてしまう。

大内　**レギオンの種飛ばすシーン、科学的にちゃんと説明がつくんですね！**

芝原　一応つきますね。

大内　あってるんだ！　すごい！

芝原　この花が爆発するシーンがもう素晴らしくて……私もこれを撮りたいがために、大学時代は水とお茶っ葉を使って再現しようとしていました。

大内　アマチュアの特撮作家でもありますからね、芝原さんは。その話はまた後ほどゆっくり聞かせてください。

【旧ロビンソン百貨店】
『ガメラ2』の前半で、レギオンと共生している巨大な植物がすすきのの建物から出現する。この建物が旧ロビンソン百貨店の札幌店である。その後、ラフィラと名前を変えたのち2020年5月に閉店した。現在は建て替え工事が行われており、2023年に大型商業施設として開業する予定。なお、劇中ではロビンソンではなくバンデラスという名前になっている。

芝原　はい。あと、レギオンは電波を使ってコミュニケーションをとるので、同じような電波を使う、例えば人間のスマホとか通信機器、当時はガラケーでしたけど、それを見つけると自分たちの邪魔をするものだと判断して、小さなレギオンをけしかけて攻撃し命を奪ってしまう。

大内　とんでもないやつですね。

芝原　こう考えると、地球はレギオンにとって貴重なエサ場なんじゃないかなと。

大内　地球がエサ場？　どういうことですか。

芝原　地球型惑星という言葉があります。第一部でもお話しした通り、地球の中身はゆで卵のような構造になっていて、ゆで卵の黄身の部分が金属の核。これが熱い鉄とかニッケルでできています。

大内　**地球の中心って金属なんですね！**

芝原　はい。その外側にマントルという熱い岩石があって、ゆっくりと何億年もかけて対流しているんですね。これが白身の部分です（図27）。

芝原　殻の部分が地殻といって、日常的に目にする岩石もここに含まれます。これの地殻の多くが二酸化珪素でできています。このように金属の核があってその周りに珪素化合物がある、という星のことを地球型惑星と呼びます。

大内　ということは、地球の表面は珪素でできている？

芝原　そうです、地球の表面は珪素の化合物が多く含まれています。なので、その珪素をエサにしているレギオンに狙われやすい。

大内　**地球自体が魅力的なエサの塊？**

芝原　お菓子でできてる星といった感じですね。他の星は、ガスでできていたりして、地球型じゃないのもありますので。

大内　ああ、木星とかですね。

芝原　はい。その中で、おそらく地球型の惑星だけをレギオンは渡り歩いていると思われます。

大内　そうか、自分の食べたいものの塊みたいな星だから地球に来ちゃった。僕からしたら、ラーメン二郎でできた星みたいなものですね。絶対行きますねえ。

芝原　週何回くらい行かれるんですか？

大内　最近はちょっともう、僕も歳とったんでアレなんですけど。若い頃は週5とか行ってましたね。

芝原　おお……それは筋金入りですね。レギオンはそれぐらいの勢いでもって地球にやってきてるんです。

大内　狙われてもしょうがないか……ってそんなわけないでしょう！

芝原　ははは。さて、平成ガメラの世界ですが、とにかくリアルの世界に近く作られていて、基本的に我々の世界に近いんですが、これだけの怪獣が暴れまわってる。恐竜と一緒にカメも絶滅してしまったほどなので、つまり隕石衝突のエネルギーなどの地球外からやってくるリスク因子のようなものが、我々の地球よりもかなり大きいのではないか。

大内　ちなみに、実際の我々の世界ではどうなんでしょう？　珪素の地球型惑星っていうのは、他にもある？

芝原　我々の宇宙の中では取り立てて珍しいタイプの惑星ではないようです。ただ、ガメラの世界では、わざわざレギオンがやってくるような状態なので、もしかしたら貴重な存在なのかもしれません。ガメラの世界の地球自体が自衛能力である「マナ」を持っていることを考えても、多分我々のいる宇宙よりも狙われるリスクが高いのではないか……と、ここまでが、私の考察という名の妄想です。

大内　はっ！　さも公式設定のように信じちゃっていました。

芝原　わはは。あとで怒られたら怖いので、要所要所で申し上げますが、これはあくまで私の『妄想』ですから。

大内　**でも、科学的には成立しうる……（ゴクリ）。**

芝原　多分……！　では、これを踏まえて、ついに『シン・ウルトラマン』と平成ガメラシリーズについて、いってみましょう。

大内　ここからが本題……まだ序章にすぎなかったのか。

『シン・ウルトラマン』はどの世界線か？

芝原　もう、こんな妄想ばかり垂れ流して、いろんな業界から怒られると思うので最初に謝っておきます、ごめんなさい。いろんな方々本当にごめんなさい‼

大内　急に弱気になって！　どうしたんですか(笑)。ひとまず聞かせてください！

芝原　そうですね……まず、『シン・ウルトラマン』ですが、庵野秀明さん(企画・脚本）と樋口真嗣監督のお二方で作られます。今回監督を務める樋口真嗣さん、私は個人的に大ファンなのでずっと作品を追っているんですが、ちょっとそれを振り返ってみたいと思います。

大内 どういうバックグラウンドで『シン・ウルトラマン』が作られるのか！

芝原 まず1985年に、『八岐之大蛇の逆襲』という、米子を八岐之大蛇が襲うという映画で特殊技術監督を担当されています。これも日常生活で宇宙人が操る怪獣が襲ってきたらどうなるかという話です。これは結構『シン・ゴジラ』に通じるものがあっておもしろい。その後は有名な『平成ガメラシリーズ』ですね。これも非常にリアル志向。そして2012年に東京都現代美術館で公開された、『巨神兵東京に現わる』。これは『館長 庵野秀明 特撮博物館 ミニチュアで見る昭和平成の技』で公開されたんですけど。今の東京に巨神兵が現れたらどうなるかという、これもかなりリアルに作られた作品ですね。こちらも庵野秀明さんの脚本と、樋口真嗣監督によるものです。で、その後が『シン・ゴジラ』。これはもう押しも押されもせぬ、ポリティカル・フィクションも含めたリアル怪獣映画の傑作です。とにかくこのお二方は、我々の世界にすごく近い世界に怪獣が現れた話を描いてきたわけなんですよね。

大内 そんなお二方が作る、『シン・ウルトラマン』。果たしてどうなるのか？

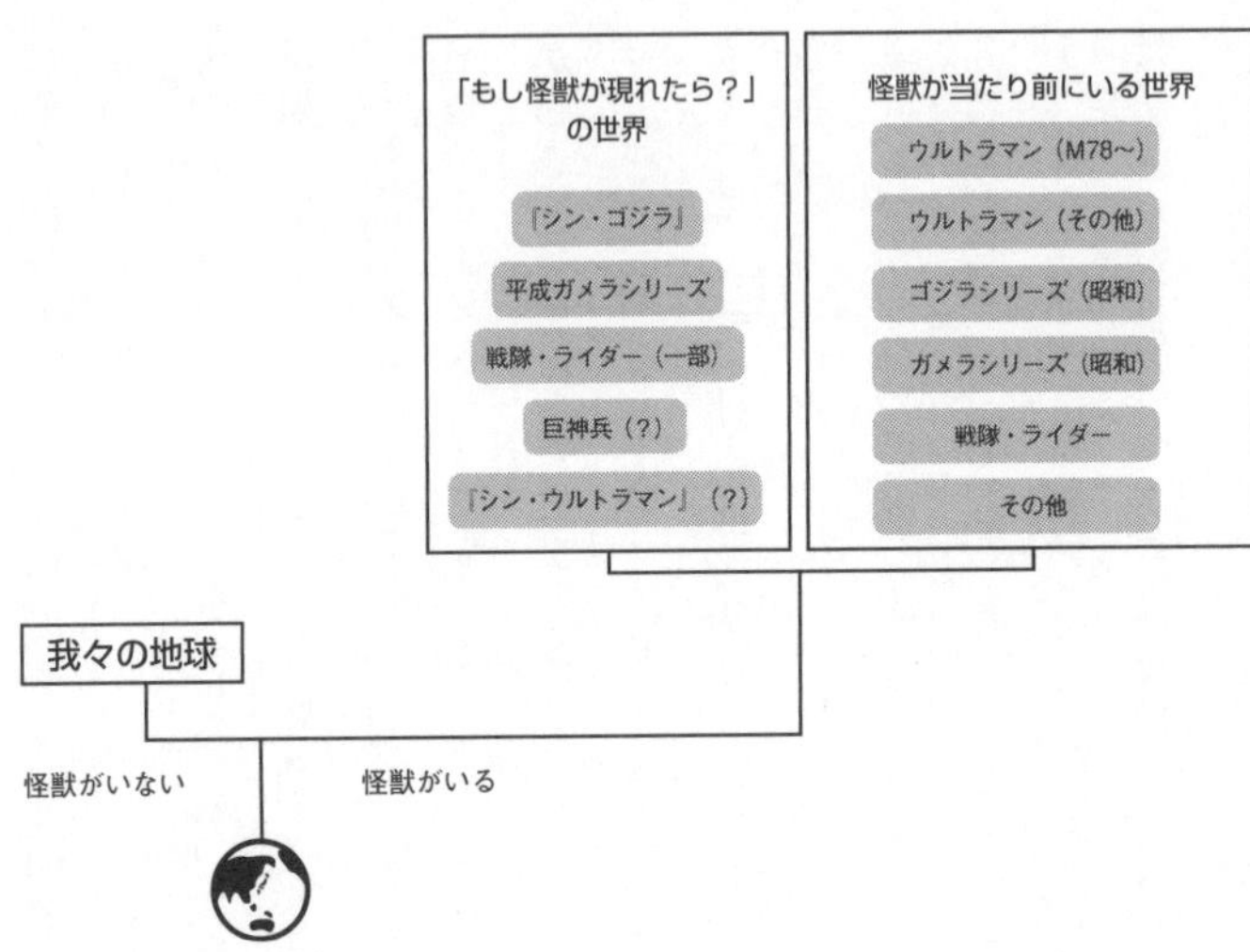

図41　特撮の世界の分岐。

芝原　ええい！　覚悟を決めて行ってみましょう！　とりあえず、この図41を見てください。特撮の世界は、右の怪獣がいる世界。それを更に2パターンに分けると、怪獣が今までいなかったんだけど、もし現れたらどうなるのか？　という世界。樋口真嗣監督の世界はどちらかというと左側。もちろん、それ以外の作品だと怪獣が毎週のように出てくるのが当たり前の世界というのがある。これが右側の世界。おそらく、樋口真嗣監督の『シン・ウルトラマン』の世界も左側だと思われます。

大内　まあ普通に考えたらそうなり

ますよね。

芝原　ただし、『シン・ウルトラマン』は初代ウルトラマンのリメイクでは「ない」のではないかと。

大内　な、何ぃ⁉　特撮ファンの間では、初代リメイクとの見方が優勢ですよ。まさか、芝原先生、逆張りですか？

芝原　まあまあ。これにはちゃんと、訳があるんです。

大内　早速聞かせていただきましょう！

芝原　今公開されているのは、こんな感じの写真ですよね（図42）。

大内　あははは、それっぽく見えますね。懐かしのぼっさんコラを思い出します。

芝原　本家の画像をそのまま使うわけにはいかないので、無理やり作りました。

大内　これしか公式から画像が出てないんですよね（※2020年11月時点）。

芝原　一応体形も初代ウルトラマンのスーツアクターなど数々のお仕事で有名な古谷敏さんの素晴らしいスタイルに合わせてみました。

大内　確かに手足が長い。

芝原　公式も古谷さんの身体を**3Dスキャン**してボディを作ったらしいですからね。

【3Dスキャン】
実体物をスキャンして、パソコンなどに取り込む技術。対象となる人や物体をさまざまな方向から撮影して3Dデータ化する「フォトグラメトリ」や、レーザーによる「3Dレーザースキャン」などの技術は、研究や建築の現場でも利用されている。またCTスキャナも、物体の内部構造を立体的にデータ化できる。近年のVRや映像制作においても欠かせない技術である。

図42 『シン・ウルトラマン』制作時に公開された写真をイメージした画像。地形はカシミール3Dで描写。

この映像を見ると、ウルトラファンの方はピンとくると思うんですよね。「あ、ウルトラマンの第1話だ」って。初代ウルトラマンの最初の話は、湖が舞台になっているので、あれのリメイクなんじゃないかという推察がおおむねです。

大内 しかし、芝原さんはあえて違う道を選ぶと。

芝原 すみません、あくまでも妄想です！ 妄想もとい考察に入る前に、まずは1966年の初代ウルトラマン第1話について簡単に振り返りましょう。宇宙怪獣のベムラーを追って、ウルトラマンが地球に飛来します。ベムラーは青い球の宇宙船に乗っていて、ウルトラマンは赤い球の宇宙船に乗って追いかけてくる。それが竜ヶ森湖という湖に落下します。実際にはこれは福島県の猪苗代湖で撮影されていて、この竜ヶ森湖も福島県にあるという設定になっています。その時に、科学特捜隊のビートルという飛行機に乗っていたハヤタ隊員に球がぶつかって大事故を起こして、彼は命を落としてしまう。

大内　ウルトラマンが謝ってハヤタと一心同体になって命を救い、このあとは一緒に戦っていく。

芝原　これを踏まえて結論からいいますと、『ウルトラマン』の舞台は猪苗代湖だったのですが、『シン・ウルトラマン』の写真の背景になっている場所は、SNSでも既にいわれている通り、福島県ではなく群馬県の榛名湖です。

大内　群馬県？　もう細かい場所まで特定されてるんですね。

芝原　はい。三日月形の榛名湖の西側になります。**ここだけで、もう初代ウルトラマンとは違う世界線なんじゃないかな、と。**

大内　この時点で違うのがわかる、と。

芝原　公開されている写真が、実はもう1つあって、これもそのまま持ってくるわ

図43　似ても似つかないコスプレで申し訳ありません……。

けにはいかないので、またそれっぽい図を作りました（図43）。

大内　こ……これは先生ですか（ふるえ声）。

芝原　特撮博物館で、眼鏡だけ学生時代の庵野さんのコスプレをキメて、ウルトラマンのポーズをとりました。庵野さんが1983年に自主制作作品で総監督をされた『帰ってきたウルトラマン』の、マネをしてスペシウム光線のポーズをしているという。

大内　すごい……眼鏡まで寄せにいってる（笑）。僕もさんざんコスプレはやってきましたので、このこだわり、わかります。

芝原　ありがとうございます。プロにお褒めいただき、うれしいです。

大内　いや、プロって(笑)。

芝原　福島の須賀川には特撮アーカイブセンターができて、歴代のウルトラマンに使われた資料などが展示されているんですが。

大内　あれは、すごいですよね。入館無料らしいですよ。

芝原　必見ですよね。ところでなぜ福島に作ったかというと、もちろんここが円谷英二監督の出身地であり、『ウルトラマン』の1話の舞台、猪苗代湖にも近いからだそうです。ですが、『シン・ウルトラマン』の世界では……。

大内　群馬。福島ではないらしい。

芝原　さて、この2枚の画像からどんどん掘り下げていきたいと思います。

大内　ここからわかるものなんですか？

芝原　無理やり掘り下げます。掘るのが仕事ですから。

大内　**一応化石発掘してますもんね。遭難しながらも。**

『シン・ウルトラマン』にカラータイマーがついていない理由

芝原　『シン・ウルトラマン』には肝心のアレがついていない！　ウルトラマンを知らない人でもわかる有名なものが、ついてないんですよ。

大内　そうですね、カラータイマー！

芝原　初代の当時の番組では、カラータイマーが点滅しだすと石坂浩二さんの声でこういうナレーションが入ります。「ウルトラマンを支える太陽エネルギーは、地球上では急激に消耗する。太陽エネルギーが残り少なくなると、カラータイマーが点滅を始める。そしてもし、カラータイマーが消えてしまったら、ウルトラマンは二度と再び立ち上がる力を失ってしまうのだ」……**実は3分といってないですよね。**

大内　ああ、そういえば。

芝原　3分間しかもたない、というのはまたあとで出てきた設定で、少なくとも最初の頃は、エネルギー切れを起こしたら点滅するという話でした。だから、カラータイマーは残り時間を知らせるものだと。更にウルトラマンの身体って、どこまでが生身かわからないところがあるんですが、カラータイマーは、あとから装着されるものらしい。

大内 生まれた時はしていないんですよね。

芝原 はい。例えば宇宙警備隊として外の惑星で活動するにあたって、危険を知らせるための機械として装着している。だから人工物なわけです。今でいうと、スマートウォッチみたいな感じで、体調の悪化を知らせてくれるような装置（ウェアラブルデバイス）だと思います。ですが、『シン・ウルトラマン』はこれをつけていない。ということは、地球上で無限に活動できるのでは？

大内 **なるほど、『シン・ウルトラマン』には残り時間が存在しない可能性！**

芝原 その可能性はあります。

大内 逆転の発想ですね。ドロボンにカラータイマーを取られてぺっちゃんこになったジャックみたいなことではなく、そもそも最初からないから、活動制限自体がないのかもしれない。

芝原 はい。カラータイマーは弱点であり、体調メーターでもあったのですが、ついてないということは、そもそも弱点も何もないのではないか。どういうことなのか、と一晩考えた結果、図44がヒントになるのではと。これは、NASAの画像で、

【ウェアラブルデバイス】 人体に装着するデジタル装置のことで、ウェアラブルコンピュータとも呼ばれていた。2015年に発売されたApple Watchなどの腕時計型端末がその代表格だが、そのほかにも頭部に装着するヘッドマウントディスプレイ（HMD）など、形や利用方法は多岐にわたる。将来的な実用を目指した、人体に埋め込むインプラント型のものも提案されている。

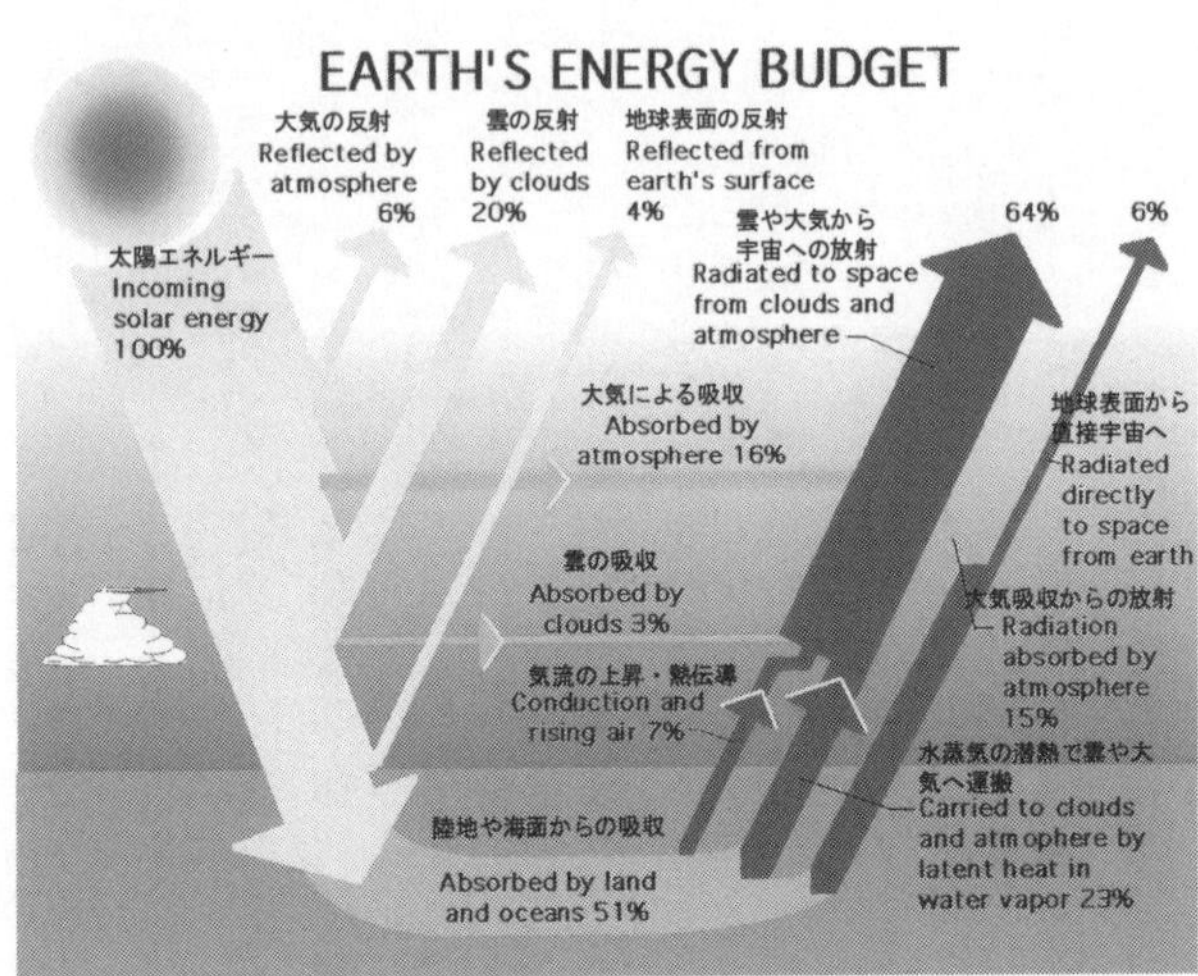

図44　太陽からの熱エネルギーがどのくらい地球に吸収されるかを示した図。（Public domain NASA、日本語は芝原によって加筆）

パブリックドメインになっている資料に私が日本語訳をつけたものになります。

大内　NASAのページから持ってきたんですか？

芝原　はい。困ったらNASA！　どういう図かというと、太陽から入ってきた熱エネルギーが、どれぐらい地球に吸収されて、どれぐらい外に出ていくか、ということを示しています。

大内　へえ……そんな資料あるんですね。

芝原　入ってきたエネルギーを仮に100とすると、大気に反射したり、雲に反射したり、地面でも反射しますけど、その中には地面に吸収されるエネルギーがあります。

大内　地球上には太陽エネルギーの50％くらいしかきてない、ってことですか？

芝原　そうですね、それで残りの分は出ていって、バランスをとっている。ですが『シン・ウルトラマン』の世界では、このバランスが違うのではないか。

大内　ほう？

芝原　入ってくるエネルギーがふんだんにありすぎると、地球が熱くなりますし、逆だと寒冷化してしまう。だから『シン・ウルトラマン』の世界では、少なくともこの図のバランスとは違う。

大内　なるほど、我々の地球では太陽エネルギーが少ないから、ウルトラマンには行動制限があったんですけど、太陽エネルギーがすさまじく降ってくる星であればそもそもカラータイマーはいらない。無限に活動ができる。

芝原　あるいは、このうちの数％をウルトラマンが吸収して、バランスをとってるかもしれない。

大内　ウルトラマンが、地球のバランスをとっている存在。そこまで考えられる！

芝原　それくらいだったら、カラータイマーはいらなくなるかな、と。
大内　**この話、今すぐツイートした方がいいんじゃないですか。**
芝原　ぜひしてください（笑）。そしてもう1つ、『シン・ウルトラマン』にはないものがあるんですけど、わかりますか？
大内　もう1つ？　わからないですねー（棒読み）。
芝原　またまた（笑）。これも答えをいってしまいますね。黒目がないんです。ここの、目の下にある黒い所。

黒目がない「シン・ウルトラマン」

大内　黒目？　人間でいう所の、瞳みたいなやつですよね、黒目って。でも初代ウルトラマンのそれは……。
芝原　おっと皆様、『スーツの中に入る人用ののぞき穴』なんていわないでください、これは瞳なんですよ。
大内　そうですね、『特撮の地球科学』ですからね、この本は。

芝原　そもそも、ウルトラマンがどうやって誕生したか、なぜあんな目の形をしているか……それを考察していきましょう。ウルトラの一族って、実はすさまじい極限環境で進化しているんですね。

大内　それは公式設定ですね。安心しました。

芝原　はい。ウルトラマンは元々私たち人間に近い存在でした。ところが、彼らの太陽系から太陽がなくなってしまって、彼らの星が死の惑星になってしまった。そこで彼らは「プラズマスパーク」と呼ばれる人工太陽を作ります。ところが、それがある日暴走してしまい、そこから発せられた「ディファレーター光線」というものを大量に浴びてしまった人間がウルトラマンになってしまう。その結果、ものすごく強くなってしまったので、ウルトラの長老たちがこれに着目し、いろんな人がウルトラマンになっていく。

大内　ここまではオフィシャルですね。

芝原　そうです！　そんな環境で進化した目なので、そもそも人間の目とは構造が違うでしょう。もう1つ、ウルトラマンの目には重要な役割があって、ものを見るだけでなく、ビームも発射します。

大内　二代目バルタン星人のバリアを破った時に使ってましたね。

芝原　まさにそれです。破壊光線だけでなく、ものを透視したりですとか、いろんな光の波長を見ることもできるし、変身した怪獣の正体を見抜いたりするのに、さまざまな波長の光を出したりもする。

大内　**そもそも、アレは目じゃなくて……『光学兵器』？**

芝原　あっ、ごめんなさい、ここは私の妄想です。

大内　どこまでが公式でどこからが考察なのかわからない（笑）。

芝原　申し訳ない。白目とされているこの部分はほとんどビームの発射器なのではないか。人間の目にあたる部分は、この黒目なのではないかと、考察しています。

大内　極限状態で進化したから、目も小さくなってしまった？

芝原　そうかも知れません。ちなみに視力はとてもいいらしい。ウルトラマンレオの設定で、１００㎞先のマッチ棒が見えるらしいですから。

大内　**ここから足利市ぐらいの距離ですね。**

芝原　そうですか！　やはり栃木は何かある……ここで、地球の生き物の目がどういう風に進化してきたかを解説しましょう。

【光学兵器】
レーザーなど特定の電磁波、あるいはそれを収束させたビームを対象物に照射する架空の装置を指す。我々の世界の地球ではまだ研究段階にある。

【三葉虫】
恐竜がいた中生代よりも前の時代である古生代の海に生息していた節足動物。古生代のカンブリア紀に登場し、ペルム紀末期（約2億5200万年前）の大量絶滅で姿を消した。非常に多くの種類が発見されており、大きさや形もさまざまである。中でも三葉虫の目は多様であり、例えばエルベノチレという全長5cmほどの三葉虫は、複眼が縦方向に積み上がったタワーのような形態の眼を持つ。またアサフス・コワレスキーという三葉虫

図45　複眼が残ったデボン紀の三葉虫化石（左）とカンプロパキコーペの復元図（右）。（化石写真引用元：GSJ標本データベース、復元図：谷村諒氏）

大内　ついに芝原先生の専門分野じゃないですか。これが本職ですよね。

芝原　この本で久しぶりに化石の話をする気がします。ここでは2種類の古生物を紹介しましょう（図45）。まずは**三葉虫**。今の昆虫のような複眼が、2つついています。構造は今の複眼とはだいぶ違うんですけどね。そして、複眼を1つだけ持っている、**カンブロパキコーペ**という生き物。

大内　1個だけなんですか⁉

芝原　体長2㎜くらいの生き物です。光の明暗がわかる小さな目を持っています。そして目の進化は、生物の進化と深くかかわっていると考えら

は、長い柄の先に小さな眼がついており、海底に溝を掘ってそこから潜望鏡のような眼で周囲を見ていたと考えられる。このように古生代の海底では、眼の多様な進化が至る所で発生していた。（参考：『ああ、愛しき古生物たち　無念にも滅びてしまった彼ら』土屋健著、芝原暁彦監修、2018年、笠倉出版社）

【カンブロパキコーペ】カンブリア紀の海に生息していた全長2㎜弱の微生物。複眼を1つだけ持つ。複眼のレンズは筒状の頭部の先端に集中している。これらにちなみ、学名の「カンブロ」は「カンブリア紀」を、「パキコーペ」は「厚い眼」を意味する。（参考：『化石ドラマチック』土屋 健著、芝原暁彦監修、2020

れています。5億年前の海で、三葉虫のような目を持った生き物が生まれて、他の生き物を食べ始めた。

大内　それまでは目を持っていなかった？

芝原　それ以前の時代にも、何度か目が進化するタイミングがあった、とはいわれています。やはり、目を持っていて他の生き物を捕捉できた方が有利なので、そうなると他の生き物も生存戦略のために目を獲得していく。

大内　目があった方がいいぞ、と。

芝原　目の進化合戦のようなものが起きた。これを「光スイッチ説」といいます。

大内　**「光スイッチ説」！　ウルトラマン用語っぽくてカッコいい!!**

芝原　確かに(笑)。でもこれは現実の学説です。要するに、光を感じるためだったシンプルな感覚器官が目に進化して、それが他の生き物の生存競争を促して、いろんな生き物の進化が5億年くらい前にばっと広がったのではないか、という説です。

大内　それが光スイッチ説……カッコいい……。

芝原　ははは、これは地球の話です。では、ウルトラマンの目がどう進化していったか。ちなみにここから先は100%私の妄想です。

『学名で楽しむ恐竜・古生物』土屋 健著、芝原暁彦監修、2020年、イースト・プレス

年、イースト・プレス、

『シン・ウルトラマン』に黒目がないのは、進化の結果!?

芝原　まずは図46をご覧ください。

大内　おお〜。ゆっくり解説をお願いします。

芝原　はい、丁寧にいきたいと思います。基本的に図の左にいくほどベテランのウルトラマンで、右にいくほど新しい世代のウルトラマンとお考えください。いわゆる黒目がついているウルトラマンが、初代ウルトラマン、ウルトラの父、ウルトラの母。そのあと、小さな点のような黒目がついている方々がいます。

大内　点(笑)。

芝原　はい。ウルトラセブンやウルトラマンタロウ、平成以降ですとウルトラマンマックスなどですね。その後、黒目がスリット状になって、ほとんど目立たなくなる。

大内　のぞき穴ではなく、あくまで点ですね。

大内　メビウス、ティガ、ダイナなど、平成の方々ですね。

芝原　そうです。そして、最近の黒目がないウルトラマンがこちら。今放送中のZや最近のシリーズであるゼロ、タイガ、そして今回の『シン・ウルトラマン』も該当

●黒目	●小さな黒い点	●スリットの黒目	●黒目なし
初代、 ウルトラの父、 ウルトラの母など。	セブン、 タロウ、 マックスなど。	メビウス、 ティガ、 ダイナなど。	ゼット、ゼロ、 タイガ、 シン・ウルトラマン。

『全ウルトラマン オール怪獣スーパー大図鑑 天の巻』 （2017年、講談社）	『エンターテインメントアーカイブ ウルトラセブン』 （2020年、ネコ・パブリッシング）	『ウルトラ特撮 PERFECT MOOK vol. 05 ウルトラマンメビウス』 （2020年9月、講談社）	『シール101 ウルトラマンZ ウルトラパワーだいしゅうごう！』 （2020年7月、講談社）

図46 ウルトラマンの目の進化。

します。ここでポイントとなるのが、黒目がないゼロはセブンの息子ということ。**黒目があるセブンの息子に黒目がない。**同様に、黒目があるタロウの息子のタイガにも黒目がないんです。

大内 いわれてみれば、確かにないですね。

芝原 **つまり、「ウルトラマンの黒目は遺伝するものではない」ということがわかります。**少なくとも父親からは遺伝していない可能性が高い。

大内 確かに最初にゼロが出てきた時、あんまり似てないな、って思いましたけど。

芝原　目だけじゃなくて、全体的に見ても差が大きいですが……。
大内　少なくとも目は遺伝していない。
芝原　はい。ということは、**カラータイマーと同様に、人工物なのではないかと。あとでつけるか、改造するかしたものではないか?**
大内　確かに、ウルトラの父と母の目と、タロウの目も違いますもんね。
芝原　そうなんです。となると、更に思い付くのが、バージョンが新しいウルトラマンになるほど、黒目が必要なくなるのではないか。要するに、技術力が上がってカメラの部分がいらなくなるのでは。
大内　**黒目がなくなったのは、バージョンアップが原因!**
芝原　最近のスマホでも、現行のものはまだ画面の上か下にカメラ穴がありますが、最新のスマホになると、画面の下にカメラ穴があって、ぱっと見はカメラ穴がわからなくなってきている。**スマホのインカメラ**と同じように、ウルトラマンの目も進化しているのではないか。
大内　進化なんですね?
芝原　はい、進化というよりは改良ですかね。まとめると、黒目がないウルトラマ

【スマホのインカメラ】

従来のスマートフォンではディスプレイの上下にベゼルと呼ばれる太い枠があり、そこにカメラやボタンが配置されていた。しかし近年のものは、情報を表示するディスプレイの面積をできるだけ大きくし、逆にベゼル部分をできるだけ小さくする傾向にある。そのためディスプレイの一部にカメラが割り込んだり、パンチホールと呼ばれる黒い穴が見えたりしていた。これを改良するため、ディスプレイの下にカメラを内蔵する技術が開発されている。

ンほど新しいバージョンの目を装着している。

大内　なるほど。

芝原　以上のことを踏まえて、『シン・ウルトラマン』はどの世界線なのか！

大内　きましたね、ついに！

『シン・ウルトラマン』の世界線を考察

芝原　Zより更に新しいウルトラマンか、同じくらい若いウルトラマンかもしれない。もしかすると全く違う世界のウルトラマンの可能性もあります。あとは初代に近いが、さっきいったように太陽エネルギーの環境が全然違う世界のウルトラマンかもしれない。いくつか候補があるし、その中の複数を合わせた世界かもしれない。いずれにしても初代のリメイクではないのかもしれません。

大内　でも、どれかではあるかもしれないですよね。

芝原　はい。

大内　しかし、この1枚絵からここまで話が広がるとは。

芝原　妄想に妄想を重ねて（キリッ）。

大内　やっぱり地球環境にからめた話がめっちゃおもしろいですね。太陽エネルギー効率の話とか。

芝原　でもこれぐらいしないと、カラータイマーがないという衝撃は説明できない。

大内　あと、目のところですよね。

芝原　そうそう。それで、『シン・ウルトラマン』が先ほどの図のどこにあてはまるか、と考えていくと2か所あると思います。

大内　2つ可能性があるんですね。

芝原　1つは、光の国のすごく若いウルトラマン。初代と見せかけておいて、実は新人である可能性。

大内　『帰ってきたウルトラマン』も、初代ウルトラマンじゃないですからね。

芝原　そうです。そんな感じで、見た目は似てるんですけど、もっと若い世代がいるかもしれない。これが一番『特撮の地球科学』らしい解釈ではないかと思います。

大内　そうですね。

芝原　もちろん、それとは全く違う世界のウルトラマンという可能性もありますが。

大内　確かに、僕らもリメイクだと思ってますしね。なんなら、『帰ってきたウルトラマン』を見ていたファンが、もう1回初代のウルトラマンが帰ってくると思ってたら、全然違うウルトラマンだった、みたいなことがありましたし。

芝原　当初は初代だっていう触れ込みだったのに。

大内　『シン・ウルトラマン』も、僕らにとっては帰ってきたウルトラマンみたいなことになるかもしれない。いい裏切りっていうか。

芝原　今回もそうかもしれませんよね。初代と見せかけておいて、実は新人というパターン。と、ここまでは妄想をお伝えしましたが。

大内　そういえば、あくまで妄想でしたね。

芝原　一点だけおさえておきたいのが、元々ウルトラマンのデザインをされた、成田亨さんの功績です。メタな話をすると、元々成田さんがデザインされたウルトラマンにはカラータイマーと黒目がなかった。非常に美しいデザインをされた方でして、今回のウルトラマンもこのデザインをリスペクトして作っているそうです。この『特撮の地球科学』も、もちろんその点については心からリスペクトしているというのを、ここで強調しておきたいと思います。成田さんが１９８３年に描かれた『真

光の国 ワールド	・キング、父、母、ウルトラ兄弟（マン～80、メビウス）他。 ・大怪獣バトル、ウルトラマンゼロ、『シン・ウルトラマン』←ココ？（未来）
レベル３ マルチバース （もしもの世界）	・もしウルトラマン以外が地球に来なかったら（漫画『ULTRAMAN』） ・もしウルトラマンが地球を去らなかったら（『甦れ！　ウルトラマン』） ・もしセブン以外が来なかったら（『平成ウルトラセブン』） ・もし主人公たちがウルトラヒーローにならなかったら（『超ウルトラ8兄弟』）
レベル２ マルチバース （まったく 別の世界）	・『シン・ウルトラマン』← ココ？ ・『ウルトラマンZ』（暫定） ・『ウルトラマンジード』 ・『ウルトラマンオーブ』 ・『ウルトラマンティガ・ダイナ』 ・『ウルトラマンガイア』 ・『ULTRA N PROJECT』（ネクサス） ・ コスモスペース（『ウルトラマンコスモス』） ・『ウルトラマンギンガ』 ・『ウルトラマンX』 　他
現実世界 or レベル３	・1965年の円谷英二監督が初代ウルトラマンと遭遇（ティガ49話）。 ・円谷英二監督が初代ウルトラマンを召喚。

移動可能

図47　『シン・ウルトラマン』のウルトラマンシリーズでの位置づけ。

実と正義と美の化身』という美しい絵が、直接のデザイン元となっています。成田さんの他のデザイン画は、青森県立美術館にあります。これは実際に見ましたが、本当にすごかったです。これを踏まえて。

大内　まだ踏まえますか。

芝原　まだ踏まえます！

大内　踏まえますねえ。

芝原　踏まえまくると、実は、『シン・ウルトラマン』はここにハマるんじゃないか。

大内　ど、どこですか！

芝原　ココです、ココ。**つまり、『シン・ウルトラマン』は、ココ＝現実**

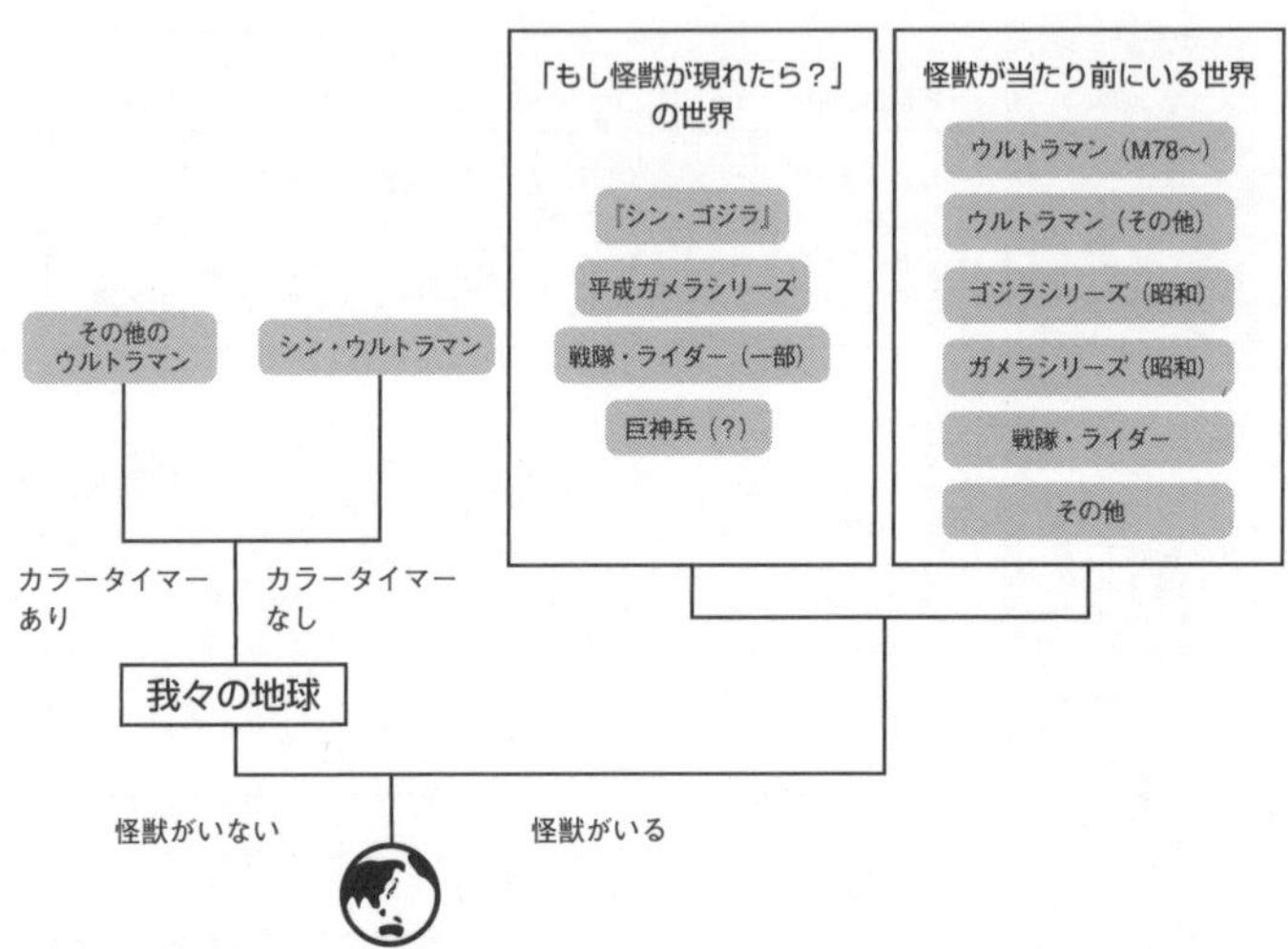

図48　特撮の世界の分岐その２。

世界の延長なんじゃないか。

大内　と、いう可能性もある？

芝原　ちょっと何いってるかわからないという感じですので、図48で説明しますね。

芝原　我々がいる世界が左、怪獣がいる世界が右。『シン・ウルトラマン』の世界は、もしも怪獣が現れたら、の世界。

大内　樋口さんスタイルですよね。

芝原　……ひょっとしたら、こういう解釈かもしれない。

大内　おおお？　また新しい解釈が！

芝原　１９６６年に、成田さんのデザインがそのまま使われた未来の世界が、『シン・ウルトラマン』の世界なのではないか、というちょっと大胆な仮説。

大内　元々のデザインが採用された世界。

芝原　という、メタにメタを重ねた世界。もうどこまでが現実で、どこまでが特撮かわからない世界ですね。

大内　これ、早く答え合わせしたいですねぇ。多分、僕も最速上映で見に行きますけど、あ、これは芝原先生のいっていた通りだ！　ってなるかもしれません。

芝原　思いっきり間違っていたら、ぜひ皆さんで私をイジってやってください。

大内　いや、イジりづらいです、腫物触る感じかも……。

芝原　**いいんです！　それが科学!!　仮説を立てて検証する!!　間違ってたらもっと研究する!!**

大内　なるほど……しかし、こっちからこういって、仮想の世界ではなく、僕らの世界とつながっている。

芝原　ティガ49話で、元々円谷監督とティガが会っていたという、現実とフィクションが邂逅するお話というのもあるので、こういうパターンもアリかな、という。

大内　その他のウルトラマンとは別に分岐しているという。

芝原　いずれにしましても、本当のウルトラヒーローは、多分もう現実とゴジラとウルトラと、いろんな世界を行ったり来たりできる、監督をはじめとした『作り手』の方々なのかな、と。

大内　そうですね。

芝原　**作り手の方々が最強の時空移動者だな、と考える次第でございます。**と、いい感じにまとめたりして(笑)。

大内　これが第二部結論だったんですね?

芝原　はい。

大内　ありがとうございます、おなかいっぱいです!

【第三部】

あえて考察しよう！
なぜ、スーパー戦隊はいつも
岩場で闘うのかを

『特撮三大いつも聖地』

芝原　昔から疑問があります。どうして日本が何かと特撮の舞台になってしまうのでしょうか。

大内　日本の作品だから、というヤボな話はありますが……。

芝原　悪の組織は世界征服を目指しているのに、いつも日本ばかり狙う。その理由とはいったいなんなのか。地球科学で説明していきます。その鍵を握るのはズバリ……3つの聖地です。**『特撮三大いつも聖地』と私は呼んでいます。**

大内　い、いつも聖地⁉

芝原　戦隊とか仮面ライダーで、毎週のように映る場所があるじゃないですか。

大内　ありますね。

芝原　いわゆる『いつもの岩場』。変身した後、あるいは必殺技を撃つ時になると、いつもここに瞬間移動しますよね。あとウルトラマンに限らずですが、よく出てくる『いつもの地下神殿』、そして、変身するといつもだいたい移動する『いつもの広場』ですね。実は私、今日もこの広場を通ってから会場に来ました。

図49　『いつもの岩場』こと栃木県の岩船山。

大内　そうなんですね。いつもの岩場、かっこいい山ですよね(図49)。これを見ると心がふるえます。

芝原　私もです!　ただの岩場となどるなかれ、いろんな形の場所があります。それぞれの撮影シーンに合わせて……あっ、シーンといってはいけない、えっと、状況にあわせて使い分けて戦っている。大内さんの実家周辺にもこういう感じの所があるんでしたっけ?

大内　そうですね、僕は栃木が実家なんですけど、近所にそっくりな岩山がありますね。

芝原　このような感じの岩山は、栃

図50 『いつもの地下神殿』こと大谷石地下採掘場跡。

木県のあちこちにあるようです。そして、いつもの地下神殿(図50)。先月も行ってきましたけど。

大内 行ってきたんですか！ 僕も、もちろん何回も行ったことがあります。

芝原 いや〜いいですよね、何回行ってもいい場所。世界観マシマシで。やはり音楽の方のお仕事で行かれるんですか？

大内 ツアーのついでに寄っています。「すごい、いい所があるよ」ってメンバーと一緒に寄るのがここです。

芝原 わはは。とにかく、特撮にも音楽にもゆかりのある場所ですね。

図51　『いつもの広場』こと茨城県のつくばセンター広場。

そして最後にもうひとつ、いつもの広場（図51）。

大内　これも非常に見覚えがありますね。

芝原　キラメイジャーでもよく出てきています。あと、写真左右にある柱は『仮面ライダージオウ』でも印象的に使われていました。ディケイドが久しぶりに登場するシーンなどで使われています。

大内　しかし、「特撮三大いつも聖地」に触れて大丈夫でしょうか。特撮におけるタブー……ではないですが、あまり触れてはいけないことな気がします。

芝原　はい。そこにあえて真正面から取り組んでいくのが、この『特撮の地球科学』なのです！　まずは、『なぜ栃木・茨城エリアが画面に映るのか』を考えていきましょう。

大内　えっ！　これにも地球科学的な理由があるんですね？　『岩場で爆発シーンを撮影するため！』『東京に近いから便利！』『見物客が少ないからロケしやすい！』などの大人の事情ではなく……。

芝原　はい、そうではありません。**私の考察はズバリ、『栃木はすべての特撮時空につながっている！』つまり、栃木は特撮世界の中心、いわば宇宙の中心なのです。**

大内　ええと……。世界の中心が栃木県⁉

芝原　はい！（大真面目）。

大内　我が栃木県って本当に何もないですよ？　僕は栃木県出身で、18歳で上京したんですけど……一刻も早く栃木から出たくてしょうがなかったんですよね。栃木を出たいがために、いろんな大学を受験して東京に来ましたから。

芝原　なるほど。今、すべてがつながりました。だからですよ、だから大内さんが生まれたんですね。18歳まで栃木の特撮パワーをすべて受け止めてこられた。

大内 そうだったのか……!?(笑)。

芝原 大内さんという人材を輩出した、そこにはやはり地球科学的な意味がある……。大内さんは、栃木には何もないとおっしゃいますけれども、実は栃木は、地上部分ではなく地下にいろいろあるんです。

大内 地下に!? どうりで気がつかなかったわけです。

芝原 早速考察を始めていきます。まず、戦隊やライダーが、栃木にすぐに移動できる理由を考えていきましょう。

『いつも聖地』は地理的にも理にかなっている!

大内 すぐに移動できるっていうのは、ロケバス的な意味ではなくて?

芝原 もちろん違います、地球科学的に見ても、ちゃんと移動しやすいのです。まず、位置関係を地図で見ていきましょう(図52)。**東京ドームシティを起点に考えていきます。**

大内 いやいやいやいや、なんで東京ドームシティなんですか。普通、日本橋とか東京

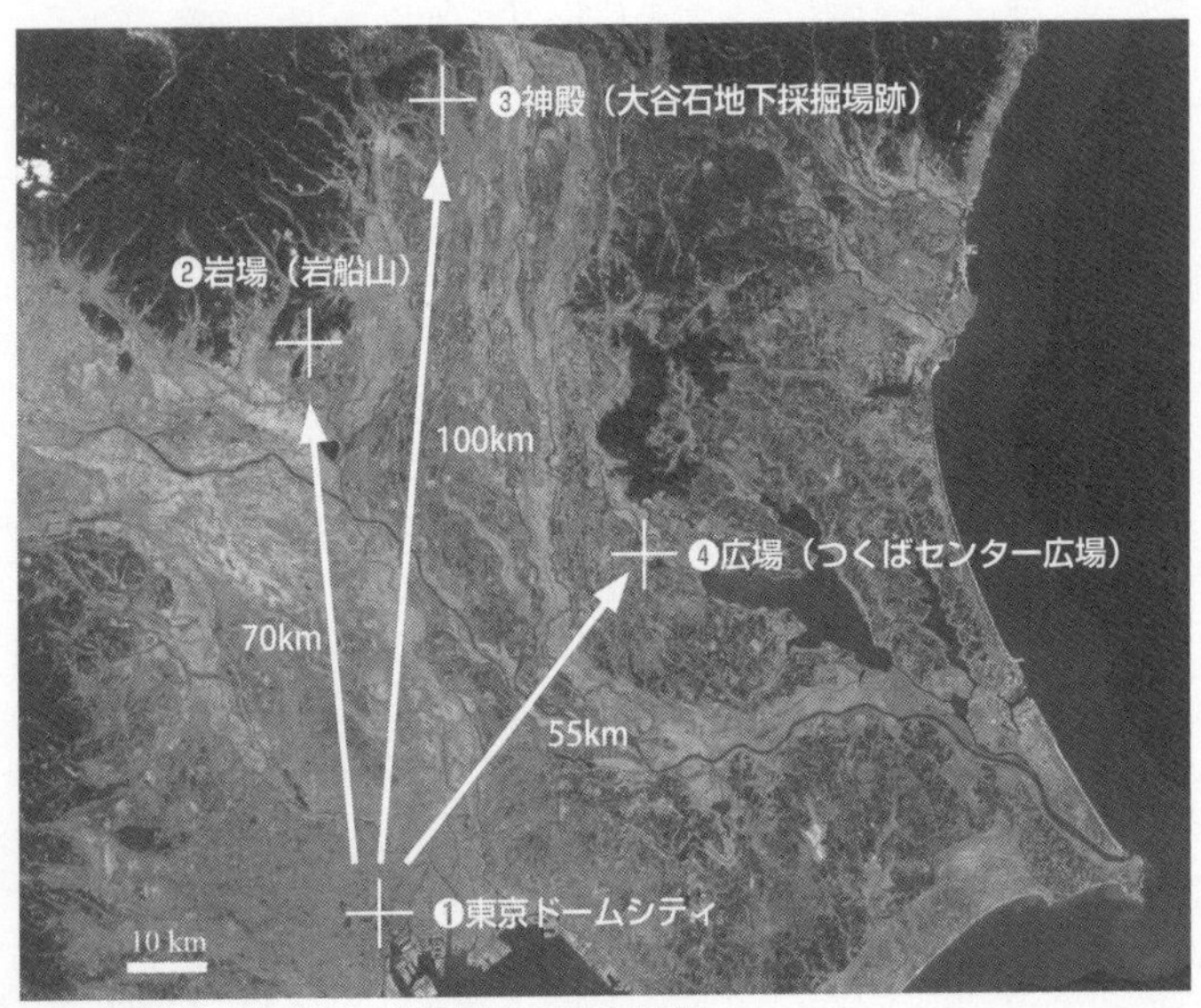

図52　「特撮三大いつも聖地」の位置関係（ASTER衛星画像）。

駅じゃないんですか……。

芝原　「僕と握手！」ということでね、よく水道橋あたりが映りますし。ヒーローによっては、本当に東京ドームからメカが発進する、っていう設定の場合もあるじゃないですか。『激走戦隊カーレンジャー』とか。というわけで、東京ドームシティが今回の考察の起点、①です。

大内　腑に落ちないですが、それで行きましょう……。

芝原　そして『いつもの岩場』こと、栃木県の岩船山が②です。

大内　もっと詳しくいうと、栃木市ですね。

芝原　『いつもの神殿』、大谷石地下採掘場跡がもう少し北の③です。

大内　③は宇都宮市ですね。

芝原　さすが大内さん！　すぐにどの市かいえるんですね！　素晴らしい！　では、3つ目の聖地。『いつもの広場』は④です。ちょっと離れて茨城県のつくば市です。

大内　おお。ここは我が栃木県ではない。でも、いずれにせよ、内陸なんですね。

芝原　はい、海に近いかと思われがちですが、そうでもない。そして、それぞれの直線距離が、①東京ドームシティから②岩船山までが約70㎞、③大谷石地下採掘場跡までが約100km、④つくばセンター広場までが約55kmです。

大内　東京ドームシティからの距離なのがやはりツボってしまう……。

芝原　まあ、ここも特撮の聖地ですからね、ははは。……さて、ここまでは空中写真を見てきました。ここにもうちょっと凹凸がわかりやすい地図を重ねてみます（図53）。ここから何か見えてきませんか？

大内　関東平野に沿った形というか？

芝原　まさに！　**途中に障害物がないんですよ。だから、一直線で移動ができる。**

大内　それが大事なんですか？

芝原　そうなんです、これが今後効いてきます。都合のいいことに、キラメイジャーの12話にこれら3か所がすべて出てきます。

大内　小夜（キラメイピンク）が遭難する回ですよね。

芝原　さすがです！　小夜さんが、ヘリコプターでまず現地に行くんですが、通信機を忘れてきてしまって、仲間を呼べなくなる。それでどうしよう、という話。

大内　そこでシルバーが助けに来たわけじゃないんですけど、偶然出会って。

芝原　キラメイシルバーこと、クリスタリア宝路（たかみち）君が助けてくれるという話でした

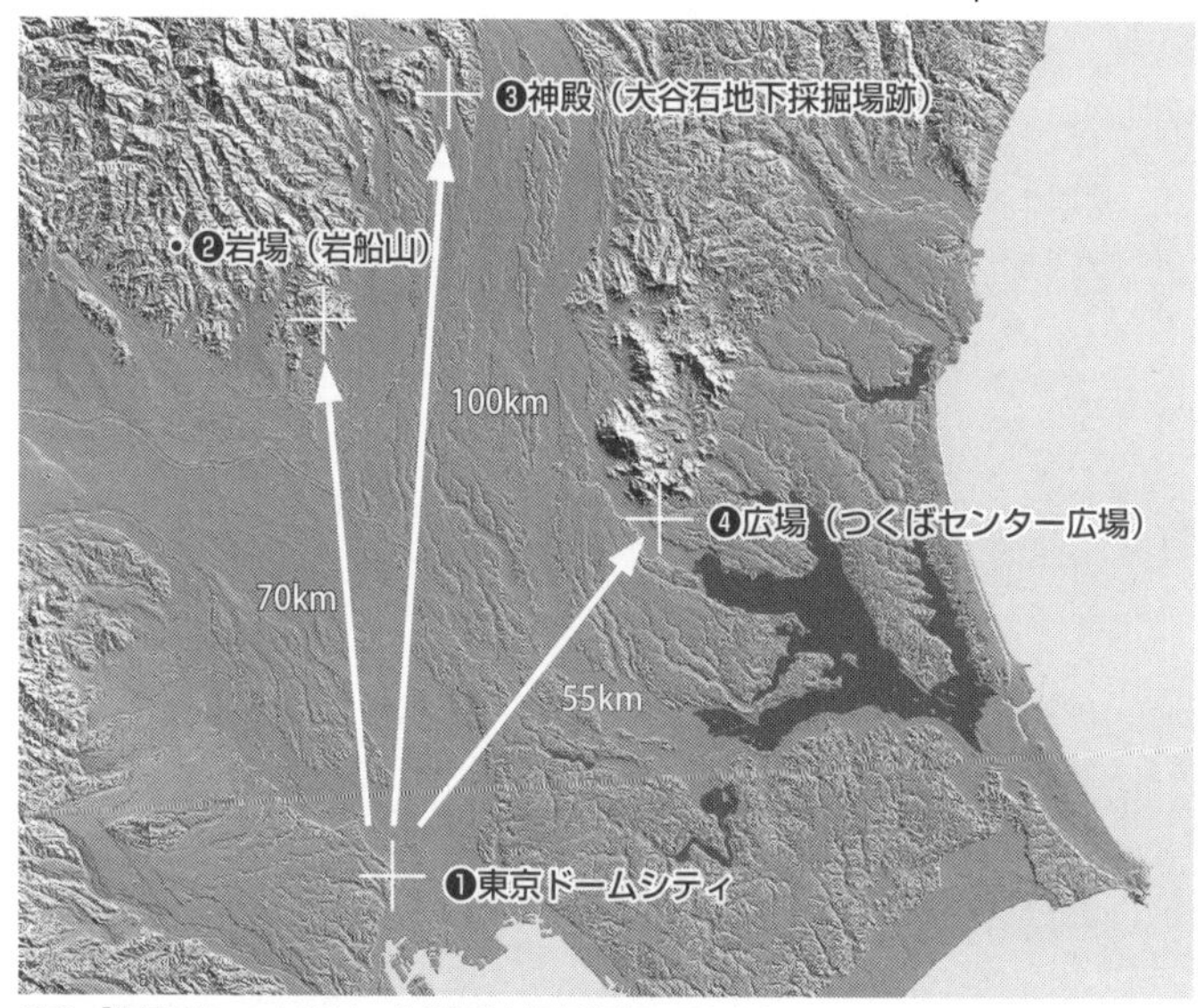

図53 「特撮三大いつも聖地」の位置関係を標高地形図に示したもの。

ね。この話では、それぞれの場所を短時間で移動している描写があります。

大内　確かにそうですね。

芝原　決してそれは場面転換とか、撮影の都合とかではなくて、3か所をてきぱき移動しており、これには何かちゃんとした理由がある。

大内　岩場から神殿へは歩いたんでしたっけ。

芝原　はい。小夜が怪我をしていたので、宝路がおぶっていった。とにかく、いろんな方法で、行き来する描写があります。ということは、やっぱり移動しやすいという条件があるんだな、と思われます。ここで、真面目に**地形断面図**というものを描いてみました。

大内　さすが科学者ですね。ただのオタクではない。

芝原　ありがとうございます。地形断面図とは……先ほどの地図で、それぞれの場所と東京ドームシティを結んだ線がありました。この線に沿って地形の凹凸を描いてみるとどうなるか、というものです。図54をご覧ください。

大内　おお！　ほとんど間に何もない！　関東平野ってこういうことなんですね。

芝原　途中は何もなくて北の方に行くとぼこっと地形が盛り上がっている。それは

【地形断面図】
地形図上の地点間の凸凹、つまり高低差をグラフに表したもの。地形の断面を知るだけでなく、移動経路のアップダウンにより発生する労力などを、事前に知るための使い方も考えられる。図54はカシミール3Dで制作したもの。

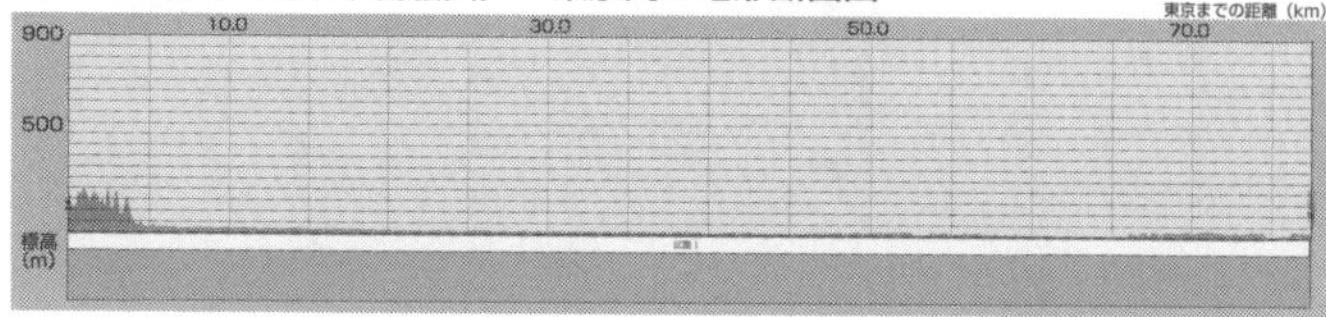

いつもの神殿（栃木県大谷石地下採掘場跡）—東京間の地形断面図

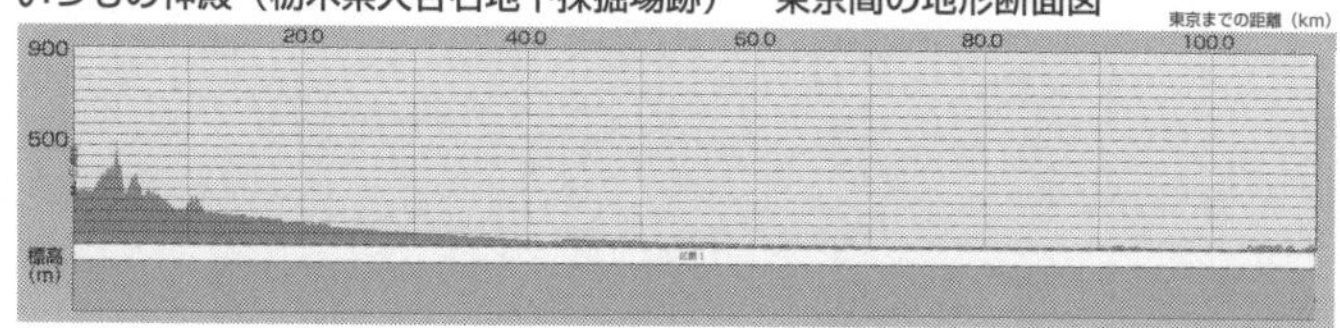

いつもの広場（茨城県つくばセンター広場）—東京間の地形断面図

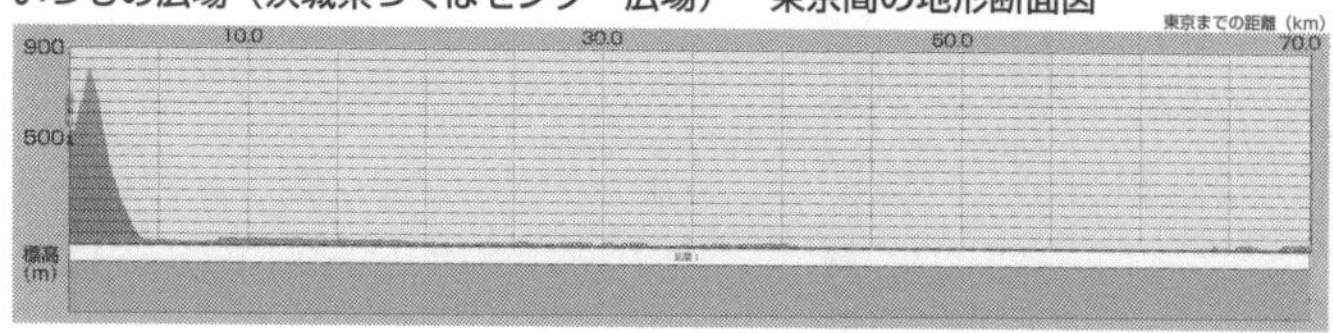

図54　「特撮三大いつも聖地」—東京間のそれぞれの地形断面図。

3か所すべてにいえますね。岩舟山はそうだし、神殿もそうだし、つくばに至っては**筑波山**（つくばさん）があります。

大内　筑波山！　だからこんなに急に上がるんですね。

芝原　この図は縦軸の最大が900mなんですが、筑波山が標高約800mなのでこんな感じ。

大内　筑波山、めっちゃ急に現れるんですね。

芝原　地形的にもおもしろい所なんですけどね。ずっと平面だった所に、**八溝山地**（やみぞ）が急に姿を現すので、筑波山がぼこっと突き出る形になっているんです。

結局のところ、『いつも聖地』へどうやって移動しているのか

芝原　先ほどの地形の話のキモは、障害物がないので一直線に移動できるということ。

大内　地形断面図で見ると、本当に間に何もなかったですね。しかし、何度見ても、東京ドームシティから出発というのがシュールです。

【筑波山】
茨城県つくば市の北にある山。二つの頂を持つ双耳峰（そうじほう）と呼ばれる珍しい形をしている。このうち東側のものを女体山（877m）、西側のものを男体山（871m）と呼ぶ。火山ではなく、地下深くでマグマが冷え固まったものが約6000万年をかけて隆起してきたものと考えられる。そのスピードは1万年あたりで1～2mと、非常にゆっくりである。山麓部分は花崗岩と呼ばれる岩石、山頂部分は斑れい岩と呼ばれる岩石で構成される。また山腹部分にはこれらが崩れて堆積した山麓斜面堆積物（さんろくしゃめんたいせきぶつ）によるなだらかな地形があり、梅林が作られている。ここでは毎年2月から3月にかけて「筑波山梅まつり」が催される。

芝原　キラメイジャーは飛行メカが基本で2種類出てきます。ジェット機型の魔進ジェッタだと、だいたい１００㎞を４分で移動します。

大内　早いなあ、ジェッタは。

芝原　ヘリコプター型の魔進ヘリコだと、約13分とちょっとかかりますけど、少なくとも車で移動するよりははるかに速い。ここでちょっと考えていきたいのが、戦隊や敵の移動方法なんですけど。よく、街中で戦っていて、次の瞬間に岩場に来たりしますよね。**ということは、おそらく敵も一緒に岩場まで移動している。**

大内　そうなりますね。

芝原　多分、その方法には2種類あって、考えられる方法の１つ目は、敵ごとメカに収納して運んでしまっている。

大内　敵も乗っけちゃう？

芝原　はい。とはいえ、敵もおとなしく乗ってくれるとは思えないですが、3分我慢すればなんとか。おそらく、空間ごと取りこんでしまって、現地で落としているという可能性があります。ただ、岩場まで3分かかるので、たまに失敗することがあるかもしれませんけど。

【八溝山地】
福島県の白河市から、茨城県の筑波山に至るまでの山地。

大内　失敗して途中で落ちたら、大宮とかになっちゃうんですかね？

芝原　おそらくそうです。もう1つが、ＳＦ技術でワープという方法があります。粒子に分解したり、最近の作品だとインターネットのようにデータに変換して飛ばしたり、という方法がありますね。どちらにせよ、分解して、飛ばして、現地で再構成する。

大内　粒子分解とかデータ変換とかって、めっちゃ科学的な言葉が並んでますね。

芝原　ただ、どっちの技術を使うにしても、間に障害物はない方がいいです。直接飛んでいくならもちろんですし、データに分解して転送するにしても、人間数人分のデータなのでものすごくデータ量が多い。どんな通信網を使っているかわかりませんが、データ通信でも障害物はない方がいいだろう、と考えます。

大内　直接飛んでいくしかない在来型と、データ転送型があるんですね。

芝原　戦隊の世界の、技術水準にあわせて地形が選ばれているんではないかなと思います。技術水準については図55をご覧ください。戦隊には傾向があります。よくいわれているのが、「地球系」。要するに地球で生まれた戦隊。それから「宇宙系」、宇宙からやってきた人たちの戦隊。あと、「ファンタジー系」というのがあります。

【データ通信でも障害物はない方がいい】
例えば無線ＬＡＮで一般的に使用されている電波は、周波数によって2.4ＧＨｚ帯と5ＧＨｚ帯に分けられる。5ＧＨｚ帯のように周波数が高くなるほど伝達できる情報量は多くなるが、直進性が強くなるため障害物に遮られやすくなる。逆に2.4ＧＨｚ帯は周波数が低いため情報量は少なくなるが、障害物にぶつかっても裏に回り込むため遮られにくい。ラジオのＡＭ放送が広い範囲で受信できるのも同様の原理である。仮にスーパー戦隊や敵をデータ化して電波で転送するとすれば、高い周波数のものが必要となるため、地形に遮られる可能性が高い。

大内　すごい分類ですね。

芝原　今までに44の戦隊がいましたが（２０２０年12月時点）、紙面の関係上、ごく一部の戦隊のみ載せております。地球系の人たちは、初代のゴレンジャーからそうなんですが、地球で元々使われていた技術を発展させて戦っています。それに対して、宇宙系の人たちというのは、元々宇宙人で、地球外からやってきて地球で戦っている人たち。だから、地球よりは結構技術が進んでいる描写も多い。ファンタジー系については、なかなか科学的に言及するのが難しいですが、魔法などさまざまな力を使って戦います。

大内　その「系」によって、在来型かデータ転送型か分かれるってことですね。

芝原　そうです。在来型というのは、地球形の戦隊で使われるでしょう。ワープなどのＳＦ的な技術の描写はあまりないので。ゴーバスターズなどは、ワープ技術の描写もありますが、基本的には直接移動して戦っていると考えられます。

大内　ああ、確かに。

芝原　もちろんその中間の人たちもいて、例えば地球人だけど、「宇宙人のテクノロジーを使って戦う」「妖精などからファンタジーの力をもらって戦う」、あとは「千年

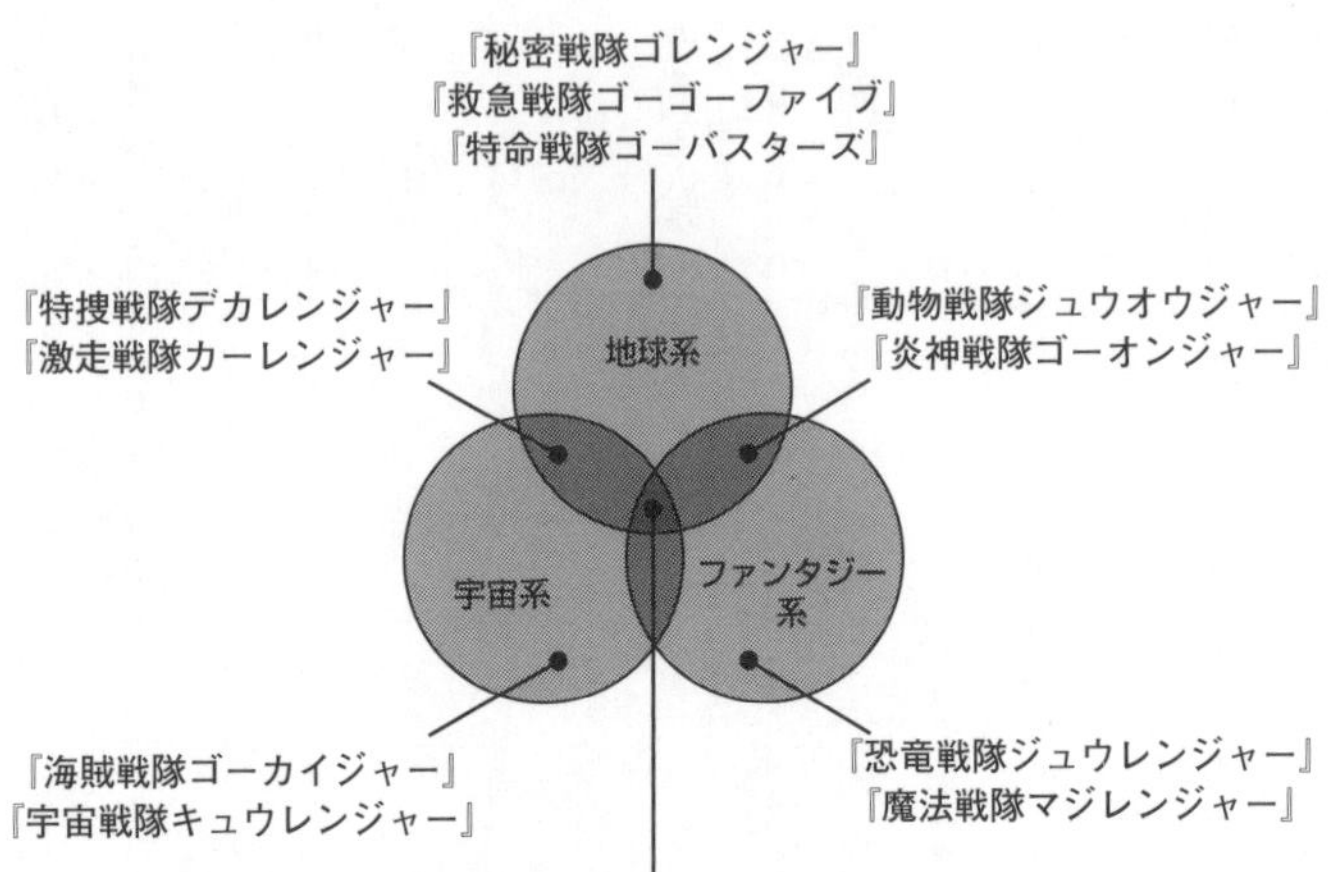

図55　戦隊ごとの技術傾向（一部）。

後の未来の力をもらって戦う」などがあります。いろいろある中で、今年（２０２０年）のキラメイジャーはすべての要素を併せもっているんですよね。宇宙から来た人たちの力を使いながら、地球の若者が戦うんですが、ちょっとファンタジックな要素も入っているので。そういう意味では、技術水準は結構高い戦隊なのかなと考えます。ただ、高い方に合わせてしまうと、他の戦隊が戦いづらくなるので、基本的には在来技術に合わせて、こういう飛行機のような移動方法に適した地形を選んでいるのではないか。

大内 ふむふむ。

芝原 もう1つ。戦隊の飛行メカが低い所を飛ぶ描写ってありません？

大内 そういえば、結構ビルの際々や地面スレスレを飛びますね。合体前とかはよく見ます。

芝原 **あれ、専門的には『地形追随飛行』という飛び方です。**英語でいうと、Nap of the earth、NOE飛行と呼ばれます。

大内 そんな正式名称があるんですね？

芝原 はい。この飛び方をするのは、敵に見つかって攻撃されないようにするためです。地形スレスレを飛んだ場合、間に山岳地帯などがあると、敵からレーダーで発見されにくくなるので。低い所を飛ぶのには、もう1つ目的があって、何しろ関東平野なので、成田・羽田への発着便がたくさん飛んでいるわけですよ。おそらく、特撮の世界においても。

大内 最近、羽田便も結構低空飛行してますもんね。

芝原 となると、よほど低い所を飛ばない限り、一般市民の方々が乗る飛行機とぶつかってしまうので。

大内　危ないですね。

芝原　安全を守る意味でも低空飛行をしているのではないか、ちゃんと現地の行政機関と調整しているのではないか。

大内　キラメイジャーは、なんかしてそうな感じがしますね。ちゃんとした、CARATっていう機関がありますし、小坂大魔王ならちゃんと調整やりそうですね。

芝原　ここまでが全体的な話です。とにかく「移動がしやすい」と。

大内　お。会場からコメントがきています。えっと、**「敵も連れて移動する際に、たまに失敗して大宮に落っことしちゃう、だから、時々さいたまスーパーアリーナが戦場になる?」**と。

芝原　なるほど、素晴らしい！　つまり、あれは途中で落っことしてたと。

大内　栃木に行くつもりが、途中で失敗してその辺で戦ってた。

芝原　素晴らしいコメントありがとうございます。またこの説が1つ補強されてしまいましたね。仮説に確信を得たところで、次に行きましょう。それぞれの場所を細かく見ていきたいと思います。

なぜいつもここに移動するのか、それが問題だ!

芝原 変身してしばらく戦うと、いつの間にか岩場に移動している。岩船山という場所ですが。

大内 栃木県ですね。

芝原 今回はキラメイジャーを中心に見ていきたいと思います。念のため改めて簡単にスーパー戦隊全体のまとめをします。通常の人間と同じ、等身大の人達がチームを組んで戦います。赤や青や、黄色に色分けされたスーツに変身する。そうして後半、やられた敵が50mくらいに巨大化するわけですね。そうすると、戦隊チーム側も合体ロボットで戦う、という二段構えの構成になっています。

大内 たまに例外もありますね。

芝原 はい。キラメイジャーは、赤が高校生、黄色がeスポーツプレイヤー、緑が陸上選手、青がアクション俳優、ピンクが外科医、シルバーがクリスタリアの王子ということになっています。この6人が戦うわけなんですが、そんなキラメイジャーがよく来ているのが「いつもの岩場」です。

図56 「いつもの岩場」こと栃木県の岩船山の切り立った崖。

大内 よく来てるって、ピクニックか何かみたいな(笑)。

芝原 頻繁に行っていますからね。さて、ここは切り立った岩場で実は隣にお寺さんがあります。ちょっとこの間もお参りしてきたんですけど、この参道の途中から、こういう風景も見ることができます。ちょうど図49の写真の山を右側から見たのが図56です。そうすると、こういった切り立った崖が見えるわけです。

大内 まさかお寺があったとは。ソーラーパネルも見えますね。

芝原 はい。栃木県の岩船山という場所ですね、大内さんもご存知の。

山としてはそんなに高くなくて、標高173mくらい。

大内 意外と低いんですね。

芝原 これは完全な天然の地形ではありません。採石場だったので、昔から石材をガリガリ削りだして、今の地形になっている。何がとれるかというと、凝灰岩(ぎょうかいがん)という、火山灰が固まった岩石です。凝灰岩というのは、火山灰が水中や陸の上で積もって重なってできた岩。その中でも、ここでとれる石というのは結構有名で**岩舟石**と呼ばれています。

大内 確かに、ちょっとくぼんだというか、おもしろい地形ですよね。

芝原 そうです、この地形が鍵になります。まさに、図57のように窪地(くぼち)になっています。

大内 **あの岩場の地形って、掘ったあとなんですね。**

芝原 そうです。これをさらに拡大したのが図57の右です。

大内 おもしろいなあ、こんな形してたんですね。

芝原 いかにも『削った』という感じの形です。問題は、なんでいつもここに飛んでくるのか。結論は、スリバチあるいはドンブリ状のへこんだ地形で、必殺技による

【岩舟石】
岩船山で江戸時代から採掘されていた岩石。茨城県古河市にある古河城の石垣にも利用されていた。岩船山の近くには、当時の資料を展示している「岩舟石の資料館」がある。(参考:岩舟石の資料館 https://www.city.tochigi.lg.jp/site/culture/1578.html 2021年3月12日閲覧)

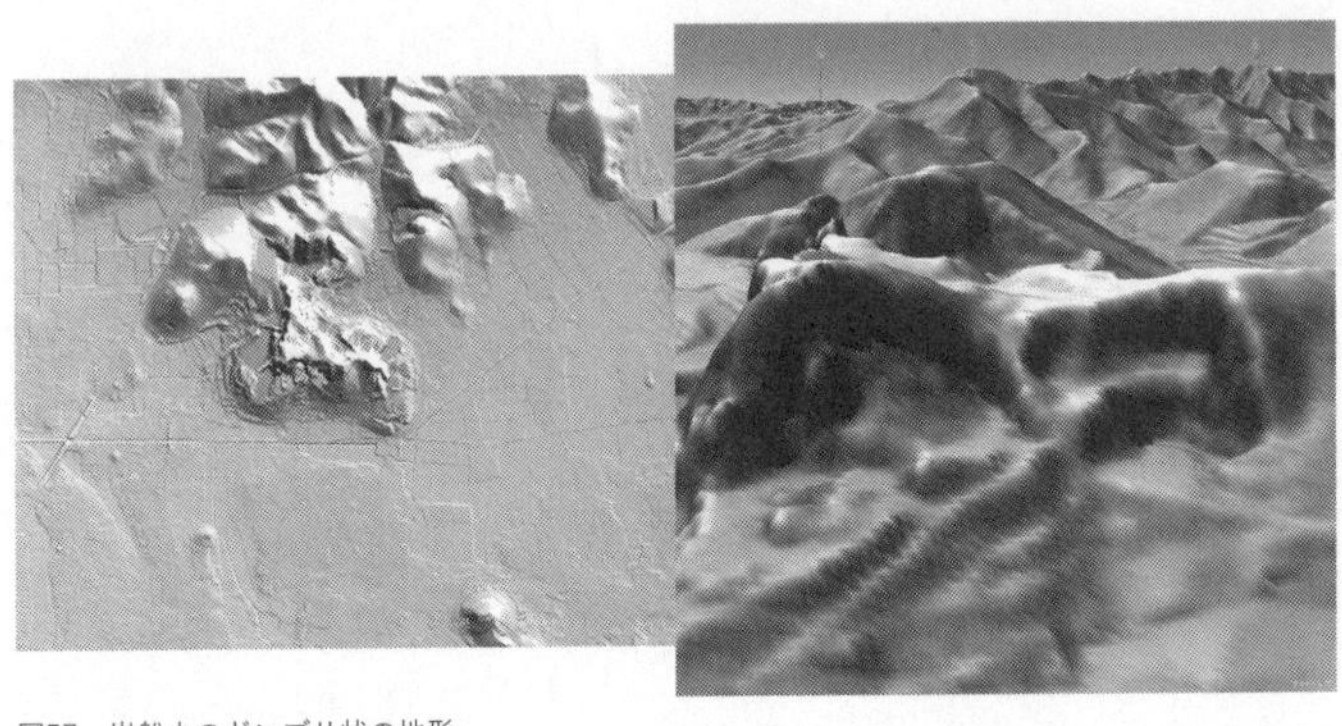

図57　岩船山のドンブリ状の地形。

周囲への被害を防ぐ、です！（ドヤア）。

大内　ドンブリ状っていわれると、とても想像しやすいですね。

芝原　はい。ちょっと見ていきましょう。いつもの岩場は、ドンブリの言葉の通り、へこんでいるわけなんです。

大内　そこで戦う理由とは……？

芝原　はい。派手な必殺技を発射しても、周囲の一般人を巻き込まないようにこのドンブリでブロックしているのです！

大内　ドンブリ地形の高低差でもって攻撃をブロックしている？

「いつもの岩場」のドンブリ地形を戦略的に利用する

芝原 完全な密閉空間というわけではないですが、閉じた空間で必殺技を放つことによって、周囲に攻撃が漏れないようにしているのではないか。

大内 なるほど、この地形でなければいけない理由が見えてきました。

芝原 そして、そういう場所って、何か所もあるわけではないんです。一番都内から、もとい、東京ドームシティから近い所というと岩船山なのです。更に首都圏から最短で飛んでこれるという利点もあります。

大内 いいことずくめですね!

芝原 ただ、利点ばかりではなくて、半分自然の地形なので、欠点もあります。完全な窪地じゃないんです。北の方は壁ですけど、南の方は少し切れています。

大内 確かにそうなってますね。

芝原 必殺技を北に撃てば大丈夫なんですけど、南に撃ったら少し漏れてしまう可能性がある(図58)。だから、どんな作品を見ても、ほぼ北側に向かって撃ってると思います。

大内　いわれてみれば、だいたい山側に向かって撃ってますね。

芝原　変身する時もそうですよね。

大内　確かに！　山をバックに変身してますね。

芝原　変身する時も爆発しますから。あのエネルギーを地形で封じこめている。決して撮影カメラのアングルで決めているんじゃなくて、ちゃんと理由があるわけです。

大内　山側に撃つ理由がちゃんとあるんですね。

芝原　人々の安全のためにそうしてるんです。これは別に私の妄想というわけではなく、実は前例があります。

大内　実証できる前例があるんですか？

芝原　私と同じお父さん世代には懐かしい作品で、１９８６年の『時空戦士スピルバン』、いわゆるメタルヒーローです。この方が、戦闘の最中に空間転移装置『バイパススリップ』というものを使います。その時ナレーションが入ります。「バイパススリップとは、市民や街を戦いに巻き込まないために、物質移動波を利用して戦場を一時的に移動させるシステムのことである」と。

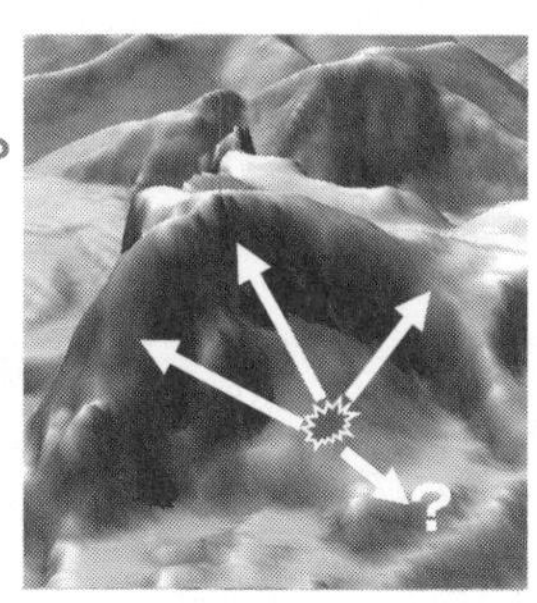

図58　地形で周囲への被害を防ぐ。

大内　一時的に移動させる、物質移動波。さっきの話とかぶってきますね。

芝原　しかも、自分だけでなくて敵も一緒に転送する。そして周りの人たちや建物に被害を与えないようにする機能が実装されている。その転送される先があの岩船山。

大内　出た！

芝原　やはり岩船山はそういう場所なんです。スピルバンはクリン星という他の惑星から来たことになっているんですが、最終話で実はクリン星が1万年後の未来の地球であることが明かされます。未来からタイムスリップして戻ってきていたんですね。1万年後の遠い未来の技術を応用して、今の戦隊やライダーが使っているのではないか。

大内　タイムレンジャーとかもそうですもんね。

芝原　そう考える根拠はもう1つあって、窪地を作っている凝灰岩(岩舟石)。火山灰が固まってできた石です。**この石の特徴の1つが、火に強いことです。**

大内　むむ、それはまた説を補強しそうな特徴ですね。

栃木の『県の石』は熱に強い!?

芝原　実際に栃木県に行ってみると、凝灰岩でできた家の壁や倉が沢山あります。栃木で高速道路を降りると、急にそんな家ばかりになるので感動しました。石材文化としてももちろん重要なのですが、火に強いということで家などの建物によく使われています。

大内　確かに、よくありますね。

芝原　しかも、この凝灰岩は栃木県の「県の石」でもある。

【県の石】
日本地質学会が選定し、2016年5月10日に発表した。ちなみに5月10日に発表したのは、日本で初めて広域的な地質である「日本蝦夷地質要略之図」が発表された日であることにちなむ。地質学会の公式サイトによれば「これ以外にも各地域には選びきれないほど，すばらしい岩石・鉱物・化石が多々」存在するとのことで、日本の地質がいかに多様かを示していると言える。なおそれぞれの石は無闇に採取せず、保護することが必要。（参考：日本地質学会公式サイト http://www.geosociety.jp/name/content0121.html 2021年3月12日閲覧）

大内 県の石なんてあったんですね？ 初めて知りました。

芝原 2016年に制定されて。

大内 めっちゃ最近ですね。

芝原 私もお手伝いしたんですが、日本地質学会という学会が決めました。日本全国47都道府県それぞれを代表する石があります。**栃木県で堂々と選ばれた「大谷石」も、例の岩場の窪地を作っているこの凝灰岩、すなわち岩舟石の仲間なのです。**

大内 まさか、あの岩場が、県の石と同じ凝灰岩だったとは！（笑）。

芝原 どうも古墳時代から利用されてきたらしいです。やはり火に強い石ということで、必殺技を受け止めるにも適していると。

大内 凝灰岩、つまり栃木の県の石が、耐火性に優れていると。

芝原 耐火性については、特撮世界でちゃんと実績もあります。どれぐらいの爆発をあそこで封じこめているか。まず2009年、『仮面ライダーディケイド』の夏映画ですね。オールライダー、昭和から当時最新のライダーまでが集まって、一斉に攻撃を加えるわけなんですが、ちゃんと耐えきってます。

大内 シャドームーンと戦った時ですね。

芝原　そしてキングダークが出てきて、海東が仮面ライダーJを呼び出して、そこにファイナルフォームライドして、巨大なディケイドになる。で、全員で倒す。

大内　オタクな会話ですねえ。

芝原　すみません、見ていないとわからない会話で。

大内　懐かしいですね。この作品、そこの渋谷の東映に初日の初回で見に行って。当時は初めてのオールライダー映画だったじゃないですか。**オールライダーキックした瞬間に、高まった僕の前の席のオタクがドーン！　って立ち上がって、ウオォ〜！って感じになってました。**

芝原　その人の気持ちわかりますね。

大内　あの映画はその記憶しかないですね。あ、もちろんＤＶＤは持ってますよ！

芝原　その人の記憶で上書きされてしまった映画(笑)。

大内　初の集合映画で、めちゃめちゃ高まったんですよ。

芝原　全仮面ライダー集結せよ！　って予告に出てね。

大内　そして、その攻撃に耐えた。

芝原　まずこれが、岩舟石の特撮世界における実績です。さらに、２年後の２０１

1年に『海賊戦隊ゴーカイジャー』という全戦隊が集まるという作品がありましたけど、その1話で敵の大艦隊が攻めてくるということで、対抗すべくそれまでの戦隊、作中ではレジェンド戦隊と呼ばれていましたが、全員集まった。なんと182人！

大内　あれもすごかったですね。

芝原　日本中からスーツアクターさんを集めて撮影したといわれるシーンですが、この182人があそこに集まって、敵の艦隊に向かって必殺技を発射するわけなんですが、そのすさまじい攻撃もちゃんと封じこめている。

大内　全員レンジャーキーになっちゃうくらいの必殺技でしたもんね。

芝原　全員力を使い果たして、レンジャーキーというアイテムに変わってしまうくらいの攻撃で、敵を一掃するという。もう実績としては申し分ないかなと思います。もう1つ、ゴーカイジャーがらみで考えたことがあります。あれは多分攻撃を防ぐためじゃなくて、攻撃を増強するためにも使ってるな、と。

大内　**岩舟石が、防ぐだけでなく攻撃増強まで!?**

レジェンド大戦は「岩舟石」で攻撃最大化！

芝原　レジェンド大戦で、さきほどいったように182人が攻撃するわけなんですが、上空に敵の大艦隊がいるわけなんですよ。あれをやっつけよう、ということでゴレンジャーの……。

大内　アカレンジャー。

芝原　そうです、アカレンジャーが、力を結集して地球を守るといって攻撃を加えるわけです。そうすると、上空にいる敵が一掃されてしまうわけなんですけど、あれは多分地形を利用しています。『モンロー効果』というものがあります。円錐(えんすい)状の窪んだ所で爆発を起こすと、互いにぶつかって1点に集中するんですね。

大内　『モンロー効果』？　それは本当にあるものなんですか。

芝原　あります。工業的にも利用されていて、例えば「はやぶさ2」が小惑星に衝撃を与えて物質を採取する装置にも使われています。とにかく、182人がここでエネルギーを解放すると、上空に集中するのではないかと。

大内　**モンロー効果を使ってたんですねえ。**

芝原 そう、モンロー効果で集中させたのではないか。

大内 あっ、集中させたのでは『ないか』って。

芝原 もちろん公式設定じゃないですよ?

大内 さも当然のように話すから、公式設定かと思いましたよ。

芝原 私の悪いクセですね。もっともらしく話しすぎる。

大内 モンロー効果自体はあるけど、作中でその効果を利用していたかどうかはわからないんですね。さもそういう技があるのかと思いました。でも科学的に説明しってますもんね。

芝原 いずれにしろ、沢山のキャラクターたちが、岩船山で戦ってきました。戦隊もそうですし、ライダーもそうですし、ウルトラマンもそうですし、ガメラも……。

大内 ガメラに岩船山のシーンなんてありましたっけ?

芝原 岩船山のシーンはないのですが、ガメラ3のメイキングで、『ガメラ1999』というものがありまして、岩船山で撮影しているシーンがあります。

大内 あーそうなんですね。

芝原 ガメラ3のプラズマ火球の合成用の素材などは、あそこで撮影されました。あと、『トクサツガガガ』という漫画がありまして、これのドラマ版で『ジュウショウワン』というヒーローが劇中劇で出てきますが、それもここで撮影しています。

大内　岩船山、おそるべし。

謎を解く鍵は「グリーンタフ」

芝原　そんな栃木県や岩船山を作っている火山灰なんですが、いつ頃できたかというとですね、「グリーンタフ」にその鍵があります。

大内　謎を解く鍵、グリーンタフ……? なんか、いい響きですね。僕は昔、バンドで長らくグリーン担当だったので、『タフなグリーン』ってなんかいいですね。

芝原　今思い出しました! そうそう、実は大内さんがグリーン担当なのを意識してこの話題にしてましまして……。

大内　それはウソでしょ。

芝原　はい冗談です、ごめんなさい……。**グリーンタフとは緑色の火山灰の岩という意味です。**詳細はさておき、いつ頃できたかというと、新第三紀の中の最初の時

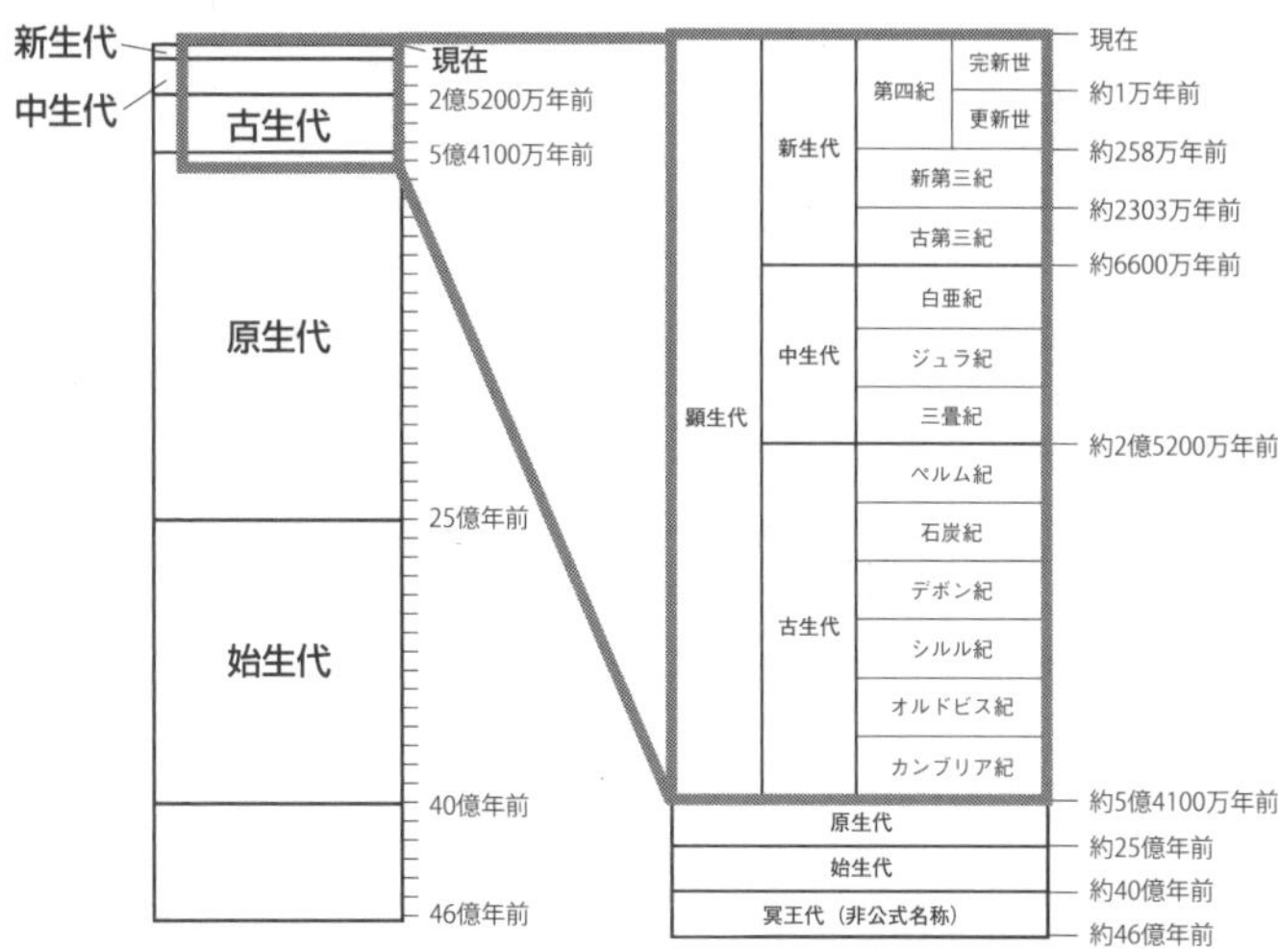

図59　いつもの地球年表。

代、中新世という時代です。これは今から約2303万年前から500万年前くらい。ここでまた、地球の年表を見てみましょう（図59）。

大内　出ました、いつもの年表。

芝原　地球の年齢46億年を等間隔で刻んでいくと図59の左のようになります。現在が上で、46億年前が一番下。ここから5億4100万年前くらいまではほとんど記録がないので、よくわからないのですが、ここから上が、化石がよく出てくるので、どんな生き物がいたかや環境がよくわかっている時代ですね。この分だけを抜き出して拡大すると、右の図のようになります。古生代という恐竜より前の時代があって、その次が、恐竜が沢山いる中生代です。その後、新生代という我々の時代が始まるのですが、その中でも新第三紀と呼ばれる時代の最初です。

大内　こうやってみると、２３０３万年前くらいが、最近のように見えますね。

芝原　約２３０３万年前から５００万年前くらいの間に、先ほどのグリーンタフができたと考えられています。どんな時代だったかといいますと、日本はそれまでユーラシア大陸にくっついていたんですが、それがプレートの運動によって少しずつ引き離されていって、だいたい今現在の位置に移動してくるのが、この期間なんです。およそ１０００万年前くらいに、今の位置にほぼ落ち着いたといわれています。その間に日本海ができました。

大内　１０００万年前ですか、地球の年表ではつい昨日のことですね。

芝原　その影響で、日本中で火山が活発化して、あちこちで噴火していたそうです。その影響で、グリーンタフと呼ばれる凝灰岩があちこちにできたと考えられています。図60で示したところです。

大内　だいぶ広範囲で噴火したんですね。

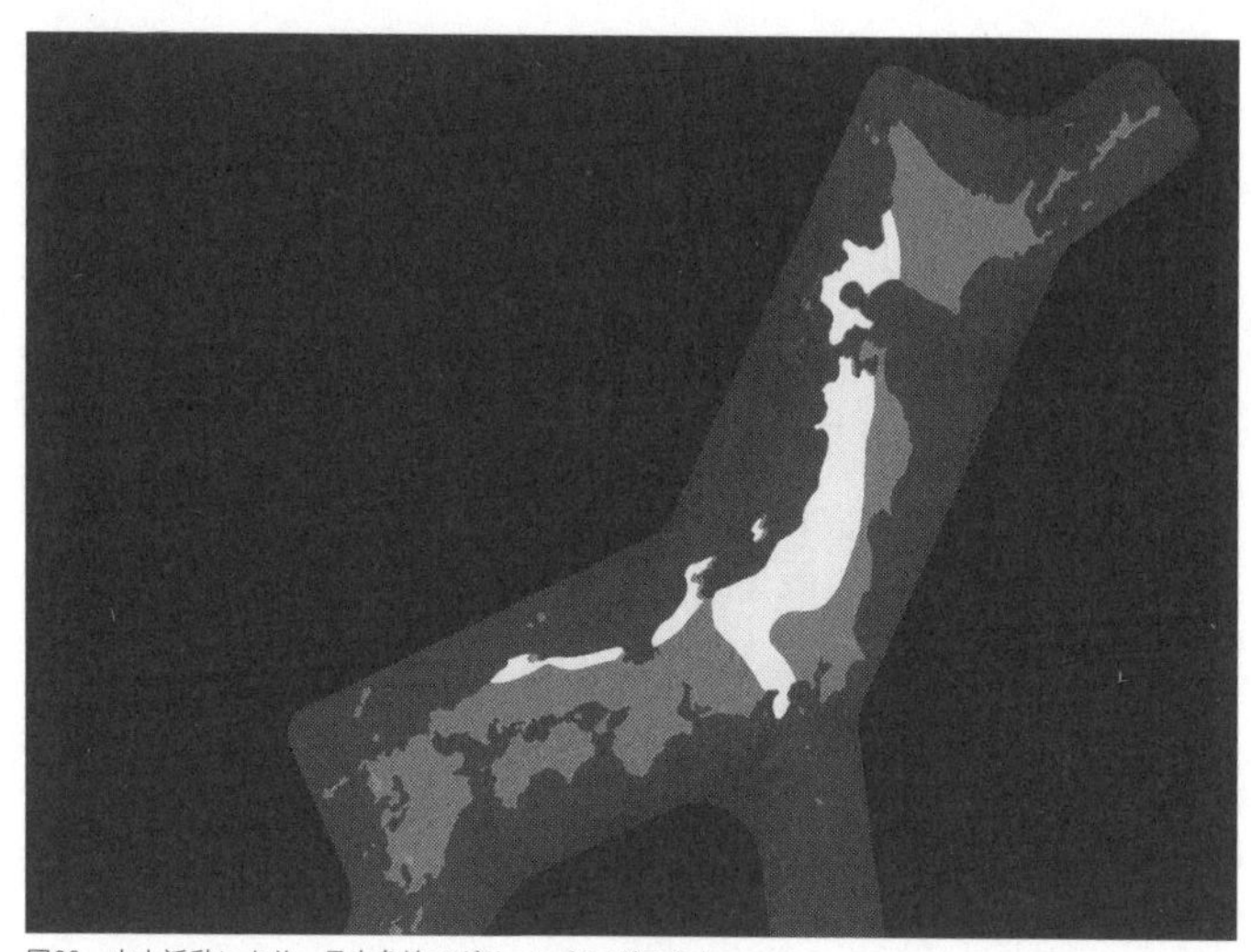

図60　火山活動により、日本各地でグリーンタフができた。

芝原　ええ。北陸沿いにも少したまっています。今回私たちが話題にしている、大谷石や岩舟山の石は、図60の白い部分にたまってできたものと考えられます。

大内　なんでグリーンタフと呼ばれているんですか?

芝原　『緑泥石』と呼ばれる緑色の鉱物が入っているからですね。

大内　鉱物の色なんですね。

芝原　**はい、それでですね、ここでヨドンナの話をします……。**

大内　急ですね。ちゃんとした科学講座からいきなりヨドンナ様の話ですか。

「いつもの岩場」は異世界の入り口？

芝原　地球科学的に、ヨドンナの話はせざるを得ないと思っていまして。キラメイジャーはそれまで、割とお気楽な話が多くて、敵ものんきな感じの人が多かったんですが、急に大真面目な人が出てきました。ヨドンナは、かなり地球科学的な作戦を立ててくる幹部です。この方、26話で恐ろしいことをしでかします。例の岩場で、ヨドンナが周辺の地形をスキャンするシーンがあるんです。おそらく岩船山の北側の部分ですね。このあたりの5か所に、バクダン邪面という怪人を使って爆弾を仕掛けて爆破すると、異世界へのトンネルが開くといっています。

大内　**栃木を爆破すると異世界につながっちゃうんですか。それは怖いなあ。**

芝原　ヨドントンネルという異世界の扉が貫通して、そこから敵の親玉を呼び寄せることができるらしい。栃木恐るべしですね。

大内　ちょっと逆に貫通させてみてほしいですが。

芝原　ちなみにこの辺の岩は強度が高いので、相当な火力が必要です。これまでは栃木を比較的便利な場所だなという風にいってきましたが、ただの便利な場所ではない可能性もあります。そう考えるもう1つの根拠が、2019年にスペシャル番組として放送された『スーパー戦隊最強バトル!!』という作品にあります。

大内　全4話のやつですね。

芝原　はい。ルパンレンジャーVSパトレンジャーが終わったあと、リュウソウジャーが始まる前に、放送されたものです。いろんな戦隊が惑星ネメシスという所に呼び出されて、そこでトーナメントを行うのですが、実はそこに隠された陰謀があった、というお話です。非常におもしろいので、ぜひ見ていただきたいです。ただ、私はここで、すごく頭を抱えてしまいました。他の惑星のはずなのに岩舟山が映るんですよ。

大内　**別の惑星なのに岩船山が……!**

芝原　これまでの作品でも、別の惑星なのに岩船山が映るという事態はよくあったのですが、地球から転送したんだな、くらいにしか思ってなかったんです。しかし今回の作品では、今までと違って、惑星全体にバリアが張られてしまっているんです。だから外から岩船山を持ってこられない。転送波を地球から送ることすらできない。ゴーカイジャーの母艦であるゴーカイガレオンすら入ってこられないので、基本的に外からの出入りは不可能なんです。

大内　今まで解説してきた、さまざまな移動説は使えない。

芝原　直接飛んで行ったり、引っ張ってきたりができない。ということは、ますます岩船山は内部から、地球と他の惑星をつなげているのではないかと。

大内　なるほど。

芝原　このあたりは科学というよりはSF的な考証になりますが。つまりあの一帯はそれぐらい重要な場所なんじゃないかと思います。

大内　ヨドンナが狙うようなトンネルも隠されているし、つながっているからこそ惑星ネメシスにもぱっと移動できる。

芝原　正義の側も悪の側も便利に使っている、要所なわけです。悪の組織としては、こんな便利な場所があったら狙いたくなりませんか？

大内　確かに……。**って、僕に悪の組織側としての意見を求められても！**

芝原　失礼しました(笑)。というわけで、ここまでが岩船山の妄想、もとい考察になります。

大内　すごいですね、地球の中心は栃木だったとは。相当重要な、異次元とのつながりがある。それが栃木。

芝原 間違いないです。もちろん現実の地質学的にも非常におもしろい場所でもあり、特撮においても重要な場所なのです。

大内 栃木には、ぎょうざ、イチゴ、かんぴょう以外に誇れるものが。

芝原 あります！　地形と地質、そして特撮！

大内 全国魅力度ランキング最下位の栃木に！

芝原 あ、茨城から栃木に移ったんでしたっけ。

大内 ２０１９年までは芝原先生がお住まいの茨城県が魅力度ランキング最下位でしたけど、無事、２０２０年は栃木県が逆転最下位に転落しました。県知事がランキングをつけている会社に直談判しにいっちゃって。

芝原 特撮的に考えれば、茨城も重要ですし、栃木は最重要地点なわけです。だから、特撮の世界でも悪の組織にあまり注目されないように、わざと最下位にさせられているのかもしれない。狙われないように、わざとブラフというか、間違った情報を流しているのかもしれない。

大内 ……ではいったん休憩に入ります。

「いつもの神殿」こと、栃木に広がる地下空洞の正体とは!

大内　栃木の魅力を再発見。特撮の地球科学でございます。ここからは、我が何もない故郷・栃木県が、宇宙の中心、地球の中心、という説を更に強固なものにしていただきたいと思います!

芝原　大内さんの栃木県と、私の茨城県、どちらも魅力度最下位ではない。すごく重要な場所であるということを、これから更に深掘りしていきたいな、と思います。

大内　お願いします。

芝原　栃木の地下空洞の秘密に迫っていきたいと思います。

大内　いいですね、地下空洞。

芝原　それだけで我々は滾(たぎ)りますよね。

大内　オタク心をくすぐります。

芝原　今回も作品を1つ選んでいきたいと思います。『ウルトラマンティガ THE FINAL ODYSSEY』。2000年に公開されたティガの劇場版ですが、この作品で神殿が印象的に使われています。

大内　もう20年前の作品なんですか……。

芝原　この写真が改めて見る「いつもの神殿」です（図61）。聖地巡礼がお好きな方は訪れたことがあるんじゃないでしょうか。

大内　僕も行ったことがあります。

芝原　地下空洞に、岩を切り出した箇所があちこちあって、異世界感ばっちり。

大内　ここは本当にすごいですよ。

芝原　しかも最近どんどんきれいになっていて、観光地としても非常に人気があります。

大内　そうなんですか？　場所は本当に山の中ですよね。

芝原　カフェが併設されていて、ランチがおいしいんですよ。観光地として整備されてきていて、家族で行くのにもオススメの場所です。正しくは大谷石地下採掘場跡、現在は大谷資料館と名前を変えて、採掘場だった時代の資料を展示して、中も見られます。採掘場としては１９１９年から１９８６年までの間、稼働していたそうです。

大内　結構最近まで採掘していたんですね。

図61　「いつもの地下神殿」こと栃木県の大谷石地下採掘場跡。

芝原　私が小学生くらいの頃まで、採掘していたようです。先ほども話題に上った大谷石は、ここからも切り出していました。元々空洞はなかったんです。

大内　**ほうほう、県の石を切り出した結果、ここに空洞ができ、地下神殿になったと。**

芝原　中の広さは、公式サイトによると約2万㎡、140m×150m。野球場1つ分、だそうです。

大内　そんなにちっちゃかったんですか。東京ドーム◯個分の広さ！　みたいな数字が出てくると思ってました。

芝原　私たちの感覚ですと、秘密基地が何個も入ってるように思いますよね。実際に中に入ると広く感じますし。

大内　思っていたほど広くないんですね。1周回るのにも、結構時間かかるのに。

芝原　ここは、『ウルトラマンティガ』の映画版では、超古代遺跡ルルイエとして登場します。クトゥルフ神話のルルイエをモチーフにした名前だと思います。ウルトラマンに限らず、戦隊とライダーでも多数登場します。キラメイジャーでも出てきます。

大内　龍騎でも出てきました、出てきたのはこの上の地上部分ですが。２０１９年に制作されたスピンオフでは、この大谷採掘場の上で戦っていました。あと、リュウソウジャーでも出てきていましたね。第１話で登場する神殿がここです。

芝原　地下空洞だけじゃなくて、その上の方にも当時の採掘場のなごりがあるので、そこもよく撮影に使われています。大谷石も岩舟石も凝灰岩の一種です。中新世（約２３００万年前から５００万年前）にできました。

大内　**２３００万年前って考えるとすごいですね、石ってすごいなあ。**

芝原　恐竜の時代ほど古くはないけれど、その後の時代にできた、グリーンタフと呼ばれる岩石の一種で、先述の通り県の石にもなっている。です、が。ここで１つ矛盾が生じます。

大内　矛盾、ですか。

「いつもの神殿」がはらむ矛盾を考察せよ！

芝原　そうなんです、矛盾が……。この年表を見てください（図62）。現実世界と特撮世界が少々交錯していますが。

大内　えっ！　今更ですか！

芝原　まあまあ。ちょっとここを注意深く見ていきたいと思います。誤解のないように。まず特撮のSF部分、超古代遺跡ルルイエは3000万年前のものです。ティガのあの人たちは、3000万年前から来ている。ウルトラシリーズを説明する時に難しいのは、普通は数万年前の話が多いのに、ウルトラマンティガの関係者は3000万年前なんですよね。

大内　なるほど。

芝原　非常に考察に苦労するところなんです。とはいえ、年表でいうと、グリーンタフができたのはだいたい2300万年前の中新世からです。それが今の大谷石の採掘場の中で発見された。ところが、ルルイエが作られた時代って、それより前なんですよね。

大内　あ～本当だ、明らかに時代が合わない。

芝原　本来だったら、大谷石ができたあとにルルイエが建造されないといけないのに。しかもルルイエの遺跡って、大谷石のあの空洞がそのまま出てきてて、石像化したウルトラマンが並んでいるんですが、あの空洞は人間が掘ってできたものなので、それこそ最近できた場所なんです。ここ100年くらいでできたもののはずなので、明らかに時代が合わないわけです。

大内　ずっと前にあったはずのものが、なぜか現代の日本に出現しているのか、これはおかしい。

芝原　これはなかなか科学的にものをいうのは難しいところなんですが、少なくとも、状況証拠から考えると、これは時間移動しているとみなすしかないかな、と。

大内　**状況証拠から時間移動（笑）**。

芝原　原理はわかりません。というか、これから解明されていくものと思われますが、3000万年前の遺跡が、現代に転送されているようだと。

大内　なるほど、そういうことですか！　……ハッ、だんだん毒されてきました。

芝原　SF的なことをもっともらしくいっております。とにかく、作品のあの光景を成立させるには、こう考えるしかない。つまり、栃木の地下には、時間を移動させる何かがある。

大内　宇宙とつながってるだけじゃなくて。

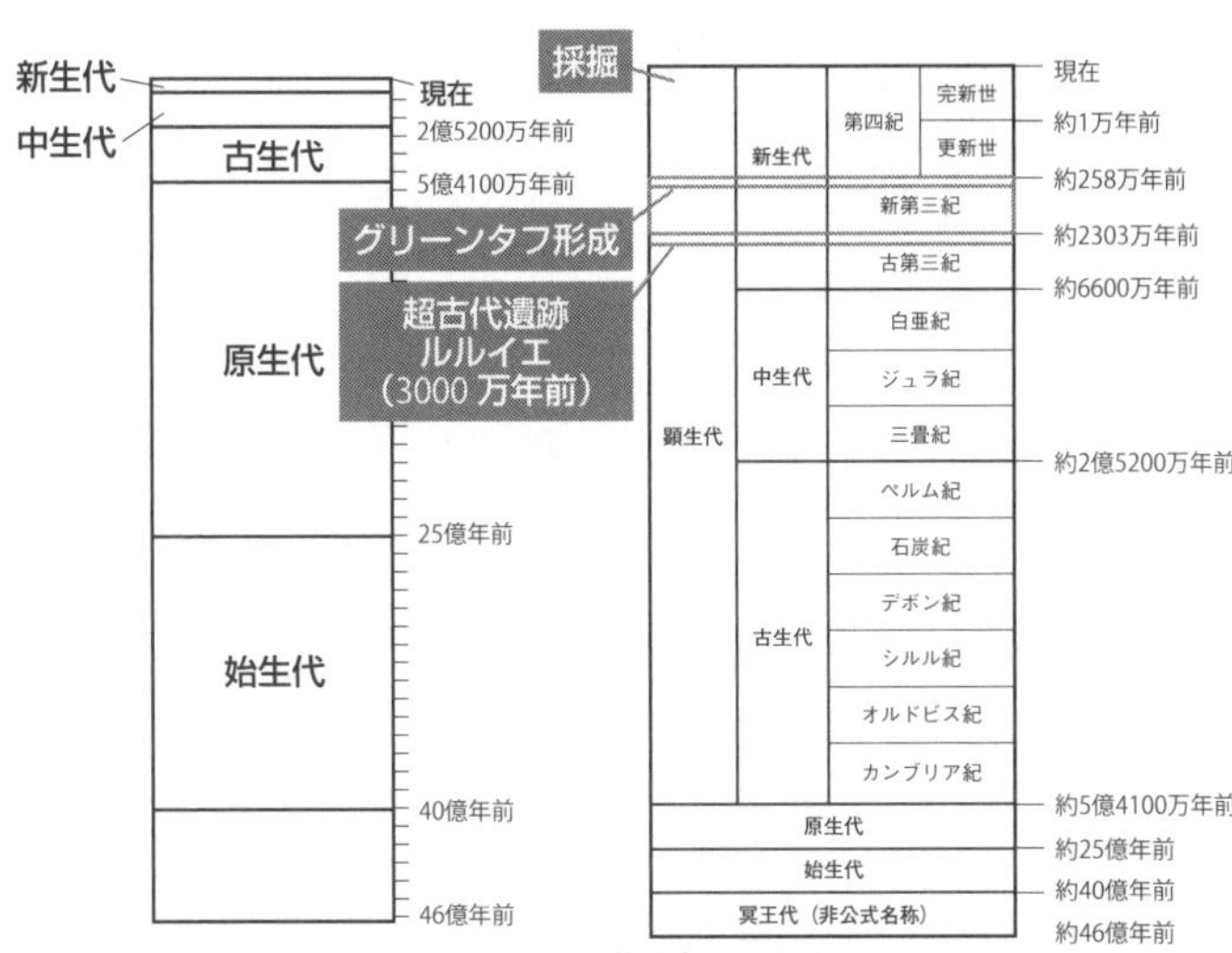

図62　大谷石の採掘と超古代遺跡ルルイエの年代的矛盾を示した図。

芝原　つまり、時間も移動できる、空間も移動できる。

大内　栃木すごいですね。

芝原　更に、もう1つ機能があります。異世界にもつながります。

大内　はい……。

芝原　先ほどヨドンナのところでもいいましたけど、別の世界にもつながる力があるらしい。これは、私と同じお父さん世代たちがご存知の『仮面ライダーBLACK RX』。1988年の作品ですけれども、これも最終回で神殿である大谷石地下採掘場跡が出てきます。なぜこれを取り上げたかというと、非常に印象的な使い方をしていたからです。敵の親玉であるクライシス皇帝は、自分たちの世界の臣民50億人を神殿に転送しようとします。

大内 バルタン星人よりも多いですね。

芝原 彼らはちっちゃくなってましたけどね。

大内 小さくなって20億人でしたっけ。

芝原 クライシス皇帝は50億人を転送しようとしていました。

大内 神殿って、野球場1個分の広さしかないんですよね。どうがんばっても、50億人は入らないですよね。

芝原 ちょっと前の地球の人口と同じくらいですもんね。**となると、おそらく空間が拡張されている?**

大内 あはは、その手がありましたか。

芝原 敵が事前に綿密な計画を立てて、50億人を送ろうとするくらいですから。

大内 50億人入るぞって、確信があったわけですよね。

芝原 ライダーの世界ではあそこには多分、いわゆる圧縮された空間のようなものがあるのではないかと。その証拠に、敵が最終回に怒っていってくるんですよ。「君たち地球人が地球の環境を汚染させたものだから、こっちの世界にまで環境汚染が染み出してきたぞ!」と。当時、1990年前後って環境問題が大きく注目されだした時代でしたね。

大内　おお!　重要な証言ですね。つながっていると。

芝原　そうなんです、異世界にほぼダイレクトにつながっている描写があります。こちらで環境を汚すと、向こうの環境も汚染されてしまう。

大内　大谷石採掘場は、既にあちらにつながっている。

芝原　定常的につながっている可能性がある。以上の話をまとめますと、特撮の世界では足尾山周辺になんらかの時空転移装置があるのではないかと思われます。時間を移動できる、空間も移動できる、更に違う世界にも移動できる。

大内　**栃木、そんなにすごかったんだ。そりゃ全宇宙から狙われますね。**

栃木は、特撮的には激アツ

芝原　地学的には、ああいう形をしていて、こういう岩石がありますよ、としかいえないんですが、状況証拠を見るとそういうことなのではないか、と。

大内　ガメラでもレギオンと戦った足利市もこの辺でしたっけ。足尾山地周辺ですから。

芝原　レギオンも地球外からやってきた侵略者ですので、地球の一番大事な所、栃木を狙っていたのではないか。

大内　時空転移装置は、正確にはどこにあるんでしょうね。

芝原　どこなんでしょうねぇ。

大内　足尾山地周辺、ヨドンナ様が壊そうとしたあたりにあるかもしれないし、なんならもう既にどこかで異世界への扉が開いているかもしれない。

芝原　これから先、いろんなケースを調べていきたいと思いますが、そのうち判明するかもしれませんね。どこが一番狙われやすいのか。

大内　そういえば、大谷石地下採掘場跡って、上に平和観音という大きな仏像があるんですよ。あれが、『ウルトラマン80』のズラスイマーっていう怪獣を封印している、っていう設定があるんです。それで、仏像が倒されちゃって、怪獣が登場して、最終的にはウルトラ観音光線っていうので封印される。

芝原　そんな設定あったんですね。

大内　ウルトラマンが観音像を持って、ビビビビーッて光線を出すと、そのまま封印されちゃう。

芝原　なるほど。

大内　つまり、あの神殿は怪獣も封印できる。意外とあの仏像が大きいんですけど。

芝原　何10mもあるものなんですか。

大内　ちょうど岩肌くらいの大きさですね。

芝原　だいぶでかいですね。

大内　外からは見えないですよ、岩に囲まれてるんで。**でも、あの仏像が結構怪しい気がしますね。**

芝原　キーとなるアイテムかもしれません。とにかく、栃木は重要な場所であるということを、ここで強調したいと思います。それに対して、次は茨城！

大内　つくばだ！

芝原　北関東第三の特撮聖地。いってみたいと思います。

「いつもの広場」と仮面ライダー

芝原　変身すると、いきなり風景がつくばに変わる。あれはなぜなのか。これについて科学的に分析していきたいと思います。

大内　つくばを舞台にした作品は数限りなく……というか、ほぼ毎年ありますよね。

芝原　ここでは、2010年の作品である『仮面ライダーオーズ／OOO』と、2020年までやっていた『仮面ライダーゼロワン』の2作品をピックアップしたいと思います。仮面ライダーも一応、簡単に説明をしてみたいと思います。主人公が巨大化しない等身大のヒーローです。もちろん、例外はあるんですけどね。

大内　仮面ライダーJさんのように巨大化するのもいますけど、基本的に等身大で戦う。

芝原　そしてバイクに乗ります。……これも結構例外がなくはないんですが、基本的にバイクに乗るので、『仮面ライダー』と呼ばれます。昭和から始まって、平成、令和と、3つの時代にまたがって、とても魅力的なライダーたちが活躍しています。

大内　変身方法もさまざまですよね。

芝原　昔は人体ごと改造されてましたし、今だとバイオテクノロジーですとか、クウガのように古代の力で変身するとか、ダブルのように地球の記憶で変身するとか、多種多様なライダーがこれまで出てきています。これを踏まえて、彼らが活躍している、**つくば駅前の「いつもの広場」**を見ていきましょう（図63）。

大内　でました、「いつもの広場」！　見覚えがありますね。

芝原　非常にきれいな窪地になっています。

大内　石柱とか、階段とか、いろいろオブジェがあるのがいいですよね。

芝原　あと山があったり。基本的に人工の地形なので、非常にきれいにえぐれた窪地になっています。つくば駅北にあって、駅のロータリーのすぐそばに、写真のようにぼこっと穴があいています。近くにＪＡＬ系列のホテルが建っています。長い方の直径が60ｍぐらいで、岩船山よりはだいぶ小さい。

大内　ほぉー。

芝原　オープンしたのが１９８３年の６月。

大内　結構昔ですね。万博の頃？

芝原　万博合わせ、というかつくば科学万博のちょっと前にできました。私の記憶

【つくば駅前の「いつもの広場」】
正式名称は「つくばセンター広場」。茨城県つくば市吾妻1丁目の「つくばセンタービル」という複合施設にある広場で1983年にオープンした。つくば市を代表するランドマークであり、建築家の磯崎新氏による作品でもある。現在は、コワーキングプレイスの「up Tsukuba」などがあり、つくばの研究者やスタートアップ関係者が集まる施設でもある。2005年につくばエクスプレスが開通し、同地の近所につくば駅がつくられた。

図63 「いつもの広場」こと茨城県のつくばセンター広場。窪地になっている。

が確かなら、特撮に初めて登場したのが1984年の『超電子バイオマン』のオープニングです。

大内 めっちゃすぐに使われてますね。

芝原 これより前に使われた例がないかとずっと探しているんですが、だれかご存知の方がいらっしゃったら、教えてください。

大内 『バイオマン』のオープニングですか？

芝原 はい。レッドが、このホテルの前でポーズをとるんです。

大内 ちょっとあとで見てみます。

芝原 ぜひ確認してみてください。

もう1つ、2011年の『仮面ライダーオーズ／OOO』の劇場版で使われています。

大内 『オーズ・電王・オールライダーレッツゴー仮面ライダー』ですね。

芝原 ここで、主人公の映司とアンクが危機に陥ってしまうのですが、敵に処刑されそうになっているのを、見ていたギャラリーが最終的に助ける場面があります。そして！ そのギャラリーの中に！ **我らが大内ライダーさんが、隠れていた！**

大内 そうなんです。この時、僕は普通にエキストラに応募して参加したんですよ。集合時間が朝7時半とかだったので、始発で行って、ギリギリ間に合って撮影に参加しました。確か1月ですごく寒かったんですが、公開が春だったので、冬服は着用禁止でした。

芝原 ありますよね。実際の撮影と、公開の時期が全然違う。

大内 だから、ちゃんと春服で撮影に参加してください、といわれました。僕は赤いシャツを着て、遠くに映ってるはずですよ。**アーマーゾン！ アーマーゾン！ ってやったりして。**

芝原 なるほど、アマゾンコールの人だったんですね。決してヒーローが正体を隠して紛れ込んでいたわけではなくて、一般人として。

大内　そうですよ、だってこの頃は芸名も違ってましたし。

芝原　２０１１年の話ですもんね。

「いつもの広場」は狙われやすく、守りやすい

芝原　まずは、広場のそれぞれの場所を見ていきます。図64がいつもの広場で、①から⑤まで番号をふってみました。

大内　同じ場所でもカメラを向ける方向でだいぶ違いますよね。

芝原　最近割とよく使われるのが、①の場所ですね。ここに小さな広場がもう１つ作られていて、石柱のオブジェがジオウなどでもよく使われている。『バイオマン』のオープニングで使われているのが②。昔**筑波第一ホテル**と呼ばれていたのですが、現在はＪＡＬ系列に変わっています。ここを見上げてレッドがポーズしているシーンがあります。天然の岩石で小山が作られていて、よく子どもが登って遊び場にしているのが③。

大内　レッツゴー仮面ライダーで映司とアンクが磔（はりつけ）にされていた場所ですね。

【筑波第一ホテル】
つくばセンタービルにあるホテル。科学万博つくば'85の開催時に作られた展示館をそのまま利用している。２００１年までは「筑波第一ホテル」の名称だったが、その後「オークラフロンティアホテルつくば」となり、現在は「ホテル日航つくば」となっている。つくばで頻繁に行われる国際学会の出席者や、大学を受験する学生が宿泊する定番の場所でもある。

芝原　この辺はウィザードでもよく使われていて、特徴的な階段があります。『キラメイジャー』でよく使われているのが、④。カメラを東から西に向かって切り返すと、建物の雰囲気が違うので別の街に見えます。あとは⑤ですね。北から南に向かって広角レンズで撮るとこんな感じになります。割といつもなんとなく背景に映りこむ風景。

大内　背景っぽさがありますよね。

芝原　これまでの作品で、この広場は本当に沢山出てきています。ちょうど駅前のつくばの中心地にあります。そこから1・5㎞四方を切り抜いた地図が図65なんですが、そのエリア内に非常に多くのものがあります。広場の北側に、松見タワー（松見公園展望塔）という建物があります。

大内　まつみたわー？

芝原　『ライブマン』のオープニングに映ります。そのすぐ近くに、**つくばエキスポセンター**。これは、つくば万博の跡地の1つで、現在は科学館になっています。これがキラメイジャーの12話でCARATの施設の1つとして登場します。この風景の背後に大きなパラボラアンテナが合成されていて、敵の観測をしている設定でし

【つくばエキスポセンター】
つくば駅前にある科学館。実物大のH-IIロケットの模型が展示されており、駅のホームから地上に上がると、北側にロケットが見える。つくばを初めて訪れた人が、最初に仰天する風景である。宇宙工学から生命科学、地質学、ノーベル賞研究者の研究内容に至るまで幅広いテーマを網羅している。科学万博つくば'85開催当時の展示物を見ることもできる。（参考：つくばエキスポセンター公式サイト http://www.expocenter.or.jp/ 2021年3月12日閲覧）

た。

大内　あー、ありましたね。

芝原　あと、ここにロケットが建っています。もちろん実物大の模型なんですが、特撮の中で飛んだことがあります。

大内　えー、どの作品ですか。

芝原　1996年の『激走戦隊カーレンジャー』です。実は私、当時まだ学生でヒマだったので、撮影を見てました。そしたら、スタッフさんがロケットの下でスモークをたいてました。実際の放送を見ると、ロケットが飛んでいたのです。そして、10年前の『仮面ライダーフォーゼ』では、JAXAのロケットや中の展示施設にみんなで遊びに来るという話がありました。あと、オープニングで、フォーゼが屋外展示のロケットの横を飛んでいくシーンがあります。

大内　気づかなかった……。

芝原　第一部でも触れました、私の研究室があるつくば研究支援センターでは『ゴジラVSビオランテ』のワンシーンも撮影されました。特撮の聖地ですね。

大内　サラジア共和国の研究室でしたっけ。

【つくば研究支援センター】
つくば市にある産・学・官の交流拠点。大学の研究者や民間の研究室などが数多く入っており、分野の壁を越えた研究を通して数多くのイノベーションが生み出されている。芝原氏が運営するベンチャーも、ここに拠点の1つを置いている。内部の様子は、学生起業をテーマとした漫画「ハルロック」で描写されている。（参考：つくば研究支援センター公式サイト https://www.tsukuba-tci.co.jp/　2021年3月12日閲覧）

図64　つくばセンター広場の特徴的な5か所。（右上の写真は国土地理院空中写真、それ以外は芝原氏が撮影）

芝原　そうですね。決して、特撮の聖地だから私はここに研究室を構えたわけではありませんよ？

大内　本当ですか？

芝原　すごくいい条件で研究室を借りられる場所だったので、ありがたく使わせてもらっています。

大内　白神博士みたいですね。**抗核エネルギーバクテリアは作らないですか。**

芝原　ゆくゆくは作ってみたいですね。

大内　作る気がある!?

芝原　（ニヤリ）もう1つ、私がかつて所属していた産業技術総合研究所、というものがあります。略して『産総研』。ここで『仮面ライダーゼロワン』と、『騎士竜戦隊リュウソウジャー』などの撮影が行われました。

大内　サンソウケン、かっこいい！

芝原　それまで撮影に使われるのは外観が多かったのですが、ついに研究所の内部も登場しました。私の研究室が入っている隣の建物のガラス窓を割りながらバイクが走る、というちょっと勘弁いただきたい映像がCGで作られていたようなんです

【産業技術総合研究所】
正式名称「国立研究開発法人産業技術総合研究所」。略称「産総研（さんそうけん）」。経済産業省が所管する、日本を代表する公的研究機関の1つ。本書に登場する「地質標本館」もこの研究所内にある。地質学、生命工学、電子工学など最先端の研究が幅広く行われており、研究成果の知的財産化など社会還元にも力を入れている。さらに北海道から九州まで数多くの地域センターをもち、全国規模でのネットワーキングが行われている。「サイエンス・スクエアつくば」という展示施設も有しており、産総研が開発したロボットなどの技術を見学できる。ロボットの一部は『機動警察パトレイバー』などで有名なメカニックデザ

図65　つくば市の中心地の特撮マップ。（地図調整：田中英一郎氏）

イナーの出渕裕氏が手がけた。（参考：産業技術総合研究所公式サイト https://www.aist.go.jp/ 2012年3月12日確認）

が（笑）。

大内　それは大変でしたね。芝原さんがご無事で何よりです（笑）。

芝原　ちょっとずつ、敵の魔の手が研究所の中にまで入ってきているという架空の映像でした。さて、少し脱線してしまいましたが、本題に戻りましょう。なぜつくばが狙われるのか、その理由。今からおそらく特撮の地球科学で唯一まともなことをいいます。**先端研究は狙われるから！**

大内　めっちゃまともですね。確かにその通りです。

芝原　これはどんなにヘリクツをこねようとも、外れないなと思います。

大内　サラジアもそうですもんね。

芝原　いろんな人が、がんばって日夜研究をしています。バイオから化石、人工知能などコンピュータ関連もやってます。そう考える根拠もあって、『キラメイジャー』の第3話、時間にして約6分頃から例の広場が映るんですけど、そこに図66のポスターが貼られているんですね。

大内　劇中にこのポスターがある？……つくば、みに、めいかーふぇあ？

芝原　『Tsukuba Mini Maker Faire 2020』、これがどういうものかというと、世

【Tsukuba Mini Maker Faire 2020】
Maker Faireは、DIY・ものづくりの祭典として世界200か所以上で開催されているイベントである。DIYとは「Do It Yourself」、つまり人任せにせず自分でやる、の意味。この精神にのっとり、ものづくりに長けた研究者や技術者、愛好家が集まるイベントである。最初のMaker Faireはカリフォルニアで行われ、2013年の第8回では12万人以上の来場者が記録された。さらに各地のコミュニティが運営するMini Maker Faireが世界中で行われており、Tsukuba Mini Maker Faireはその中でも科学都市つくばらしく、産・学・官・民でチームを組んで行われ、新しい学術・研究

図66『Tsukuba Mini Maker Faire2020』のポスター。

界中からものづくりをする人が集まって、展示をしようというイベントです。私も実行委員および審査員として参加したのですが、こういう最先端の科学イベントのポスターが劇中に映りこんでいるんですね。

大内　キラメイジャーの劇中でもつくばでイベントをやっていた、ということですか。

芝原　あの世界でもやっていたんです。イベントは2月15日に開催されています。このポスターを貼ったのが2019年の暮れくらいなので、おそらくキラメイジャーの敵であるマンリキ邪面さんがつくばにやってき

や、スタートアップベンチャーの創出を目指している。（参考：Tsukuba Mini Maker Faire 2020 https://tmmf.jp/2020/ 2021年3月12日確認）

たのが、2019年の12月から2020年の2月の間である、と推測できます。

大内　マンリキ邪面の話でしたか。ブルーの頭が締め付けられるやつですね。

芝原　そうです。もうブルーの目が血走っちゃってて、という話ですね。詳しくは公式の配信を見ていただければ、と思います。とにかく、いろんな所から狙われるような先端技術がある、ということをキラメイジャー3話を見て確信しました。

大内　あはは。

芝原　誤解のないように強調しておきますが、これは特撮の世界での話です。現実の世界でこのイベントは大盛況のうちに無事閉幕しています。狙われたのはあくまでキラメイジャーの世界のつくばです。

それは、人工的に作られた岩船山だった！

大内　すごい、衝撃の見出しが右にありますが。

芝原　**これが今回の結論です。**

大内　結論……これが……（笑）。

芝原 栃木がなぜすごいのか、という話は何度もしましたよね？

大内 はい、さんざん話を聞いて納得しました。

芝原 いろんな利点がありました。第一の利点として、わざわざあそこに敵ごと移動して必殺技を撃つわけなんですが、その衝撃が外に漏れないように岩船山の地形で封じこめている。しかも、その効果はさまざまな番組で実証されている。

大内 オールライダーや『ゴーカイジャー』で実績がありましたもんね。

芝原 となると、狙われやすいつくばですから、同じようなものを作りたくなりますよね？

大内 な……なるほど。確かにいつもの広場、完璧なドンブリだ。

芝原 そうです！ **この広場は学園都市つくばとともに作られた、人工の岩船山なのです！**

大内 おお～、狙われることをあらかじめ見越して作った。

芝原 説明していきたいと思います。今おっしゃっていただいたように、ここは人工の窪地になっています。長径が60m、高さが6m。

大内 割と高いんですね。

芝原　はい。そうはいっても、岩船山に比べればもちろん規模が小さいです。どういう時に使うかというと、緊急時の対応用かなと思います。岩船山に転送する時間的な余裕がない時、岩船山ほどの大規模な防衛装置が必要ない時。岩船山はもう完璧な防御地形ですから、あそこまでの機能が必要ない、つまり敵がそこそこ小規模であった時に使われるのではないかと。

大内　なるほど……なるほど？

芝原　小さいとはいっても、岩船山と違って完全な人工の地形……岩船山も採掘でできた窪地ではありますが、つくば駅前の広場はそれよりもずっときれいな窪地になっています。だから、どこかが欠けていて攻撃が脇から漏れる、ということもおそらくないのでしょう。

大内　確かにしっかりしてますね。

芝原　**最初から、攻撃を封じる目的で設計されている。**

大内　そのために設計されてるんですか。

芝原　そう考えるもう1つの根拠は、この広場が天然の岩石でできている箇所が多いことです。

大内　ふーん？　天然の岩？　コンクリートとかではないんですか。

芝原　どういうものを使っているかというと、花崗岩（かこうがん）と呼ばれる岩石です。もちろん、部分的には工業用のタイルが使われている所もありますが、多くの部分が花崗岩でできています。

大内　ここで出てくるのは、凝灰岩でできた、栃木県の県の石こと「大谷石」ではなくて、花崗岩なんですか。

芝原　そうなんです。広場で使われているのは花崗岩です。ビルの壁や床、あるいは墓石などによく使われています。非常に沢山ある岩石なので、さまざまな建築物や構造物に使われています。特に、いつもの広場では地元でとれた『稲田石』というものが使われていると聞いています。

大内　ちゃんと地元の天然ものを使っているんですね。

芝原　はい。つくば周辺の花崗岩がいつごろできたかというと、大谷石よりはだいぶ前の時代、恐竜が滅んだ前後くらいの時代にできたと考えられています。特徴としては、非常に硬いです。

大内　**完全に戦闘用、防御用じゃないですか、花崗岩！**

芝原　たしかに(笑)。一方で、凝灰岩より耐火性は低いです。
大内　爆風には強い？
芝原　爆風……は実験したことがないのでわかりませんが、衝撃には強いかもしれません。ただし、熱を直接加えられると、少々弱いかもしれません。
大内　完全に小規模戦闘、というか怪人を倒したら爆発するような、炎上というよりは爆発に耐えられる構造になっている。完全に戦闘用に作ってますね、広場！
芝原　しかも、これもまた県の石なんですね。
大内　**ハイ、出ました県の石！**

「県の石」が世界を守る

芝原　先ほどの大谷石は栃木県の石、花崗岩は茨城県の石、ちゃんと県の石が使われているんですよ。
大内　今日だけで、県の石を2個も知っちゃいましたね。やっぱり県の石って重要ですね。

芝原　そうなんです。しかも特撮の世界では、その土地の石がその土地を守ってくれるという、これもまたロマンですよね。ちょっと真面目に両者を比較したいと思います。左の写真が凝灰岩（大谷石）で、右の写真が花崗岩ですね（図67）。今、私の手元に両者の耐熱性や強度を比較した資料があります。**天然石は素材が一定ではなく、ケースバイケース**なので、あくまで1例だと思って聞いてください。

大内　はい。あくまで例ですね！

芝原　まず比重。花崗岩の方が、凝灰岩の約1・7倍ほど比重が大きい。つまり同じ体積の塊であれば、花崗岩の方が重いのです。

大内　密度が違うってことですね。

芝原　そうです。次に耐熱性ですが、花崗岩が570度くらい。繰り返しになりますが、天然石の場合1個1個状態が違うので、あくまで1例だと思ってください。それに対して凝灰岩は1000度、かなり開きがあります。さらに強さ、すなわち強度ですね、面積あたりどれぐらいの強さに耐えられるか、という数値です。凝灰岩はやっぱり、非常にもろいので、火には強いけど衝撃には弱い。

大内　圧縮の強度は約16倍の差があるんですね。

【天然石は素材が一定ではなく、ケースバイケース】
どの岩石も、実際には鉱物の組成などに大きな幅があるため、決して一概にはいえない。（参考：『薄片でよくわかる 岩石図鑑：含まれる鉱物や組織で種類を知る』チームG（著）、2014年、誠文堂新光社　※芝原が堆積岩の項目を執筆しているほか、産総研の岩石の研究者が多数参加している）

図67　花崗岩と凝灰岩。（写真：GSJ地質標本データベース　https://gbank.gsj.jp/musee/　2021年3月12日閲覧）

芝原　はい。それに対して花崗岩は、火に弱い……わけじゃないんですが、凝灰岩に比べてやや弱い。でも強度は折り紙付きである、と。

大内　燃やしたい時は栃木に飛ばして、爆風で吹っ飛ばしたい時には茨城に飛ばす。

芝原　そうかもしれません。ライダーでフォームチェンジすると、それぞれ特性が変わりますよね。そういうのに合わせて、戦う場所も変える。

大内　ファイヤーっぽい時には、栃木なんですね。

芝原　できればそうしていただきたい。

大内　ウインドっぽい時には茨城。

『特撮三大いつも聖地』まとめ!

芝原　なぜこの3か所がいつも映るのか。いつもの岩場、栃木の岩舟山ですね、あれは首都圏を怪人や悪の組織から防衛するために使われていたのではないかと。つまり必殺技の力を封じこめる防衛装置だったのではないか。

大内　すごいですねえ。

芝原　いつもの神殿、栃木の大谷石採掘場ですね、あれは時空を移動するための便利な装置。しかし敵からも狙われやすい、という欠点もある。

大内　さらに異次元とつながっている可能性などが指摘されました。

芝原　**栃木のあの2か所には、特撮世界の戦況を大きく左右しかねない、非常に価値のある施設が眠っている**、というのが今回の考察でした。それを踏まえて、つくばにあるいつもの広場はいったい何なのか。

大内　栃木にこれだけ便利な施設があるのだから、つくばに再現しない手はない、ということで作られて……。

芝原　**科学都市つくばを防衛するために作られた人工の岩船山。**それがいつもの広場の役割だった。

大内　首都圏防衛用……。そういえば昔、栃木には首都移転の構想がありましたよね。確かに、栃木だったらこういう防衛施設もあるし、いいかもしれませんね。

芝原　そうですね。

大内　**防衛施設、っていうか、ただの岩場なんですけど(笑)。**

芝原　いやいやいやいや。

大内　**第3新東京市**も、栃木に作ればよかったのに。

芝原　ありうる話ですよね。特撮の世界においては、首都が移転してくる可能性があるかもしれない。

大内　やっぱり栃木ですね。僕は首都が移転してきてほしいです。

芝原　栃木と茨城は、決して魅力が低い土地ではないということを、2人で声高に主張していきたいと思います。

大内　栃木は宇宙の中心、そして、それを模した防衛施設がつくばにあると。

【第3新東京市】
アニメ『新世紀エヴァンゲリオン』および『ヱヴァンゲリヲン新劇場版』に登場する架空の都市。箱根の芦ノ湖北岸にあるという設定。実際には、作中で登場する使徒と呼ばれる架空の生命体を迎撃するために作られた使徒迎撃専用要塞都市。

芝原　**北関東こそが、日本の、世界の科学を守る場所である。茨城栃木が宇宙で一番重要な場所だと。**

大内　地球上で唯一時空移動できるのが栃木。

芝原　かもしれない。更にいろいろな作品を分析して、考察を深めていきたいと思います。

大内　この本が発売されたら、栃木でフェアをやりたいですね。

芝原　これで今日のテーマについては終わりです。

大内　**栃木の魅力を再発見!**

芝原　ありがとうございました!

【第四部】

ライダーで「悪墜ち」しがちな古生物学者、および研究と特撮の話

悪堕ちした古生物学者の代表格『仮面ライダーW』のラスボス

芝原　これまではいろんな特撮を地球科学で無理やり解説していましたが、ここでは視点を真逆にして、地球科学が元ネタになっている特撮を選りすぐって解説し、また作品に登場する研究者の方々をご紹介したいと思います。そして、古生物学者が悪堕ちした話もします。

大内　恐竜モチーフのヒーロー、大好きです。ジュウレンジャーとか。

芝原　大内さんが最初にハマったレンジャーでしたっけ？

大内　お初ではないのですが、いまだにグッズを買ってしまいますね。それくらい大好きです。

芝原　ジュウレンジャーの玩具はかなりプレミアがついてますよね。

大内　でも今は**ハズブロ**でいっぱい出てて。

芝原　むしろチャンスなんですね。

大内　ガンガン新作が出てます。海外のもありますし。

芝原　買わねば……。ではまず、最初はライダーから話をしていきたいと思います。

【ハズブロ】
ハズブロ（Hasbro, Inc.）。米国の玩具メーカー。近年はスーパー戦隊シリーズの海外版である『パワーレンジャー』シリーズの制作にも関わっている。パワーレンジャーシリーズは、1993年に『恐竜戦隊ジュウレンジャー』を英語版にローカライズした『マイティ・モーフィン・パワーレンジャー』としてスタートした。2017年には同作を原作としたリブート版が劇場公開されたため、玩具を含む関連商品が数多くリリースされている。

私が単純に『仮面ライダーW』が一番好きなだけなんですが。今やもうすっかり有名人となった菅田将暉さんと桐山漣さんが、W主演されていました。もう最終回は泣いてしまいましたね。２００９年の中野のイベントにも行きましたし。

大内　行ったんですか！

芝原　生ダブルでよかったですよ！　ゲスト出演者も豪華で。

大内　へえ～。

芝原　メインキャスト全員集合だったんじゃないかな。

大内　中野といったら、サンプラザの劇場ですよね、いいなあ。

芝原　『仮面ライダーW』としてはほぼ最後のイベントで、最後の方は客席も出演者も全員感動したフィナーレでした。

大内　うらやましい……行きたかった……。

芝原　このライダーは「2人で1人の仮面ライダー」でした。左右で半分こになっているデザインでしたね。サイクロンジョーカーと呼ばれるのが基本形態で、緑色の方がサイクロン、つまり疾風。黒の方がジョーカー、切り札でしょうか、潜在能力を引き出す、という意味で使われています。

大内　2つの能力を組み合わせて戦うライダーになるんですよね。

芝原　はい。この『仮面ライダーW』なんですが、架空の都市が舞台となっています。『風都』という湾岸都市で、常に海風が吹いている街です。あちこちで風車が回っていて、風力発電もやっています。オープニングで、風都の夜景を見下ろしながらライダーが後ろ姿でマフラーをなびかせて……。

大内　とぅるっとぅる〜♪。

芝原　あのオープニングのシーンを見た時に「キターーー！」と夫婦で叫びました。**これだ！　これこそが仮面ライダーだ！**　って。すみません、急にテンション上がってしまった。

大内　ふふふ、とにかく、舞台は架空の都市でしたね！

芝原　もう1つ重要な要素として、「地球（ほし）の本棚（ほんだな）」というものがあります。主人公は探偵業を営んでいる左翔太郎と、フィリップという不思議な少年の2人です。彼らが協力することによって物語が進みます。フィリップは「地球の本棚」と呼ばれる、架空の精神世界に入ることができます。そこには地球上のありとあらゆることが記録されている。

大内　芝原先生は地球の記憶を研究しているわけだから、リアル地球の本棚を解明しようとしていることになる？

芝原　はい。Wは、まさにそういう地球科学的な要素のある作品なんです。地球の本棚があったら、便利だろうなあ。

大内　ですよね。

芝原　地層を一枚一枚めくっていって、中の記録を調べるというのは、地球の本棚を、つまりデータベースを見ていく、という作業ともいえますね。この「地球の本棚」だけでも十分地球科学的なんですが、なんと敵が博物館なんですね。秘密結社「ミュージアム」というものが登場します。地球の本棚はミュージアム側も使える、というかミュージアムが使っているものを仮面ライダーも利用している、というのが正しいでしょうか。そしてラスボスが、古生物学者なんですよ！　**古生物学者が悪堕ちしている。**

大内　他のシリーズにも古生物学者の悪役っていませんでした？

芝原　**死神博士**など、古生物学の素養も持っていると思われる方は沢山いますが、明確に古生物学者と設定されているのは、この寺田農さんが演じられた、園咲琉兵衛

【死神博士】
仮面ライダーシリーズ第一作から登場するキャラクター。悪役の中でも特に人気が高く、さまざまな作品に登場する。時に化石の情報から怪人を作り出すこともある。

が代表格と言っていいと思います。風都博物館という博物館の館長をしています。ロケに使われているのが、上野の**国立科学博物館**です。

大内　あそこって、国立科学博物館だったんですか？

芝原　そうですよ、ちゃんと中も映っています。園咲琉兵衛が翔太郎に話しかけるシーン……実はワナだったわけなんですが、そんなシーンなどで、国立科学博物館の地球館の恐竜の骨が展示してあるフロアが使われています。

大内　そうだったんですね！

芝原　敵のミュージアムは国立科学博物館で、その北側にある**東京国立博物館**が園崎家の自宅として撮影に使われています。

大内　今度は東京国立博物館？

芝原　はい。この博物館では考古学系の資料を展示しています。土器や美術品などですね。基地に使われているのが国立科学博物館、上から見ると飛行機の形をしている建物です。先ほども説明しましたが、地球の記憶を使っていろいろな作戦を立てるのが敵のミュージアムです。

大内　そうだったんですね。

【国立科学博物館】
1926年に開館した、日本最大級の科学博物館。東京都の上野恩賜公園内にある本館のほか、茨城県つくば市にも実験植物園および筑波研究施設を持つ。『仮面ライダーW』の撮影は、地球館と呼ばれる建物の地下1階展示エリアで行われた。

【東京国立博物館】
同じく上野恩賜公園内にある博物館。こちらは日本とアジアの文化財を収集し、調査研究する施設である。『仮面ライダーW』では、本館が撮影に使われたほか、同博物館の敷地内にある法隆寺宝物館が、劇中の警察署として撮影されている。

芝原 つまり地理的には、ミュージアムが運営する博物館のすぐ裏に彼らの自宅があるんですよ。

大内 通勤が楽ですね。自由度が高い。

芝原 ははは、そうなんですよ。ですから、劇中で描かれたこの世界の博物館は国立ではなく私立なのではないかと思います。なんせ自宅を構えられるのですから。そして問題は、園咲琉兵衛は「古生物学者なのか、考古学者なのか」です。

大内 確かに、園咲琉兵衛はムックによって古生物学者だったり、考古学者だったりしますね。

芝原 古生物学は英語で言うとPaleontology。考古学は英語で言うとArcaheologyです。大まかに説明すると、考古学というのは人間が出てきたあとの時代、古生物学というのはどちらかというと人間が生まれる前の時代を調べる学問。もちろん、ばっきり分かれるわけではないですよ。例えば、古生物学をやりながら、地震の記録を調べるために昔の古文書を調査する方もいます。

大内 少しかぶる領域なんですね。

芝原 一概には言えませんが、次のような感じです。**分けるとすれば、古生物学と**

いうのは、人類が生まれる前の化石とか地層とか、自然科学的なものを分析する学問。日本の大学だと理系に分類されることが多いです。考古学というのは人類が産まれたあと、人類が書き残した文献であるとか、作った遺跡を分析する学問。文系に分類されることが多いです。分野がちょっと違いますが、それぞれ協力し合いながら調査を進める、ということもよくあります。

大内　なるほど。

芝原　よくインタビューで聞かれるのが、「芝原さんって考古学者なんですよね」という質問。考古学者の方が、言葉としては有名なのでやむを得ないですが。

大内　古生物学者も有名だと思いますけどね。

芝原　取材をしていただくたびに、「実は考古学者ではないんです」って会話をするのがほぼテンプレになっています。

大内　一緒にするなと。

芝原　ち、違いますよ！

大内　「俺が研究しているのは、そんな新しい時代じゃないぞ」と。

芝原　違いますって！　ど、どちらも大事な必要性のある学問ですよ！　でも私のことを考古学者と紹介されると、それはまた別の学問ですよと説明するしかないだけで。

大内　古生物学者は理系で、考古学者は文系って、おもしろいですね。全然違う。

芝原　海外だと、また事情が違うらしいですよ。ただ、日本では分かれてはいても、考古学の人が理系の理学的な分析方法を使うというのも当たり前にやっていますし、逆もまたあります。どちらも重要な学問です。

園咲琉兵衛は何を成し遂げようとしていたのか

芝原　えっと……Wに話を戻しましょう。そう、ガイアメモリですね。

大内　そうでした。

芝原　当時から玩具にプレミアがつきましたよね〜。

大内　僕、全部持ってます。

芝原　すごいですね、大内さん。

大内　死ぬほど買いました！　特にガシャポンの第1弾がもう集めるのが大変で。

芝原　コンビニで売ってたバージョンもあったでしょ?

大内　あれも買いました。

芝原　それはすごい。軽く説明を入れますと、ガイアメモリとは大型のUSBメモリのような姿をしたアイテムです。

大内　仮面ライダーWの重要なアイテム。

芝原　まず、ガイアメモリは変身に使われます。ダブルドライバーという変身ベルトがあって、そこに翔太郎とフィリップがそれぞれ1本ずつメモリを差すと変身できる。ちなみにフィリップは意識だけが現地に転送されてきて、翔太郎と合体します。ガイアメモリには地球の記憶が記録されていて、メモリを使って変身することによりその記憶の力を使うことができます。ここが大きなポイントです。

大内　ガイアメモリは一般人も使うことができるんですよね。一般人が変身ベルト（ドライバー）を使わずに、直接メモリを身体に差してしまうと、力が使える代わりに怪人化してしまう。

芝原　そのあたりの演出がなかなか秀逸ですよね。ガイアメモリに封じられている記憶は本当に多様、例えば古生物、あるいは今も生きている生き物の姿を取り入れています。それ以外にも建物や機械といった物体が元になったものもあります。更に、マグマやサイクロンといった自然現象もあります。さらには概念もメモリ化されていて、ラスボスである園咲琉兵衛の持つメモリはテラーといって、恐怖という概念をメモリ化しています。このガイアメモリは、古生物だけでも結構な種類が出てきます。

大内 具体的にはどんな古生物が出てきていたんです？

芝原 「三葉虫」「始祖鳥」「アンモナイト」「マンモス」と、このあたりは皆さんも聞いたことがあるのではないでしょうか。「スミロドン」「アノマロカリス」……恐竜の代表格であるティラノサウルスは第1話から登場します。あとは「エイプ」……類人猿ですね。わりとマニアックなものも登場してまして、大型の翼竜「ケツァルコアトルス」、巨大トンボ「メガネウラ」などなど。テレビ版の続編である漫画版では「ブラキオサウルス」「トリケラトプス」などの有名な恐竜も出てきます。これらが、「古生物モデル」のガイアメモリです。あ、古生物モデルというのは、私が勝手につけた呼び方です。あと、これも勝手につけましたが、「地球科学モデル」のメモリもあります。例えば氷河時代をモデルにした「アイスエイジ」。宝石や鉱物をモデルに

【マンモス】 マンモスの一種であるケナガマンモスの化石は、ユーラシア大陸や北アメリカから発見されており、シベリアの永久凍土の中からは軟体部分が保存されたものも発見されている。日本でも北海道で化石が発見されている。体毛が二層構造になっており、優れた防寒性能を持っていたと考えられる。

した「ジュエル」。あとは「ダイヤモンド」、「プリズム」も鉱物かな。自然現象をモデルにした「マグマ」、「オーロラ」、「オーシャン」、「サイクロン」。そして超大陸「パンゲア」、昔大陸が1つの大きな陸地だったという学説を元にしたメモリです。

大内 本当にガイアメモリって沢山あって……全部で何種類あるんだっていう。

芝原 アタッシュケースにメモリを詰め込むセットも売られてましたよね？ あと、リアルUSBメモリも売られてたんですよね。外側はガイアメモリで、中が普通に使えるUSBメモリ。

大内 僕も持ってましたけど、10年以上前のUSBメモリって、もう使えませんよね。容量が全然足りないから。

芝原 当時から、容量が足りなくなるだろうな、とは思っていましたが。10年大事にとっておいたら、本当に使い物にならなくなった。……2GBだったかな？

大内 少なっ！

芝原 動画数本入れて終わり。でも、ガイアメモリはとにかくデザインがよかったです。さて、園咲琉兵衛はこれらガイアメモリを使っていったい何をしたかったのか。彼は最終計画で「ガイアインパクト」というものを起こそうとしていました。こ

【パンゲア】
かつて地球に存在した超大陸。三畳紀（約2億5200万年前～約2億100万年前）がはじまったときに、地球上のすべての大陸が一か所に集まってパンゲアとなっていた。三畳紀の終わりごろに、それが分裂して北米や南米、アフリカなどができたとされる。大陸の分裂はその後も続いた。

れは、地球の本棚に格納されていた、古生物の能力のような地球の記憶を人体と合体。さまざまな能力を持たせることによって人類を進化させ、未来でどんな環境変動があったとしても、人類が絶滅しないようにすることでした。ちょっとエヴァンゲリオンのような話ですが、とにかく、地球の記憶を使って人類を進化させようとしていた。なので、根っからの悪人というわけではなく、ちゃんと目的があって仕事をしていたんですね。何気に、研究者の理想形ではあるんですよ。

大内　ディストピアっぽいですけどね……。

芝原　**でもですね、実際、私はそういうことをやろうとしてまして。**例えば2019年に私が協力したイベントに『つくばサイエンスハッカソン』というものがあります。研究者がやっていること、あるいは研究者が持っている標本をアートで表現するとどうなるか、という展示をなんとG20のイベントでやっていました。

大内　ええっ!? まさか悪堕ちじゃないですよね……?

芝原　いやいや、違います違います！　このイベントで、慶應義塾大学の川崎和也さんという研究者が『進化した人類』という模型を作りました。地球以外の惑星に行った時に、人類の身体をどう進化させると便利なのか。例えばキリンの機能を組み

【つくばサイエンスハッカソン】
2019年に開催された「G20茨城つくば貿易・デジタル経済大臣会合」の開催を記念して行われた事業。公式サイトによれば「つくば市で活動する4人の研究者とさまざまなジャンルのアーティスト4組、それぞれがチームとなり、研究者たちが魅了される『研究』とその『研究結果』を作品で表現する」試み。芝原も研究者側のメンバーとして参加した。（参考：つくばサイエンスハッカソン公式サイト https://loftwork.com/jp/event/20190510_tsukuba-science-art-exhibition　2021年3月12日閲覧）

込んだりとか。足の部分が仮面ライダーオーズのバッタみたいになってますが、重力の強い環境下で跳躍力を獲得するためにはこんな形になるのでは……とか。詳細は公式サイトをぜひご覧ください。

大内　へえ〜！　おもしろいですね。

芝原　いろんな分野の研究者が、人類にどういう機能を合体させたら宇宙に行った時に便利なのか、ということを考察しています。もちろん、まだ実際の技術では難しいですから、先にSFでその辺を具現化してみよう、SFで未来を先取りしてみよう、という試みです。

大内　実際の展示風景、おもしろそうですね。

芝原　そうなんです。古民家の中で展示をしました。私が協力したのは、「始祖鳥の機能を追加するとどうなるか」です。

大内　なるほど、Wにも登場した「始祖鳥メモリ」を本当に作ったわけですね。**芝原さん、もう立派なマッドサイエンティストですね。**

芝原　いやいやいや、この展示自体は非常に真面目な取り組みですよ！　例えば始祖鳥は電子顕微鏡で化石を見てみたら、「メラノサイト」という色素のあとが見つかったという研究が数年前にありました。今まで化石は色がわからなかったのですが、これによって部分的に色が復元できるようになりました。そういった情報を取りこんで、黒かったと言われる始祖鳥の羽を模型で復元していただきました。

大内　**古生物の色ってわからないもんなんですね。**それがわかったとは。すごい！

芝原　ところで、構造色って、ご存知ですか？　蝶の鱗粉のように素の色ではなく、中で光が反射して作り出される色のことなんですが。

大内　CDの裏側の虹色とかですよね。

芝原　そうです。模型では、羽の構造色まで塗料で再現してもらいました。なので、蛍光灯の下で見るのと、日光の下で見るのとで、色が変わるというとんでもないシロモノです。

大内　へえ～!!

芝原　普段は恐竜など科学の分野で活躍している方の技術を、SFと科学のデモに応用した例です。科学とSFが少しずつ混ざって、未来を作り出すという、まさにガイアインパクト的なイベントをつくばでやっていたんですよ。ああ、園咲琉兵衛がここにいたら、喜ぶだろうなって思いながらやってました。

大内　芝原さんが「地球の記憶」とかを見つけちゃったら、そっちの方に行っちゃいそうですね。

芝原　そうですね。

大内　そしてメモリを横流しする。

芝原　流さないですよ！　**なんでちょいちょい私を悪堕ちさせようとしてくるんですか。**

大内　しないんですか？

芝原　しませんって。でも大内ライダーさんに倒されるのならいいかな。

大内　強敵ですね。

芝原　そんなラストもいいかな……、いやいやいや。園咲琉兵衛は科学者として目指すところは間違ってなかった。ただやり方が間違っていたんです。翔太郎のいうように、この街でだれかを泣かしちゃいけないんですよね。もっといい社会課題の解決法はなかったのかな、と思わせながら終わっていく、ちょっと寂しいラストシーンでした。でも、最後は真人間に戻るんですよね。

大内　そうですね。

芝原　「この星の中から、お前を見守っているよ」とフィリップに告げて消えていきます。ちなみにこれは完全に私の造語ですが、園咲琉兵衛は「パレオミメティクス」の第一人者になっていた可能性もある。

大内　「パレオミメティクス」？　どういう意味ですか。

芝原　まず最初のパレオは古生物学の英語、パレオントロジー（Paleontology）の意味です。ミメティクスは生物の機能を模倣することをいいます。例えば、カモノハシのくちばしの形を新幹線に応用するなど、動物の機能を工学的に利用することをバイオミメティクス（Biomimetics）といいます。それの古生物版として、パレオミメティクス（Paleomimetics）という言葉を考えてみました。

大内　ほ～……。

芝原　**園咲琉兵衛が悪堕ちせずに、研究を続けていたらパレオミメティクスの権威になっていたんじゃないかな、と思います。**

大内　園咲さんはパレオミメティクスを人間に直結しちゃったんですね。

芝原　そういう方向に行っちゃったんですね……。ゴレンジャーとか見ていると、ヤカンと合体させられたりとか、無茶苦茶なことになっているので、まだマシですかね。

大内　野球と合体させられたりとか。

芝原　朝起きたら野球ボールにされてる。でもまだ、野球が好きな人だったら喜ぶかもしれませんが、ヤカンはさすがにないよな〜って。

大内　あはは。

芝原　漫画家の長谷川裕一先生の『すごい科学で守ります！』というシリーズに描かれていますが、ある朝起きてヤカンに改造されてしまったら、もう悪の組織に協力するしかないっていう、高度に精神的な戦略の一種だったんじゃないかと。それであえて、ああいう改造をしたんじゃないか、という怖いことをおっしゃってましたね。

博物館を基地にするメリット

大内　しかし、博物館がそのまま基地になってる設定、どうなんでしょう。

芝原　博物館を基地にするメリットは、いろいろあると思いますよ。これは正義の側にも言えることなんですが。『轟轟戦隊ボウケンジャー』などでも博物館を基地にしていました。

大内 そうでしたね。

芝原 まずデータがとれる標本が沢山あります。パレオミメティクスに使う地球の情報は、やっぱり博物館にいると一番効率よく集めることができる。新しいものもどんどん発掘されてきますし。

大内 なるほど、最新情報が集まってくると。

芝原 あと、組織として活動しやすい、というのも理由の1つじゃないかな、と思います。博物館は公的機関もあれば、私立のものもありますが、社会還元型の活動、つまり世の中の役に立っているというイメージは強いですよね。たとえば図68の写真は、私が以前所属していたつくば市の地質標本館という博物館の展示です。中央にあるのが、日本列島の大きな模型で、日本の地形を一目で理解できるものです。

大内 これ模型なんですね。

芝原 大道寺覚さんというプロの方に模型を作っていただいて、その上から私の作ったシステムでプロジェクションマッピングして、地質情報や路線情報を投影して

図68　地質標本館の日本列島の模型（第一展示室）。

います。

大内　これを見て、どこから日本を侵略するか、とか考えるんですか？

芝原　しないしない！　この辺のデザインは、完全に私の中二センスを全部ぶつけて作ったんですけど。手前のタッチパネルをピッピッピ、と操作すると好きな情報を模型に重ねて投影することができます。ちょっと特撮の『基地感』を出してみました。博物館をこんな風に自然科学とＶＲが合体したサイバーな空間にするのも、近い将来当たり前の手法になっていくかと思います。

大内　博物館を悪の秘密結社っぽく！

芝原　ちがいますって(笑)。最近、友人たちからもひどいことを言われるんですよね。**「芝原さんって絶対正義の側じゃないよね」って。**

大内　ある日突然、科学の発展を求めて悪の組織を作るんですよ。

芝原　そんなことには絶対ならないよう、気をつけます。

大内　みんなで見張っていきましょう。やばそうだったらみんなでライダーキックするとか。

芝原　私がちょっとでも科学と人の道から外れた、間違ったことをしようものなら、すぐに大内さんや読者の皆様からライダーキックでもパンチでも入れてください。実際、科学者にとって、世の中から常に見られているって重要だと思うんですよね。自分の殻に閉じこもらないで、いろんな人の意見を謙虚に、真摯に受け止めないと。**あっという間に人って間違えてしまうので。**

大内　評価されないと、人間を恨んでいっちゃうから、世間の側も科学をある程度認めていかないと。

芝原　それ大事ですよね。

大内　あるある。

芝原　それって特撮あるあるだし、最近ＳＮＳで人間同士が必要以上に叩きあっているのを見ていると、これは危ないなと実際思いますし。

大内　「私の研究をだれも理解しない！」とか。

芝原　確かに特撮に出てくる科学者って、悪堕ちしがちなところはありますよね。

大内　もちろん、正義のヒーローも科学者が作ったり。『ライブマン』みたいな感じで。

芝原　でも現実の科学者って、本当はみんな熱いし、真面目だし、良識もちゃんとあるんですよ。私だけが少しおかしいだけで。

大内　あはは。自覚アリなんですね（笑）。

古生物モチーフの戦隊たち

芝原　ここからは、より古生物学にフィーチャーしていきたいと思います。恐竜モチーフの戦隊を全部見ていきましょう。

大内　僕は『ジュウレンジャー』が好きです。

芝原　いいですねえ。早速その『恐竜戦隊ジュウレンジャー』からいきたいと思います。彼らは純地球産の戦隊といってよいと思います。といいますのも、第三部で語った通り、戦隊シリーズに出て来るチームはいろんな分類があって、地球で発生したもの、宇宙からやってきた全員宇宙人のもの。更に異次元や魔法の世界から来た、科学的にはもう分析のしようのない人たちまでいます。その中でジュウレンジャーは、ややファンタジー系ですが、純地球産でいいのかな、と思います。我らが誇る地球の戦隊です。ここでまた地球の年齢がしつこく出てきますが、もう一度おさらいしていきます。地球の年齢が約46億年ですね。図69の一番上のところが現代です。

大内　我々は新生代という時代を生きているんですね。

芝原　そうです。1億年ごとに等間隔で目盛りをいれたこのグラフをずっと下っていくと、一番下のところが46億年前。最初の6億年くらいは、ほとんど情報がないので、どうなっていたかわかりません。地球がマグマオーシャンというまだドロドロに溶けた状態で、岩石などもできていなかったので分析に使えるような試料がほとんど残っておらず、冥王代と呼ばれています。その次に、真核生物が現れる始生代という時代があり、その後の原生代はぼちぼちバクテリアが活動を始める時期。明確に私たちが生物として認識できるもの、例えば三葉虫などの硬い組織を持った生物が出現するのが、その次の古生代。古生代の一番最初の時代をカンブリア紀と呼んでいます。そこで一気に多細胞生物、比較的大きな生物が出てきて、化石が大量に見つかるので、それを生命の爆発とか、カンブリア爆発と呼びます。

大内　カンブリア爆発、聞いたことあります。

芝原　古生代が終わって、ようやく恐竜の時代、中生代が始まります。で、巨大隕石の衝突で恐竜が滅んで、ようやく我々につながる哺乳類がメインの時代、新生代

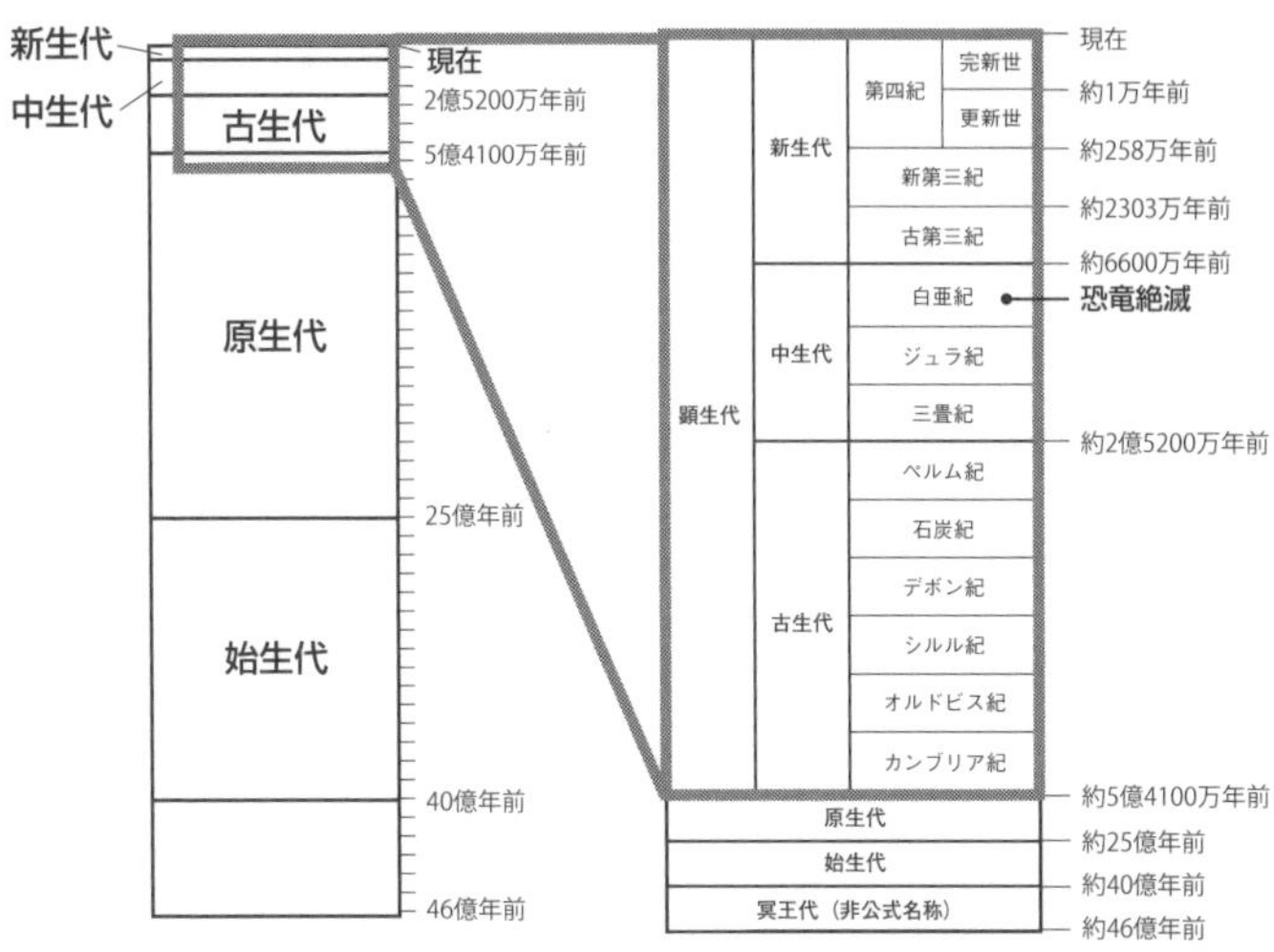

図69　いつもの地球年表。再掲。

が始まります。

大内　ものすごいダイジェスト版の地球の歴史ですね。

芝原　よく図鑑などに載っている時代の範囲は、このグラフでは上の端の5億4100万年分くらいなんですね。

大内　すごい狭い。**隕石で恐竜が滅んだ、っていうのはもう確定なんですよね。**

芝原　第二部でもお話しした通り、一応確定ですね。クレーターのあとも見つかっていますし、その他にいろいろ物証が見つかっているので、2010年くらいに確定、ということになりました。

大内　結構最近のことなんですね。恐竜絶滅の原因については、他にもいろんな説を聞いたことがあるんですけど。

芝原　食料がなくなったとか、いろいろな説がありましたね。ですが、隕石の衝突が大きな要因であることは、間違いないだろうと言われています。しかも、隕石の衝突はこの時の一回だけではないんです。最近ですと、1万3000年くらい前、地質学的に言うと「ついさっき」落ちたという説もあります。

大内　人類はもういた時期ですよね？

芝原　ええ。人類も現生動物もいました。北アメリカで、大型の哺乳類が一斉に減少する時期があって、これも隕石が原因ではないかと言われていて。私が学生時代に大変お世話になった方でもあるカリフォルニア大学の先生が唱えた学説です。

大内　へえ〜。

芝原　多くの図鑑の年代図では、古生代から現代までを、図69の右の図のように大きく開いて書いていますね。それより前の時代はぎゅっと下に圧縮してしまっています。やはり、化石が沢山出てきていて、説明できることも多い時期はこのあたりなので。それが約5億4100万年前から現在までですね。それも等間隔で書くのではなく、新しくなるほど広げて書くことが多いです。今我々人類が生きているのは、1万年前から現在までの間。完新世と呼ばれる時代です。場合によっては、近未来も含めてこう呼ばれることがあります。比較的気候が安定していて、我々人類が住みやすい期間……とはいえ、雪が降ることなどもありますが、地球全体として見ると割と安定している期間が完新世。これを踏まえて、『ジュウレンジャー』を見ていきたいと思います。

大内　おお、これを踏まえるんですね。

芝原　図70は、先ほどの年代図に各戦隊の年代を記したものです。中生代の三畳紀、ジュラ紀、白亜紀は有名ですね。そこからやってきた戦隊がジュウレンジャーであり、その後のキョウリュウジャーです。2003年にアバレンジャーという作品もあったのですが、これは諸事情により、隕石衝突が原因で別の次元の地球に飛ばされた恐竜が、我々の地球に逃げてきたという設定です。だから、彼らは別の世界の住民です。そしてもう1つ。恐竜ではないんですが、『超力戦隊オーレンジャー』という戦隊がいまして、なんとこれには6億年前の力を使って変身するキングレンジ

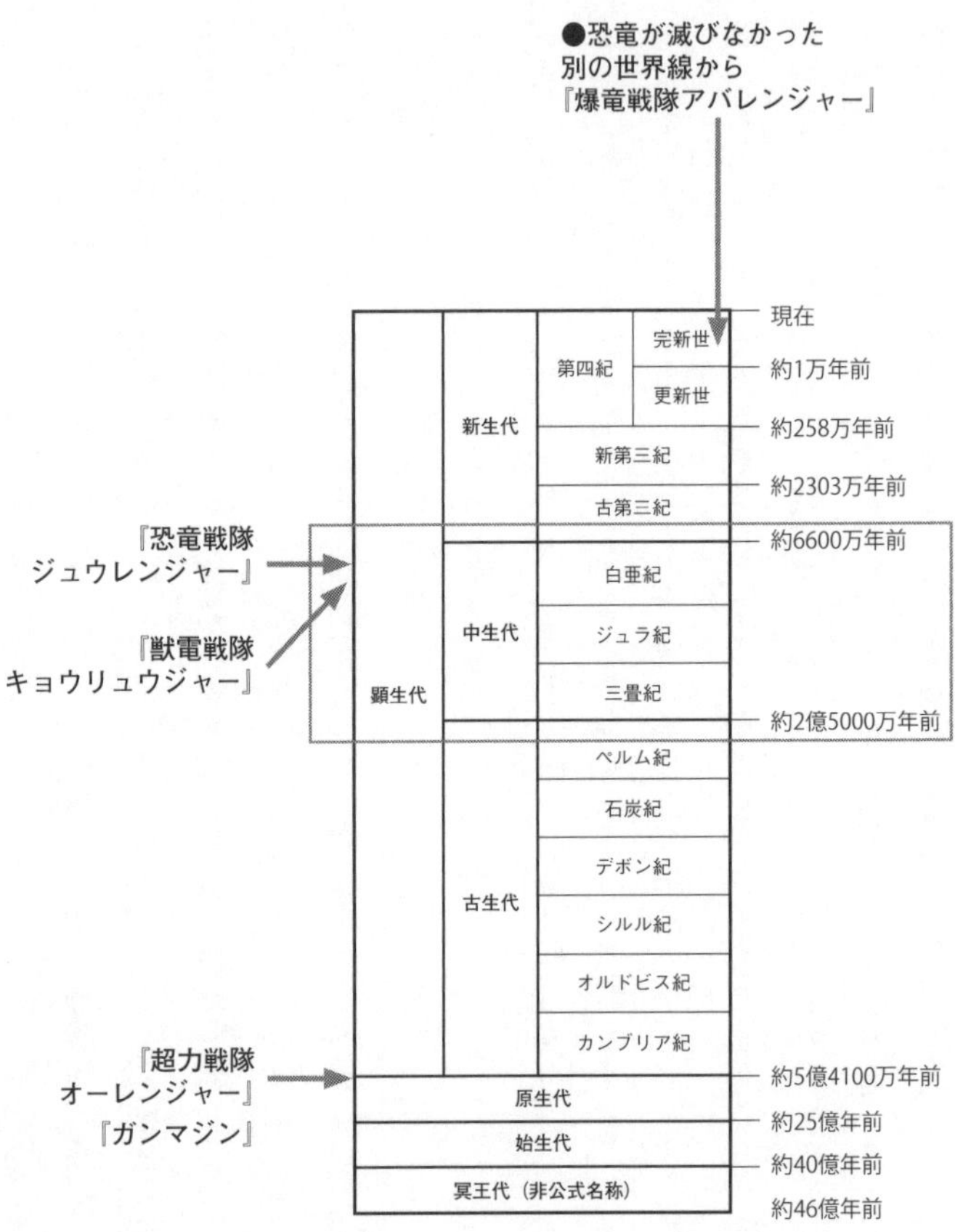

図70　地球年表に各戦隊の年代を入れた図。

【鳥は恐竜】
恐竜類に共通する特徴の1つが、胴体から真下に向かって脚がまっすぐのびていること。つまり「直立歩行」である。恐竜は爬虫類の一グループだが、爬虫類の別グループであるワニやトカゲは脚を左右に曲げるため、直立歩行ではない（参考：

ャーとガンマジンという生物なのか判然としない人が出てきます。つまり戦隊の歴史は少なくとも6億年前には始まっていたらしい。前置きが長くなってしまいました……。

大内 さ……それでは、『ジュウレンジャー』について詳しく見ていきましょう！

芝原 1992年の作品です。その前の年が『鳥人戦隊ジェットマン』で、それまでは割と科学技術的というか、メカを使って戦うのが戦隊の基本フォーマットでしたが、ここからいわゆるファンタジー戦隊の歴史が始まります。彼らは恐竜の力を使って戦います。一応、初の(?)恐竜系戦隊です。なぜハテナがついているかというと、実はその前の鳥人ジェットマンが鳥なんですよね。**鳥は恐竜**なので。

大内 **と、鳥は恐竜……？**

芝原 厳密に言うと、ジェットマンが初の恐竜系戦隊です。

大内 鳥は恐竜っていうのは、もう定説なんですか？

芝原 ええ(重々しく頷く)。

大内 だったら、『太陽戦隊サンバルカン』のバルイーグルも恐竜戦隊？

芝原 あっ！ しまった！

福井県立恐竜博物館公式サイト https://www.dinosaur.pref.fukui.jp/dino/faq/r02001.html 2021年3月12日閲覧)。なお、鳥類が恐竜の一部から進化したという仮説は以前から存在していた。そして1996年に報告された全長1・3mほどの「シノサウロプテリクス」という恐竜の化石から、羽毛の痕跡が発見された。その後、羽毛を持った小型の恐竜化石が続々と発見された。その他多くの研究と併せて、鳥類の起源が恐竜であるという従来の学説が強化された結果、現在は鳥類が恐竜類の一部であることはほぼ定説である。また羽毛恐竜の発見がきっかけとなり、さまざまな復元図で恐竜に羽毛が生やされることとなった。

大内 まあ、この場合はバルイーグルだけなので、戦隊ではないかもしれない。

芝原 少なくとも、恐竜系戦士はサンバルカンの時からいたってことですね。

大内 だれも恐竜系戦士とは思ってないでしょうけどね。

芝原 まずいぞ……ちょっと年表を書き直さないといけないかもしれない。

大内 言わない方がよかったですかね……。

芝原 いえいえとんでもない！　そういうツッコミは非常にありがたいので！

大内 恐竜イコール鳥っていうのは、古生物学的には当然の認識なんですね。

芝原 今はそれが主流です。ですから、最近の恐竜図鑑だと、ティラノサウルスのようないわゆる従来型のイメージの恐竜を指す時は、「非鳥類型恐竜」などと書かれているはずです。なぜこんな話をしたかというと、ここから「恐竜か、そうでないか」という話がたくさん出てきます。『ジュウレンジャー』ではオープニングでナレーションが入ります。……『ジュウレンジャー』って、オープニングテーマの前奏が実際はすごく長いんですよね。

大内 トゥルルッ♪　トゥルルッ♪。

芝原 トゥルルッ♪　トゥルルッ♪　……カラオケで歌おうとしたら、55秒間待たないといけない。

大内　そうそう。

芝原　それがむしろ大いに盛り上がるんですけどね。初の恐竜系戦隊だから。あ、いや3番目だったのか。わけがわからなくなってきた。

大内　**あれ……？　そうなるとレッドファルコンは？**

芝原　あああ！『超獣戦隊ライブマン』のレッドファルコンがいたー!!　いかん、4番目だ！

大内　もうこの話題やめましょうか(笑)。

芝原　いえ、おもしろいので、一度ちゃんと調べて鳥類入りバージョンを作りましょう。

大内　まじですか。

芝原　えっと、とにかくこの曲の前にナレーションが入るんですよ。「1億数千万年前の恐竜時代から今よみがえった5人の戦士たち」と。つまり、恐竜時代から来た人たちだということが公式設定になっています。それを踏まえて守護獣の構成を見ていきたいと思います。

大内　踏まえます。

芝原　まずレッドの守護獣が、ティラノザウルス。このティラノ「ザウルス」っていう響きがまたいいんですよね。昔の恐竜図鑑はそういう表記があった。トリケラトプスがブルー、ジュウマンモスが黒、サーベルタイガーが黄色、プテラノドンがピンク、です。このうちで、明確に恐竜と分類できるのがティラノザウルスとトリケラトプスだけなんですね。

大内　恐竜はそれだけだったんですか。

芝原　マンモスが哺乳類です。サーベルタイガーも哺乳類です。プテラノドンは恐竜時代にいた生き物ではありますが、空を飛んでいる翼竜という生き物です。恐竜は、陸にいるものだけを指すので、無粋なようですが翼竜は恐竜とは別の生物です。

大内　追加戦士であるドラゴンレンジャーの守護獣、ドラゴンシーザーは？

芝原　よくわかりません、ドラゴンは架空の生き物なので……。とにかく、メインの6人のうち、なんと恐竜は3分の1。1億数千万年前の恐竜時代から来たのに、3分の1。これはどういうことなんだと。しかも、マンモスとサーベルタイガーは新生代の生物なので、1億数千万年前にはいませんから。

大内　おお、矛盾が発生していますね。

芝原　しかし！『特撮の地球科学』の大前提として、画面に映るものは事実として捉える、というものがありますので。どうしようかな、と考えていた時に、一番のヒントとなった作品がありました。

大内　なんでしょう、それは。

芝原　漫画家の長谷川裕一先生の『すごい科学で守ります！』という本です。

大内　さっきも出てきた本ですね。

『ジュウレンジャー』は収れん進化している⁉

芝原　これはおもしろいですよ。戦隊はゴレンジャーからデカレンジャーくらいまで、他に仮面ライダーやメタルヒーローなどもあわせて、東映系の作品に出てくる特撮のキャラクターたちがもし全部同じ世界にいたら、どういう風に歴史がつながるか、というSF考証をされています。

大内　おもしろそうです！

芝原　ここで長谷川先生がおっしゃっているのが、「ジュウレンジャーの世界線においては、マンモスとサーベルタイガーは哺乳類じゃないんだ」ということです。哺乳類そっくりに進化した恐竜なんじゃないか。

大内　あはは。

芝原　特撮の地球科学ではこの『すごい科学で守ります！』をリスペクトして、特撮の画面に映ったものは『実際にあったこと』、という設定で考察しています。すべては特撮作品に対する愛ゆえなんですが、映ってしまったものは、もうしょうがないのでなんとかして解釈しようとしています。それで、長谷川先生がたどり着いた結論が、哺乳類そっくりに進化した恐竜。哺乳類みたいに見えるけど、恐竜である。たまたま、マンモスそっくりに進化したもので、ただ化石はまだ見つかっておらず、この後見つかるかもしれない、という設定。

大内　？？？

芝原　私は学生時代にこの解釈を見て、いたく感動してしまって。これはもう「私もいつかやらねば！」と。

大内　え、ちょっと待ってください、こんな風に恐竜が進化する可能性って、そもそもあるんですか。

芝原　わかりません。こればっかりは証拠がないので……。ただし、**「収れん進化」というものが存在します。**

大内　シュウレン進化……？

芝原　聞きなれないですよね。収れんとは、同じようなものになっていく、という意味です。違う生物、例えば哺乳類と爬虫類は全く違う生き物なんですが、それらが海のように似た環境に置かれた時に、似たような形へ進化することを、収れん進化といいます。

大内　ほお……。具体的な例とかあるんですか？

芝原　一番有名なのは、魚竜と呼ばれる恐竜時代に海の中にいた爬虫類ですね。その化石の写真と、同じ魚竜の仲間でジュラ紀後期に生息していたオフタルモサウルスのイラストを見てみてください(図71)。魚竜類は、頭の形とヒレの形が哺乳類のイルカとそっくりなのです。もちろん細部は異なりますが。これが収れん進化の一例です。

大内　本当だ、よく似てますね。

芝原　この化石はウタツギョリュウと呼ばれる生物で、日本で見つかったものです。約2億4500万年前から2億5000万年前の海に住んでいた爬虫類で、魚竜の中でも世界最古のものであると考えられています。そこでまた県の石なんですけど……。

大内　ハイ、出ました、おなじみ県の石！　もう僕驚きません。

芝原　ははは。このウタツギョリュウの化石、これは宮城県の県の石です。

大内　えっ化石もあるんですか？

芝原　県の石は2016年に日本地質学会が選定しました。47都道府県で産出する特徴的な岩石、鉱物、化石を選んでいます。だから、県ごとに3種類ずつあるんですね。つまり合計141種類。

大内　なるほど。では、わが栃木にはあと2つも県の石があるんだ。

芝原　はい。岩石、鉱物、化石がそれぞれどう違うかといいますと……まず化石は元々生き物だったもの。鉱物は、自然界のいわゆる結晶ですね。なので、一定の範囲の化学式で表現することができます。鉱物がいろいろ集まったものを岩石と呼びます。岩石が風化してばらばらになって、また固まったものも岩石と呼びます。東

図71　ウタツギョリュウの化石の写真(上）と同じ魚竜の仲間でジュラ紀後期に生息していたオフタルモサウルスの復元画(下)。(写真：東北大学総合学術博物館、復元画：谷村諒氏）

県名	化石名	県名	化石名
北海道	アンモナイト	滋賀県	古琵琶湖層群の足跡化石
青森県	アオモリムカシクジラウオ	京都府	綴喜層群の中新世貝化石群
岩手県	シルル紀サンゴ化石群	兵庫県	丹波竜（タンバティタニス アミキティアエ）
秋田県	ナウマンヤマモモ	大阪府	マチカネワニ
宮城県	ウタツギョリュウ	奈良県	前期更新世動物化石
山形県	ヤマガタダイカイギュウ	和歌山県	白亜紀動物化石群
福島県	フタバスズキリュウ	香川県	コダイアマモ
茨城県	ステゴロフォドン	徳島県	プテロトリゴニア
栃木県	木の葉石（植物化石）	高知県	シルル紀動物化石群
群馬県	ヤベオオツノジカ	愛媛県	イノセラムス
埼玉県	パレオパラドキシア	鳥取県	中新世魚類化石群
東京都	トウキョウホタテ	島根県	ミズホタコブネ
千葉県	木下貝層の貝化石群	岡山県	成羽植物化石群
神奈川県	丹沢層群のサンゴ化石群	広島県	アツガキ
新潟県	石炭紀―ペルム紀海生動物化石群	山口県	美祢層群の植物化石
富山県	八尾層群の中新世貝化石群	福岡県	脇野魚類化石群
石川県	大桑層の前期更新世貝化石群	佐賀県	唐津炭田の古第三紀化石群
福井県	フクイラプトルキタダニエンシス	長崎県	茂木植物化石群
静岡県	掛川層群（大日層）の貝化石群	大分県	更新世淡水魚化石群
山梨県	富士川層群の後期中新世貝化石群	熊本県	白亜紀恐竜化石群
長野県	ナウマンゾウ	宮崎県	シルル紀―デボン紀化石群
岐阜県	ペルム紀化石群	鹿児島県	白亜紀動物化石群
愛知県	師崎層群の中期中新世海生化石群	沖縄県	港川人
三重県	ミエゾウ		

図72　各都道府県の県の石（化石）。

京だと、県の化石はトウキョウホタテ。福井だったら**フクイラプトル**（恐竜）ですし、宮城県だったら、先ほどのウタツギョリュウです。

大内　なるほど。

芝原　逆に言うと、日本は各都道府県で県の石を決められるくらい、多種多様な化石や岩石が発見されている。多様性が高いといえます。

大内　栃木県は木の葉石なんだ。

芝原　那須塩原に温泉がありますよね、あそこに昔湖だった場所があるんですが、そこで堆積した『塩原湖成層』という細かな地層があって、その地層から、木の葉の化石が発見さ

【フクイラプトル】
正式名称「フクイラプトル キタダニエンシス」。福井県の発掘調査で発見された恐竜で、国内で発見された肉食恐竜として初めて全身骨格が復元された。2000年にこの学名がつけられている。全長約4・2mと、このグループの恐竜としては小型である。福井県立恐竜博物館で全身復元を見ることができる。（参考：福井県立恐竜博物館公式サイトhttps://www.dinosaur.pref.fukui.jp/　2021年3月12日確認）

れます。

大内　あー！　なんか知ってる！　博物館ありませんでした？

芝原　木の葉化石園ですね。

大内　その辺の出身なので、小学校の時にそこへ見に行った覚えがあります。

芝原　大内さん、やっぱり地球科学パワーを持っていますね。

大内　ありませんから。

芝原　ともかく、ジュウレンジャーはいわゆる普通の恐竜ではない、我々の世界に似ているんだけど、違う世界で独自の進化をした恐竜か、あるいはまだ見つかっていない別の化石の力を使っている可能性がある、ということを押さえておきたいと思います。

恐竜系戦隊の「恐竜率」

芝原　これを踏まえて、10年後の2003年。『爆竜戦隊アバレンジャー』が登場します。この時は最初の舞台がダイノアースと呼ばれる異世界です。6600万年前に地球に隕石が衝突し、我々の世界では恐竜が絶滅するのですが、アバレンジャーの世界ではなぜか地球が2つに分かれてしまいます。そしてそのうちの1個が、隕石衝突の衝撃で別の次元に移動します。移動した先の地球では、恐竜が絶滅しないで、なんと知的生命体に進化している。しかも人類と仲良くなって、共生してうまくやっていたんですが、そこに邪命体エヴォリアンという敵が攻めてきて、ダイノアースの戦士が我々の地球に逃げてくる。そして、我々地球人と協力して敵を撃破するという話です。なので、この時の恐竜は、進化した恐竜ということで爆竜と呼ばれています。ここでまた戦隊の恐竜率を見ていきたいと思います。

大内　恐竜率ってなんですか。

芝原　今作った言葉です(笑)。ティラノサウルスは恐竜です。トリケラトプスも恐竜、プテラノドンは翼竜、ブラキオサウルスは恐竜。追加で白のトップゲイラーという翼竜らしきものが出てくるんですが、これがよくわからない。

大内　でも何か元ネタありましたよね？

芝原　そうでしたっけ？

大内　僕も恐竜はそんなに詳しくないんですが、武器っぽい名前の変なやつだった気がする。あ、配信を見ている方からコメントが来ています。トゥプクスアラとのことです。

芝原　おお、なるほど！　いずれにしても、メインの5人の中で、一応5分の3が恐竜なので、恐竜率が少し増えています。

大内　**恐竜率……。**

芝原　更に、その10年後はどうなったか。2013年に『獣電戦隊キョウリュウジャー』が作られます。これもオープニングで前口上があります。「恐竜、プラス人間！　億千年の時を超え、地球を守るために今、史上最強のブレイブチームが誕生した！」少なくとも1億数千万年前か、それより新しい時代にかけて生まれた恐竜が活躍している、というのが公式設定です。

大内　芝原さんの考察ではなく、公式設定ですね(安心)。

芝原　この作品では、恐竜が機械生命体に進化しています。要はロボットみたいになっています。ガブティラと呼ばれる、元々は恐竜でしたが機械に進化しているものがいます。

大内　ミニティラっていう小さな姿に変身して一緒に戦ってくれます。

芝原　そうですね。恐竜はこの作品では獣電竜（じゅうでんりゅう）と呼ばれています。ではまた恐竜率を見てみましょう。ガブティラがティラノサウルス、パラサガンがパラサウロロフス、ステゴッチがステゴサウルス、ザクトルがヴェロキラプトル、ドリケラがトリケラトプス。なんと、初期メンバーが全員恐竜になりました！

大内　**おお〜！　恐竜率100％!!**

芝原　それまでの恐竜系の戦隊では、慣例的に女性の戦士のパートナーが翼竜でしたが、今作ではキョウリュウピンクのパートナーは翼竜ではなく、恐竜であるトリケラトプスに代わっています。これは明らかに意図的に設定している感じですね。この後はもちろん種類が増えて、キョウリュウゴールドのパートナーが翼竜だったり、それ以降もアンモナイトなど恐竜以外の古生物がいろいろ出てくるんですが、少なくとも初期メンバーの5人はちゃんと恐竜です。

大内　へぇ〜。制作サイドのこだわりを感じますね。

芝原　ここまでは、恐竜系の戦隊は約10年ごとに放送されていました。だからキョウリュウジャーが放送されたあと、あと10年くらいは考察しなくていいかな、と安心していたらなんと6年後に出てしまう。

大内　みんな「早っ！」って言いましたよね。

芝原　そうでした。2019年の『騎士竜戦隊リュウソウジャー』。まだ最近ですね。これも前口上を読んでみたいと思います。「人類が生まれるはるか昔から、地球を守ってきた戦士がいた。恐竜の力を身にまとい、伝説の剣をふるう」。恐竜とはいっても、みんながみんな1億数千万年前にいたわけではありません。恐竜が生息していた中生代は約1億9000万年間と、かなり幅があるんです。そういうツッコミを意識してか、この作品では年代の情報を入れてないです。ただ、恐竜の力を身にまとう、ということでやはり恐竜の力を使っているのは間違いない。

大内　ちゃんと考えられているんですね。

芝原　ではリュウソウジャーはどうだったか。今回も巨大隕石衝突がキーワードになっていて、やっぱり6600万年前に地球に巨大隕石が衝突したという点では我々の地球と一緒。ただちょっと珍しいパターンで、その時に敵側が「もうここには住めん！」と地球から出て行ってしまいます。ところが、長い時を経た現在になって、敵が宇宙から舞い戻ってくるんですね。

大内　元は敵も地球の住民だった。

芝原　その間恐竜は滅びずに、鎧を着せられて、被装甲型の機械生命体になっています。この世界では恐竜は騎士竜と呼ばれています。

大内　ところで……**僕からいうのもなんですが、恐竜率はどうなんでしょう？**

芝原　それでは見ていきましょうか。ティラミーゴはティラノサウルス、恐竜ですね。トリケーンはトリケラトプス、アンキローゼはアンキロサウルスで、どちらも恐竜。残りの2体が、ミルニードルとタイガランス。両方とも未発見の新種恐竜という設定です。これは公式サイトにちゃんと書かれています。

大内　そうなんですね。

芝原　ミルニードルはなんか、恐竜っぽい外見をしていなくもないんですが、タイガランスに至っては、トラなんですよね。てか……**未発見の新種恐竜って、どういう日本語!?**

大内　まだ見つかっていないのに、なぜ新種ってわかるのかっていうことですね？

芝原　はい。学名の付け方には、国際動物命名規約によって、ある程度のルールが決まっています。それに照らし合わせて考えると、この2種は少し不自然かもしれません。

大内　規約に沿わないと命名できないんですか？

芝原　論文に書いて、ちゃんとそれが認められないと名前がつけられないので、そうなりますね。なので、この世界においては少なくとも国際動物命名規約のルールが違うと思われる。そう考えると、リュウソウジャーの世界と我々の世界はかなり違う世界なのだと思います。それを元に未発見の新種、という言葉を解釈すると、リュウソウジャーの世界では新種として発見されているけど、我々の世界では未発見の種。2つの世界線にまたがった表現なのではないか、と思います。

『リュウソウジャー』に出てくる古生物学者

芝原　先ほど園咲琉兵衛さんという古生物学者が悪堕ちしてしまったという話をしましたが、リュウソウジャーにも古生物学者が出てきます。

大内　龍井尚久さんですね。吹越満さんが演じられていた。

芝原　この方も古生物学者兼考古学者、という雰囲気がありました。というのも遺跡の発掘をしながら、化石の発掘もしていたので。遺跡の発掘をしていたら、そこに封じられていた騎士竜の情報が出てきて。騎士竜という新しい恐竜を見つけたぞ、と学会発表しましたが、認められませんでした。その後何があったか、想像に難くないですが、自宅に研究室を作って研究を続けていたという方です。

大内　不遇な研究者……。悪堕ちが心配ですね。

芝原　しかし、自宅に化石を岩から掘り出すクリーニング用の道具があったり、産出した化石がどこにあったのか、地図に記すためなのか、プロ用の製図道具が配置されたりしています。全然関係ないですが、私の研究室はこんな感じです（図73）。

大内　急！

芝原　デスクの右側に置いているのが顕微鏡ですね。その奥に「精密天びん」という装置があります。微生物の化石の重さを測るために使います。自宅の研究室なので、こじんまりとしていますが。

大内　えっ、これ芝原先生の自宅なんですか。

芝原　私の家です。もちろん研究室はつくばの研究所内に別で確保していますが、そちらはあまりにカオスで、今はお見せできない状態でして。私の自宅ではデスク中央にパソコンがあって、その左手に数値計算用のパソコンがあって、左端に立体地

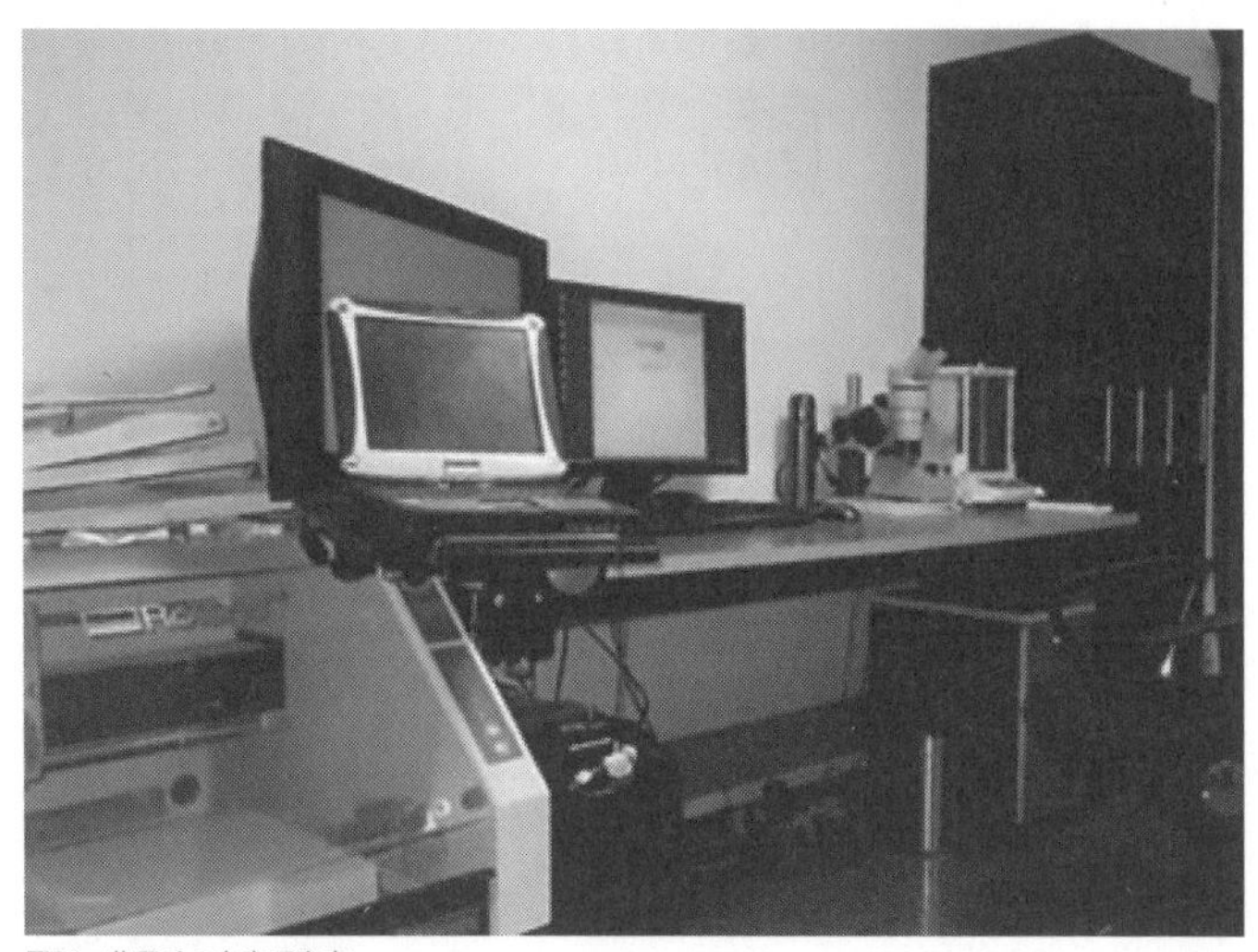

図73　芝原氏の自宅研究室。

図を削りだす3次元造形機がありま す。これで立体地図を作って、その上に地図情報をプロジェクションマッピングで投影する研究もしています。

大内　ええ、もはやクリエイター⁉

芝原　化石用と、データ処理用と、地図を作るための設備があります。ちょうど龍井先生の部屋が僕の研究室と似た構成だったので、紹介してみました。龍井先生は第1話のオープニングの時点で悪堕ちしそうに見えたんですよね。というのも、龍井先生が画面奥から歩いてきて、煙に包まれて消えて行くという演出がされていたので。

大内　もうあからさまな描写だったので、悪堕ちしなくて逆に驚いたというか。

芝原　ね、意外と悪堕ちしなくて。最後まで主人公たちにいろんな騎士竜の知識を与え続けてくれました。やはり古生物学者は味方につけるといいよ、ということで。

大内　もちろんそうですよ！

芝原　そこは積極的にアピールしていきたいと思います。**私は悪堕ちしない！**

大内　すみませんでした(笑)。

芝原　以上、４つの恐竜系戦隊を紹介してきました。ちょっとここでまとめてみたいと思います。キーワードになるのは、隕石の衝突ですね。

大内　いやあまさか、恐竜絶滅の原因が、今や隕石衝突が主流だったなんて。

芝原　図74の一番下にあるのが、元々の地球。そこに6600万年前、メキシコのユカタン半島に巨大隕石が衝突して、地球の環境が激変します。それで恐竜が絶滅したのが、我々の世界の地球。おそらく、その時に恐竜が絶滅しなかったのが、ジュウレンジャー、キョウリュウジャー、リュウソウジャー。その中でも恐竜が守護獣という信仰の対象に変わって生き残っていたのがジュウレンジャー。明確に機械

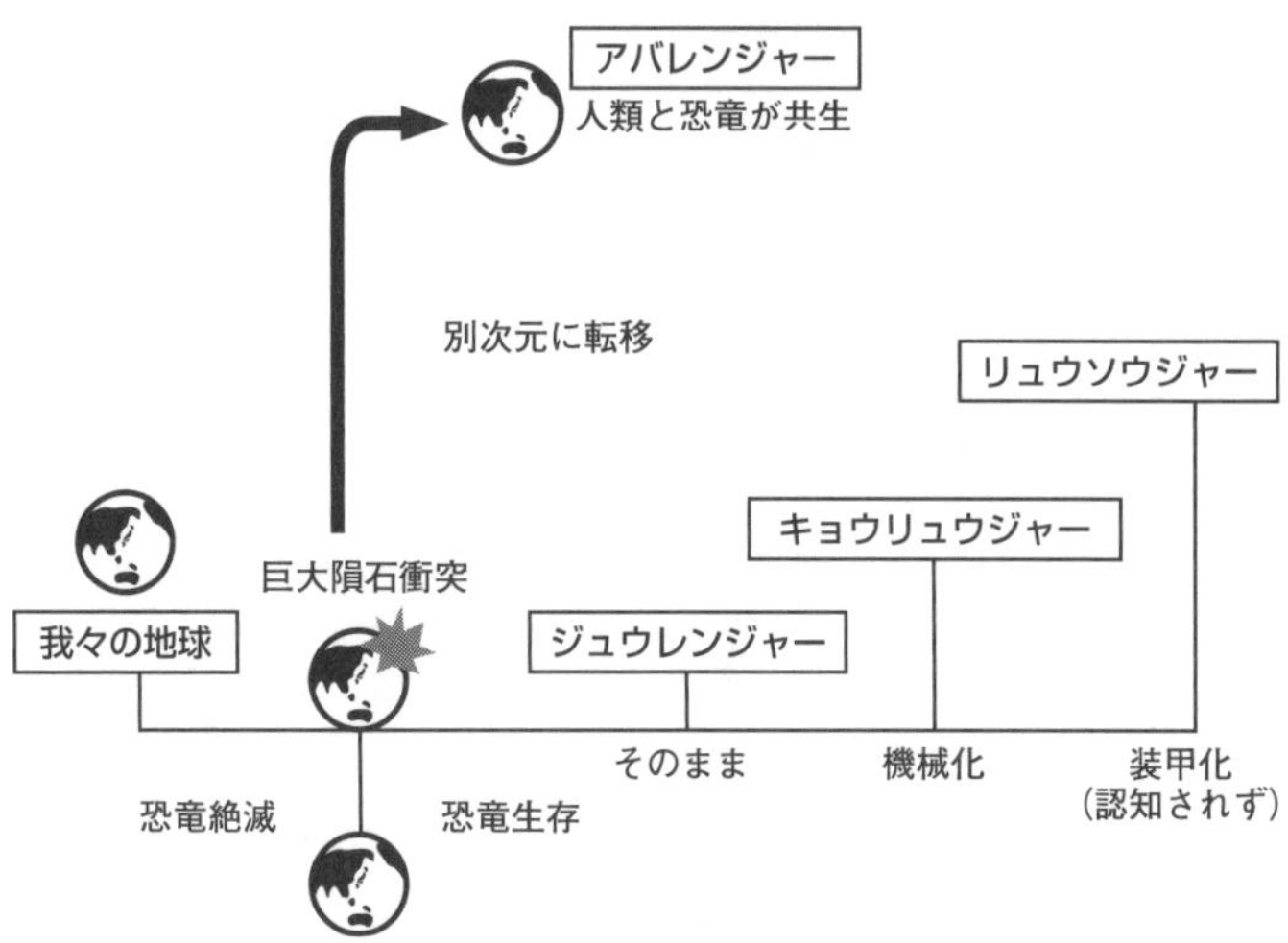

図74　隕石衝突により分岐する地球。

化されているのが、キョウリュウジャー。鎧のような装備を着せられたのがリュウソウジャー。しかしリュウソウジャーの世界ではそれを学会発表すると否定されてしまうので、恐竜が進化して生き残っているという学説は認められていない、というちょっと不思議な世界です。

大内　なるほど。

芝原　一番変化が大きいのが、アバレンジャー。巨大隕石の衝突によって、恐竜が別次元に放り出されてしまって、ダイノアースと呼ばれる別の地球に住むことになった。しかも知的生命体に進化して人類と共生している。恐竜系戦隊だけでも、これだけ地球の運命が分かれています。

大内　人間と共生している、という部分も気になりますよね。ジュウレンジャーとかリュウソウジャーとか。

芝原　そうですね。本当はそのパターンも、細かく分けないといけないんですが。

大内　アバレンジャーは基本共生してますよね。

芝原　家畜として使っているというのとは違って、完全に協力しあっているといっていいと思いますね。

戦隊で描かれてきた恐竜たちの「ビフォーアフター」

芝原　ティラノサウルスの描かれ方が、各戦隊でどう変わってきたか、を解説したいと思います。

大内　おお〜、これは語ってほしいやつ。

芝原　少しメタな話になりますが、ジュウレンジャーに出てくる「ティラノザウルス」は中に人が入っていました。大獣神と呼ばれる姿に合体する時、5体並んで走

【ティラノサウルスの描かれ方】
1905年に命名されたティラノサウルスは、当初は頭を上げ、尻尾を地面につけたまさにゴジラのような姿であった。しかし後述する「恐竜ルネサンス」に伴い、復元イメージが見直され、1980年代後半ごろから前傾型のイメージが普及した。（参考：『恐竜・古生物ビフォーアフター』土屋健著、群馬県立自然史博物館監修、2019年、イースト・プレス）

るシーンがあるんですが、一番奥に人が入ったスーツが走っていて、手前の4体がミニチュアなんです。それをカメラ効果で同じくらいのスケールにして合体シーンを撮影していました。ティラノザウルスだけ人が入っていたので、どうしてもゴジラのような直立型になっていました。

大内 そもそも、僕らもそういう認識でしたよね。恐竜は2本脚で直立してるっていう。

芝原 そうでしたね。**昔はよく直立型の復元図が描かれていました。近代では前傾姿勢をしていたイメージが強くなり、それが映画『ジュラシック・パーク』に反映されました。**

大内 だからそれこそ、『ジュラシック・パーク』が公開されるまでは、二本足で真っすぐ立っているのが一般的なイメージだったと思います。

芝原 そういうイメージもありましたし、人が中に入るのに適した体型にしていたという事情もあるようです。

大内 なるほど。

芝原 これが10年後のアバレンジャーになると、ティラノサウルスが前傾姿勢だった、という学説は一般的に浸透していました。ジュラシックパークからも、もう10年経っていましたし。だから、アバレンジャーに出てくるティラノサウルスは前傾姿勢にはなっていましたが、この頃はまだCGを多めに使っていました。これが、更に10年後のキョウリュウジャーになってくると、ティラノサウルスの頭に羽がついてきます。

大内　ついてましたね。

芝原　ティラノサウルスの身体に羽がつくかつかないか、というのは、ちょっと議論があって。私が監修したイースト・プレスさんの恐竜の本(『化石ドラマチック』土屋健著、2020年、『学名で楽しむ恐竜・古生物』土屋健著、2020年)では、あえてついていません。話すと長くなるので、脚注をご覧ください。

大内　**僕は衝撃でしたね……恐竜に羽が生えてるって。**

芝原　2013年に当時流行りのデザインになりました。当然姿勢は前傾型なんですが、CGではなく人が中に入っているスーツで、その姿勢を再現している。

大内　多くの戦隊作品でピンクに入っていた、中川素州さんという方が入っている専用スーツ。

【ティラノサウルスの身体に羽がつくかつかないか】 2012年に全長9mの「ユティランヌス」という恐竜から羽毛の痕跡が発見され、大型の肉食恐竜に羽毛が生えていた可能性が示唆された。これがのちにティラノサウルスにも羽が生えていたのではないか？　という考えにつながり、そういった復元図やキャラクターが多数作られた。しかし2017年にティラノサウルスのウロコの化石が発見されたことで、ティラノサウルスには羽毛がないか、あるいはあったとしても体の一部であると考えられた。このため、今日では羽毛のない復元図が再び主流となっている。

芝原 さすがお詳しい！ スーツアクターさんって、本当にすごい方たちで、類稀なる身体能力を使って、いろんなキャラクターを演じるわけなんですが。その技術は人間に限らず、恐竜にも生かされている。ＣＧがいいのか、ミニチュアがいいのか、という議論はあえてしません。どちらも素晴らしい技術ですし、両者をマッチングした特撮も多いので。ただリアルな映像を見せるにあたって、屋外の日光の下で撮影したミニチュアは、とても質感が高いという効果があります。『キョウリュウジャー』ではその効果をいかんなく利用していて、そこで人が中に入ってリアルに見せるスーツが活躍しています。

大内 技術の進歩ですね。

芝原 更に、２０１９年の『リュウソウジャー』ではその技術が極まっていました。前傾姿勢なのは『キョウリュウジャー』と一緒なんですが、非常に動きが速くなります。それまでだったらＣＧでしか表現できなかった、恐竜がジャンプして跳ね回る表現を、あえてスーツで撮影しています。このあたりは『リュウソウジャー』の第１話を見ていただけるとよくわかります。

大内 技術は進歩しているけれど、あえてスーツで動きを撮るというこだわり！

芝原　ティラミーゴが街中を歩く『ティラミーゴのティラ散歩』というイベント動画がありましたが、結構長い間スーツの中に人が入ったまま、子どもと遊んだりしながら撮影していました。**学説の恐竜の復元図の進歩**に合わせて、戦隊で描かれる恐竜も変わってきました。一方で、特撮の技術の進歩もありながら、スーツでの撮影とＣＧの両方がうまく融合している。

大内　そうですね。スーツじゃなくてＣＧで作ることが最高だという時代もありましたけど。

芝原　はい。決してどっちがいい悪いということではなくて。私は映像が素晴らしければどっちでもいいと思っている派なので。でも最近ミニチュアが少しずつ覇権を取り戻しているのもいいなと思います。ここまでが恐竜系戦隊の話です。

特撮を彩る研究者たち

芝原　ここからは特撮作品に登場する研究者たちを見ていきたいと思います。まずこの方は外せないですね。１９６６年の初代ウルトラマンのイデ隊員です。

【学説の恐竜の復元図の進歩】
1970年頃から、それまでの恐竜像を見直す動きが始まった。この動きを「恐竜ルネサンス」と呼ぶ。きっかけとなったのは米国の古生物学者ジョン・H・オストロムによるデイノニクスの研究である。この恐竜は非常にスマートで敏捷な恐竜と考えられ、それまでの鈍重な恐竜のイメージを一新し、それ以降の復元図やCGにも大きな影響を与えることになった。なおデイノニクスは、1993年の映画『ジュラシック・パーク』および『ジュラシック・ワールド』に登場する「ラプトル」のモデルとしても有名。
なお芝原が所属する地球技研と福井県立大学の「恐竜学研究所」で

大内　本名、井出光弘さんという方ですね。

芝原　コミカルで親しみやすい天才、という研究者の理想形というべき存在です。イデ隊員は、まず工学系に秀でた能力を持っているのは有名だと思います。例えばウルトラマンのスペシウム光線と同等の威力を持つ『マルス133』という装備を開発し、二代目バルタン星人の分身体を倒しています。イデ隊員の素晴らしいところは、ニコニコしながら画期的な発明品を作ってしまう点ですね。開発者の苦しみを一切感じさせずに、「こんなこともあろうかと」と作っていっちゃう。あれがもう研究者とエンジニアの理想的な姿かな、と思います。ですが、化学実験などをしているシーンも結構あるので、化学の方面にも強い。

大内　音声翻訳機とかも作ってますよね。

芝原　そうなんです。イデ隊員、言語学にも精通しています。二代目バルタン星人が出現した時に、「パンスペースインタープリター」という宇宙語を日本語に音声翻訳する機械を開発します。地球と全く文化圏の異なる言葉をサンプリングして、ちゃんと言語体系を作って自動翻訳まで持っていくのは、相当な技術力がないとできないはずなんですが、それをあっさりやってしまう。

は、2020年4月に「恐竜技術研究ラボ」（通称 Dinotech Lab）を共同設立した。地球技研がもつVRや精密プロジェクションマッピングなどの最先端技術と、福井の恐竜学とを融合させ、最新の恐竜復元をはじめている。

大内　多才！

芝原　ここまでが本編中の活躍なんですが、のちにウルトラマンの故郷である光の国の技術も解析したことがあります。例えば、96年にフィルム再編集で作られた『甦れ！　ウルトラマン』に出てきます。

大内　『ウルトラマンゼアス』と同時上映の作品ですね。

芝原　はい。ちょっと実験的な作品で、初代ウルトラマンの映像を再編集してCGで効果をつけたり、台詞をアフレコしたりしたものです。既にあるものを編集して、新しいエピソードを作っています。ストーリー的には、ゼットンを倒したあともウルトラマンが地球に残った「If」の世界を描いています。ウルトラマンがスランプに陥ったので、イデ隊員がウルトラマンの生体機能を解析して、スタミナカプセルというものを打ちこんであげたら、ウルトラマンがパワーアップして「マリンスペシウム光線」という新しい必殺技を身につけます。ウルトラマンの並行世界の話ですね。

大内　イデは漫画『ＵＬＴＲＡＭＡＮ』にも出てきますよね。

芝原　ハヤタの息子の話ですね。今度はイデがウルトラマンの能力を模したパワードスーツを開発します。なので、彼は、地球外の技術もどんどん解析できるほどの天才です。そして、初代ウルトラマンにはもう1人、科学者が出てきます。

大内 岩本博士ですね！

芝原 そうです。岩本博士は、科学センターの所長という肩書を持っていて、劇中に出てくるメカを開発します。例えば「ジェットビートル」。科学特捜隊の主力兵器で空を飛び、宇宙にまで行くことができる。この他にも多くのメカを開発しています。一番の功績は、最終話でウルトラマンすら敵わなかったゼットンを『無重力弾』という装備で倒してしまう。つまり、人類がウルトラマンを部分的に上回るくらいの技術を開発している。これがウルトラマンにおける科学者です。

大内 その他にも結構いるんですよね。

芝原 全部の科学者を紹介しきれないので、ここからは抜粋します。いきなり最新作に飛びます。『ウルトラマンZ』ですね。

大内 イナバ コジロー、みんな大好きバコさんですね。

芝原 はい。彼は、特空機というロボットの整備班の長です。『機動警察パトレイバー』の整備班長を彷彿とさせるかっこいいベテランの方ですが、「キングジョー」という敵のロボットが鹵獲（ろかく）された際に、機能を解析し再構成して、防衛用にカスタマ

【イナバ コジロー】 非常に多才な人物として描かれており、ロボットの整備だけでなく、マグロを解体して隊員たちにふるまうシーンも見られる。演じた橋爪淳氏は、1994年公開の「ゴジラVSスペースゴジラ」にも出演しており、こちらでは対ゴジラ作戦用のロボットであるMOGERA（Mobile Operation Godzilla Expert Robot Aero-type）を操縦して敵怪獣と戦う役を演じた。

イズしてしまいました。いわゆるリバースエンジニアリングの一種です。

大内　リバースエンジニアリングって何ですか？

芝原　例えば、スマホを知らない人たちがスマホを見て、分解して技術を知るといったところです。もっとシンプルに言うと飛行機の形を見て、そこから設計図を逆に起こして「多分こんな原理で飛んでるんじゃないかな」と解析することをいいます。

大内　なるほど。既にある現物を分解したり動作を観察したりして、動いてる原理とかを突き止めていくっていうことですね。

芝原　だから、やる側にも相当な技術力が必要です。技術が盗まれる場合にもよく使われる手法なので、表現が難しいのですが。

大内　そっか、盗む方にも使えることですね。確かに。

芝原　とにかく、バコさんはメカに強く、マグロも捌ける……。MOGERAも操縦できる。

大内　あはは。

芝原　ごめんなさい、ゴジラネタですね。とにかく素晴らしいエンジニアです。もう1人、オオタ ユカさんという研究者が出てきます。この方は博士号をいくつも持っています。博士号をとるのは結構大変なんですけどね。

大内 そうなんですか？ なんとなくそうだろうなとは思いますが。

芝原 現実世界でも、博士号を複数持つ人はいます。私は理学の博士号を持っていますが、その他にも工学博士など、分野によってそれぞれの博士号があります。

大内 そもそも博士ってどうやったらなれるんですか？ 試験とかあるんですか。

芝原 あります。基本的には大学院で、自分で計画を立てて研究をして論文を書いて発表し、第三者の複数の研究者に国際的に認めてもらって実績を積みます。その論文の目録を作って審査会にかけます。だいたい審査会では指導していただいた教授と、副査と呼ばれる他の教授によって審査されて……もうとにかく、最後の1年は審査だらけですね。

大内 でもそれを通らないと、博士号はもらえない？

芝原 もらえません(血涙)。

大内 大変そうですね。

芝原 結構神経が削られます。

大内 それって20代くらいでとるものなんです？

芝原　私は29の時でしたね。

大内　へえー。

芝原　別に若い時にとるのがいいというわけじゃないですよ。先に就職して、研究所で実績を積んでから、もう一度大学院に入り直してとる、という先生も沢山いますので。

大内　そう考えると、オオタ博士の場合は……？

芝原　そうですねえ。

大内　この方は相当若いですよね。

芝原　はい。だから、博士号を10代でとっていてもおかしくないですね。

大内　とることはできるんですか？

芝原　一応いることはいる……かな？　博士号というのは、「自分はすごいんだ」と自慢するためのものではないです。**取得するプロセスからわかるように、自分で計画を立てて研究し、更に論文を周囲に認めさせることのできるコミュニケーション能力がある、ということを証明するものなんですよ。**

大内　なるほど！

芝原　博士号は、自分はこの分野の研究をして、ちゃんとその内容に責任が持てます、ということをいうためにとるものなんです。まあ、とっちゃったらとっちゃったで、下手なことがいえなくなるので、結構大変なんですが。

大内　**え、この本での発言は大丈夫なんですか。**

芝原　これでも引用する資料の著作権や表現内容にかなり気を遣ってますので……。

大内　これでも気を遣ってるんだ！

芝原　相当気を遣ってますよ！

大内　そうですよね。年末にトークしていて、中沢健さんというUMA研究家の方と一緒になったんですが、その時につくばの上空で何か飛んでるって話になって。

芝原　プテラノドンが牛久大仏の上を飛んでるっていう写真を見せられましたね（笑）。

大内　中沢さんは、写真とかいろんな証拠を沢山出してきて、芝原さんに「実際どうなんですか」って聞くんですけど。

芝原　返答が難しいですよね。ああいう時は、口が裂けても「そうかもしれない」とはいえません。でも頭から否定するのは真剣に調べている相手に失礼ですし。だからといって、科学的にはちょっといえることといえないことがあります、と前置きしてから、写真が合成されている可能性もあるし、写真からいえることはこうです……と。必ずそういうスタンスでしゃべらなくてはならない。

大内　博士が、「プテラノドンが飛んでる可能性がある！」っていっちゃうと事件になっちゃう。

芝原　今はすぐにSNSで拡散されますしね。

大内　「証言とれました！」って。

芝原　だから変に誤解を生まないようにちゃんと切り分けてこの場では話している……はずなんですが、もし何か不都合がありましたら、そこは皆さん遠慮なくご指摘ください。そこは謝罪したうえで修正をかけさせていただきたいと思います。

天才「オオタ ユカ」

芝原　何の話をしてたんだっけ。そうそう、オオタ ユカ博士の能力を見ていきたいと思います。生物学の素養が多いですよね。怪獣が出てくるたびに解剖をしてですね、怪獣の内臓はだいぶ臭いらしいんですが、それをストレイジの冷蔵庫にしまっています。

大内　プリンとかも入れてる冷蔵庫だから、よくみんなから文句言われているシーンがありますね。

芝原　そうでした。ロボットの開発にも関わっているので、工学系の能力もあります。そして、この方の特徴の1つとして歴史学にも精通しています。古文書の解読などを行い、古代の怪獣が出てきた時に対処しています。だから文系理系のバランスがよい方なのかな、と思っています。

大内　すごい能力高いけど、スキあらば解剖したがるという、ちょっとマッドな一面もありますよね。

芝原　怪獣を解剖しているうちはよかったんですが、隊長が宇宙人だってわかったとたんに、隊長まで解剖しようとしましたよね。

大内　**芝原さんの場合は、スキあらば妄想。**

芝原　私はまだ頭の中で完結してますから。

大内　行動には移してないのでセーフ。

芝原　最終回のユカとジャグラーのシーンいいですよね。「隊長、また会えますよね」という。

大内　皆さん、『ウルトラマンZ』はおもしろいので見ましょう。

芝原　あと、Zの世界は地球防衛軍の技術力がかなり高いのではないか、という描写があってですね。第二部でも触れましたが、例えばゼットランスアローが発見された時、分析に使っていた機械は実際につくばの研究所で使われているものと同じでした。

大内　「ハンドヘルド蛍光X線分析計」でしたっけ。

芝原　はい。だから、最初の5話くらいまでは、我々の世界と文明レベルに差はなかったようなんです。でもどんどん装備が作られていきます。例えば「異次元壊滅兵器D4」。『ウルトラマンA』に出てきた、次元を超えることのできる超獣バラバの体組織が使われています。それを地球防衛軍が利用して強力な兵器を作り上げてしまいます。それを怪獣に使った影響かどうかまだ不明ですが、『ウルトラマンZ』の24話の世界地図からカスピ海が消えてしまっています。何にせよ、最終話においては我々の世界とは科学レベルがかなり変わっているのではないか、と思われます。セレブロという敵宇宙人による『文明自滅計画』という、わざと文明を発達させておいて、争いを起こして自滅させる、という作戦が進行していたので、そのせいなのではないかな、と思っています。

大内　毎回、特撮には研究者が出てくるので、研究者にフィーチャーした企画をやってもおもしろそうですね。

芝原　これだけで1シリーズやりたいですね。ティガのGUTS（ガッツ）など。

大内　科学者っていうと、僕らも漠然と「科学に詳しい人」ってイメージですが、どう詳しい人なのか、なんとなくしかわからない。芝原さんに解説してもらって初めて、こういう科学者なんだとわかった感じです。

芝原　作品によってテーマが違うから、科学者の科学する対象も違ってくるんですよね。この話を踏まえて、私が全特撮界で一番の能力を持つのではないかと考える研究者を次にご紹介します。

特撮史に残る天才科学者とは？

芝原　その人とは……『ウルトラマンガイア』、高山我夢です。1998年の作品で

【GUTS】
『ウルトラマンティガ』に登場する防衛組織。「Global Unlimited Task Squad」の略。

す。「ＸＩＧ」という防衛組織に所属していて、研究者であり主人公でもあります。ガイアはストーリー全体を通して研究者が大活躍するＳＦ的にもかなり凝った作品です。

大内　すごいなとは思ってましたが、同じ立場の芝原さんから見てもそうなんですね。

芝原　はい！　彼はすごいですよ。まず、17歳で博士号をとっています。しかも量子物理学分野です。よくイースト・プレスさんでも本を出されている、つくばの高エネルギー加速器研究機構の多田将先生の分野ですね。実際に存在する研究分野です。量子物理学の研究をして博士号をとったので、工学か物理学の博士号を持っていると思われます。ところが、ＸＩＧではよく化学分析らしき業務をやっているので、就職してからは化学をしているのかな、と思います。

大内　就職ですか(笑)。

芝原　ここ、解釈が難しくて。17歳で博士号をとっているので、大学に通ってたと思うんですが、その後「ＸＩＧ」に就職(？)して、本編が終わったあと、もう一度大学に戻ってるんですよ。

大内　あーそういえば。

芝原　博士号を持ってるのに、また大学に入学している。2個目の博士号をとろうとしているのか、あるいは人間的なつながりがほしくて入ったのか、ちょっとそのあたりはわかりません。博士号を持っていたら、普通大学に入り直すって、珍しいと思うんですがね。とにかく彼は、量子力学と化学のエキスパートです。ただ、人工知能の開発もやっていて、「XIGファイター」という戦闘機に人工知能を搭載して、呼べば勝手に来たり、あるいは自分がウルトラマンに変身している間のアリバイ作りをするために、自動で戦闘をさせたりもしています。

大内　あの設定すごいですよね。

芝原　ウルトラマンに変身している間、本人がいないというのを説明できてる。ここまでで十分天才なんですが、おそらく高山我夢の技術は光の国と同レベルの水準になっています。

大内　**地球人としてはチート級の天才ですね。**

芝原　はい。その前に押さえておきたいのが、『ウルトラマンガイア』に存在する、もう1つの組織「アルケミー・スターズ」です。アルケミーとは錬金術とか魔法とか、ちょっと科学から離れた表現ですが、おそらくそれぐらい発展した科学という意味合いなんでしょうね。「十分に発達した科学技術は魔法と見分けがつかない」……アーサー・C・クラークの言葉を意識しているのでしょうか。

大内　なるほど。

芝原　彼らは高山我夢と同じで20歳前後の天才児たちによる研究者のネットワークです。我夢自身も、そこの出身という設定になっています。そして、アルケミー・スターズ出身の研究者が作中に沢山出てきます。彼らが、のちの防衛組織の「G.U.A.R.D.」と「XIG」を設立するきっかけを作ったということになっています。研究者が防衛組織を作って、地球を救うという熱い展開。そこにいる大人になりたいなあ、と見ているだけでワクワクしますね。

大内　正義の科学者！

芝原　さらに、劇場版『ウルトラマンティガ・ウルトラマンダイナ&ウルトラマンガイア　超時空の大決戦』ってあるじゃないですか。

大内　現実世界にウルトラマンガイアが来たという設定の劇場版ですね。

芝原　はい。ウルトラマンがテレビ放映されている世界で、玩具屋さんにもウルトラマンのソフビが売られています。そこにバミューダトライアングルを調査していた高山我夢が飛ばされてくるところから、物語が始まります。最初はたまたま来ちゃって、いろいろあったあとに一度ウルトラマンガイアの世界に戻ります。でも子どもたちが僕を求めてるから、もう一回行かなくちゃいけない、ということになり、時空を超える「XIGアドベンチャー」というロボットを作ってしまうんですね。

大内　両腕をブンブン回して時空を超える、不思議なマシンで世界を超えますよね。

芝原　これを人間として実現しているのは、ウルトラマンの世界でも非常に珍しいのではと。先に説明をしてしまいますが、劇中で赤い球というものが登場します。斉藤麻衣さんが演じられていた七瀬リサさんというキャラクターが出てきますが、この子は赤い球と関係が深い存在です。赤い球は人間が思い描いたものをなんでも物質化してしまう。**究極の3Dプリンタのようなもので、質量を持つものの価値を究極まで高めた物質文明の最終到達点です。**どれだけ遠い未来の設備なのかは不明ですが、その未来では人々の欲望のために使われて、結局みんなこの赤い球が原因で滅んでしまいます。この赤い球が、人間が交信するためのインターフェースとして作られたのが、七瀬リサです。つまりアバターですね。そういった背景を、高山我

【3Dプリンタ】
いわゆる3Dプリンタは、デジタルデータをもとに、立体物を造型するもので、1980年に小玉秀男氏によって開発されたものが最初である。機種によって造型方法が異なるが、基本的には液体の樹脂などを少しずつ積層しながら、立体物を作ってゆく方式が主である。芝原の地球技研で制作している立体模型は、これとは異なり、材料から立体物を削りだす3Dプロッタと呼ばれる機械が使われている。（参考：科学技術振興機構公式サイト https://scienceportal.jst.go.jp/explore/opinion/20140225_01/index.html　2021年3月12日閲覧）

夢は一発で見抜いてしまう。

大内　我々の文明のはるか未来から来たものを見抜くだなんて、我夢はやっぱりすごい！

芝原　ここで、ウルトラマンの並行世界をもう一度おさらいしてみたいと思います。まず最近のウルトラマンは並行世界ができすぎていて大変なことになっています。まず図75の一番上、光の国ワールド。いわゆる初代ウルトラマンから続く、光の国の一族がいる世界です。キングを筆頭に父母、ゾフィー、初代。あとはメビウスや、その先の未来の世界の大怪獣バトル、息子の世代のゼロなどが光の国です。

大内　いやあ、よく表にまとめようとしますよね、芝原さんの根気たるや。

芝原　この世界を中心にして、また別の世界があります。さっきもちょっと話題になりましたが、「If」の世界、もしもの世界ですね。これをレベル3マルチバースと呼びます。マルチバースとは、並行世界のことで、並行世界の中でもいくつかレベルがあります。元々は光の国と一緒の世界なんだけど、もしもこうなったらどうなったか、というのをレベル3マルチバースと呼びます。例えば漫画『ＵＬＴＲＡＭＡＮ』。これはウルトラマン以外が地球に来なくて、ハヤタ隊員の息子がウルトラマン

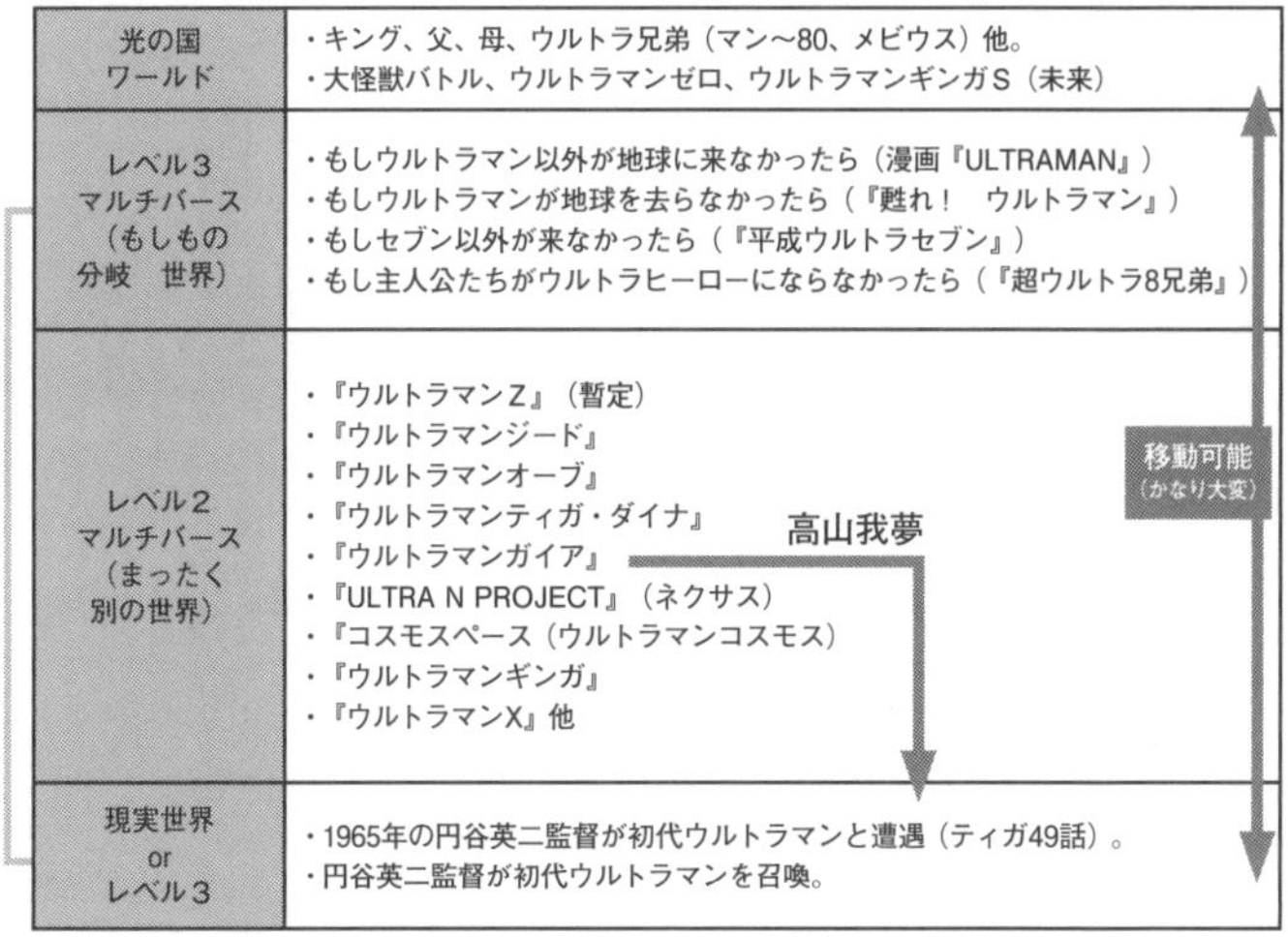

光の国ワールド	・キング、父、母、ウルトラ兄弟（マン～80、メビウス）他。 ・大怪獣バトル、ウルトラマンゼロ、ウルトラマンギンガS（未来）
レベル3マルチバース（もしもの分岐　世界）	・もしウルトラマン以外が地球に来なかったら（漫画『ULTRAMAN』） ・もしウルトラマンが地球を去らなかったら（『甦れ！　ウルトラマン』） ・もしセブン以外が来なかったら（『平成ウルトラセブン』） ・もし主人公たちがウルトラヒーローにならなかったら（『超ウルトラ8兄弟』）
レベル2マルチバース（まったく別の世界）	・『ウルトラマンZ』（暫定） ・『ウルトラマンジード』 ・『ウルトラマンオーブ』 ・『ウルトラマンティガ・ダイナ』 ・『ウルトラマンガイア』 ・『ULTRA N PROJECT』（ネクサス） ・『コスモスペース（ウルトラマンコスモス） ・『ウルトラマンギンガ』 ・『ウルトラマンX』他
現実世界 or レベル3	・1965年の円谷英二監督が初代ウルトラマンと遭遇（ティガ49話）。 ・円谷英二監督が初代ウルトラマンを召喚。

移動可能（かなり大変）

高山我夢

図75　ウルトラマンの並行世界(諸説あり)。

の因子を受け継いでいたら、という話です。ウルトラマンが地球を去らなかったら、というのが先ほども出てきた『甦れ！　ウルトラマン』です。ウルトラセブン以外が来なかったら、というのが平成ウルトラセブンシリーズです。更に主人公たちがウルトラ戦士になってなかったら、普通の人間として生活していて、そのあと覚醒していたら、というのが『大決戦！　超ウルトラ8兄弟』です。

大内　元の世界と共通点は多いけど、ちょっとしたことで分岐したのがレベル3マルチバースで、元の世界にすごく近いってことですね。

芝原　はい。それとは違って、全く別の世界をレベル２マルチバースと呼びます。とはいえ、作品を見ればわかるように、かなりその差があいまいになってきています。最近のシリーズは特にその傾向が強いですね。完全に別の世界なので、そもそも人々がウルトラマンの存在を知らない。第二部では、シン・ウルトラマンがこの中のどこに入るのか、という話をしましたね。一部のウルトラマンは、この各世界を移動できることになっています。元の世界からレベル２とかレベル３とか。あと、現実世界にも行けるという描写もあります。

大内　かなり複雑ですね。

芝原　一番顕著だったのが、第二部でも取り上げた、ティガの49話ですね。『ティガ・ダイナ&ガイア超時空の大決戦』も、この現実世界と融合したお話になります。現実世界なのか、もしものレベル３の可能性もなくはないのですが、我々の現実世界に近い存在です。だから、多分光の国から移動するのが一番大変なのは、この現実世界だと思います。……が、一応移動できます。

大内　一応？

芝原　その移動ができる人たちを紹介します。まずはウルトラマンノア。この人は各世界をパッと移動できる。ほとんど神様のような扱いをされていますね。このノアの力を分け与えられたのがウルトラマンゼロ。「ウルティメイトゼロ」という形態になると、ノアほどではないのですが、移動することができる。しかし、能力を使いすぎるとエネルギーを消耗してしまう。そしてそもそも、初代やティガは円谷英二監督の世界にいっているので、この人も次元跳躍能力を持っている？

大内　どうなんでしょうね。今のところは、ゼロしかその能力を持ってない、ってことになっていますけど。今は『ウルトラギャラクシーファイト　大いなる陰謀』もありますよね。

芝原　『ギャラクシーファイト』ではそのあたりが語られますよね、っていうか、そのあたりが話の中心ですよね。各世界を移動するには、相当な労力がかかるということだけ、前提条件として押さえておきたいと思います。

大内　神の力がないと超えられない。

芝原　**しかし高山我夢は、あっさり機械を開発して超えてしまう。**

大内　あはは。

芝原　光の国の全員のパワーを使わないと、各世界を跳躍できないらしいんですよね。ウルトラマンをもってしても、よっぽど特別な人か、光の国全員の能力が必要なところを、高山我夢は1人の人間なのに超えてしまうという。

大内　そういわれるとすごいですね。

芝原　この能力を使うことができた地球人は、今のところ彼くらいだと思います。以上のことを踏まえて、まとめに入りたいと思います。

大内　**この「踏まえる」のも、そろそろ最後ですかね。**

「特撮の地球科学」大年表、ここに公開

芝原　特撮作品で起きるイベントを、地球の年表にのせてみました。図76です。この本に何度も出てきた、古生代から我々の生きている現在までを示した図が左にありますね。地球の歴史でも特に大きな3つの出来事を強調しています。約5億4200万年前、生き物がたくさん出てきた**カンブリア爆発**。ペルム紀の最後に多くの生物が絶滅した後に始まった、**恐竜の時代**。そして、**巨大隕石の衝突**による恐竜の絶滅です。大切なので、図に盛りこみました。そのあとの地球の歴史も、簡単にお

さらいしておきましょうか。恐竜の絶滅後、哺乳類の時代が始まり、そして人類につながるような生き物ができてきます。約1万年前くらいに、ようやく地球の気候が安定して、人間が文化的な生活ができるようになりました。

大内　ちょっとすみません、情報量が多すぎます（絶句）。

芝原　これやったら大変だなあ、と思ったのですが、思い付いた以上はやらざるを得ないので、やりましょう。

大内　ストイック！

芝原　図の説明に戻りますね。地球の年表に、特撮の代表的な4つの「世界」の軸を足しました。一番左から、スーパー戦隊の世界、仮面ライダーの世界、ウルトラマンの世界、ゴジラの世界です。そして、その軸の上に特撮作品名をのせました。一部の作品だけなのですが。これでも、かなり情報を絞りました。これ以上書くと、見ている人が疲れてしまう。

大内　こりゃ大変だ。

芝原　どうしよう、やっぱり逃げようかな……。

大内　逃げちゃダメですよ。

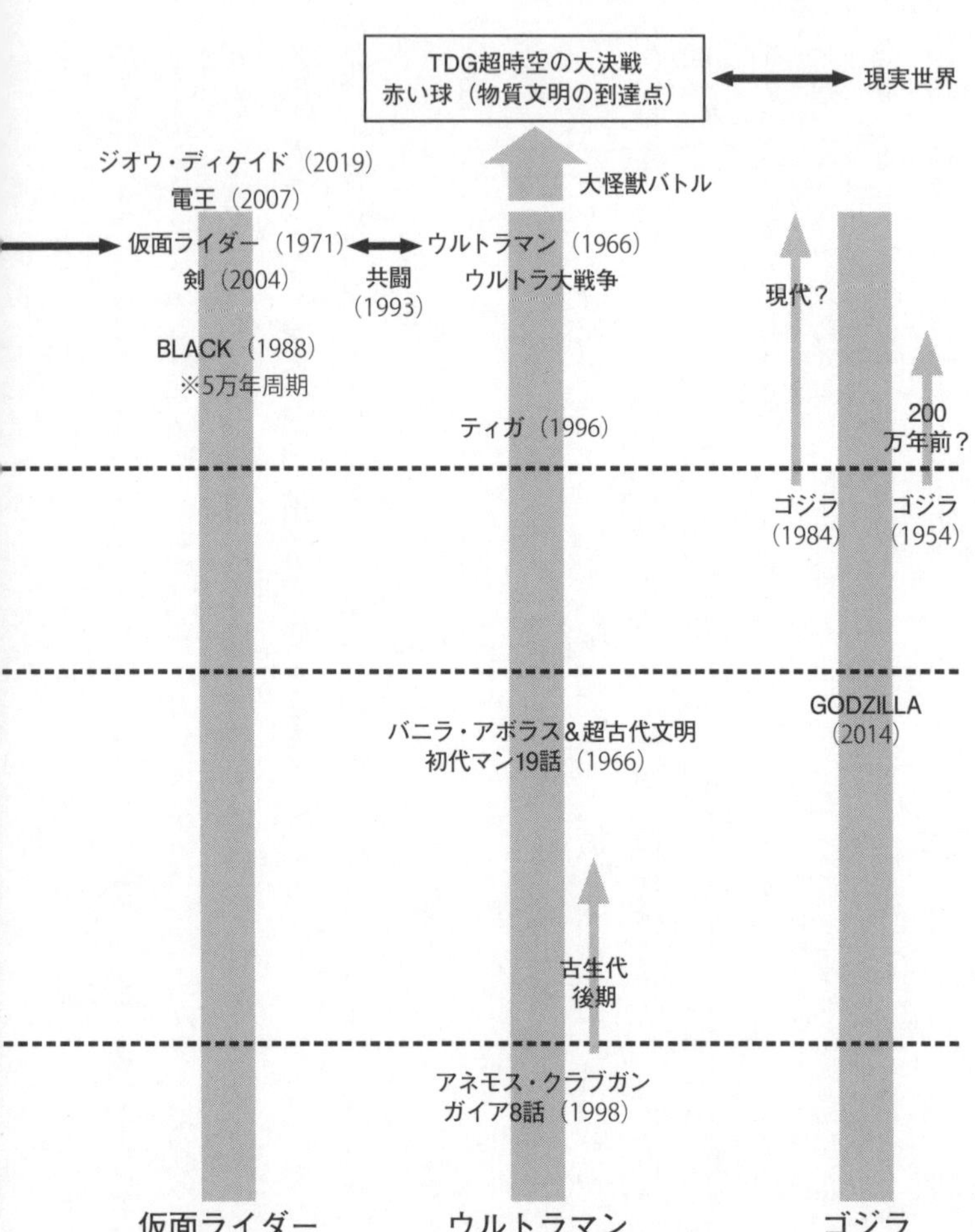
TDG超時空の大決戦
赤い球（物質文明の到達点）
現実世界
ジオウ・ディケイド（2019）
電王（2007）
仮面ライダー（1971）
剣（2004）
BLACK（1988）
※5万年周期
共闘
（1993）
大怪獣バトル
ウルトラマン（1966）
ウルトラ大戦争
ティガ（1996）
バニラ・アボラス＆超古代文明
初代マン19話（1966）
古生代
後期
アネモス・クラブガン
ガイア8話（1998）
現代？
200
万年前？
ゴジラ
（1984）
ゴジラ
（1954）
GODZILLA
（2014）
仮面ライダー
ウルトラマン
ゴジラ

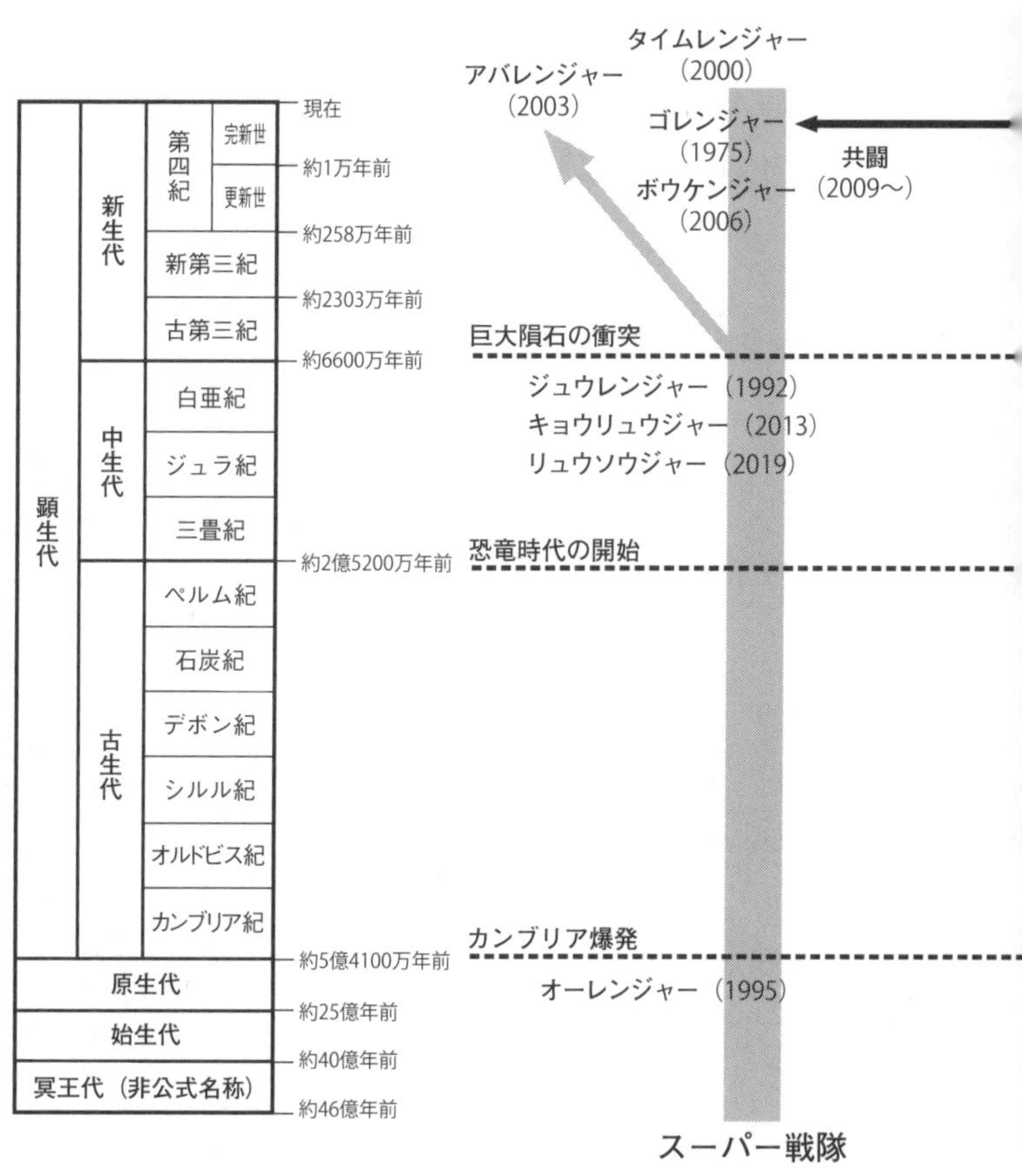

図76　「特撮の地球科学」大年表（諸説あり）。

芝原　ううう……。まず見方を説明しますね。各特撮ヒーローの一番大本のエピソードになったであろう時代に、作品名を配置しています。もちろん、みんな活躍しているのは現代なんですけど。『超力戦隊オーレンジャー』は一番古い戦士が6億年前に出現しているので、その時代に配置しています。ただし、放送した年は1995年です。それぞれのヒーローの中でも、最も古い部類に属するんじゃないかと思います。一応生物がいなくはないんですが、まだ細かい分類体系なんかはよくわかっていない時代です。そのあと、恐竜系はもちろん……。

大内　中生代ですね。

芝原　その通りです。恐竜に詳しい方にはツッコミどころが沢山あると思いますが、ご容赦ください。ジュラ紀・白亜紀の区切りはあえて曖昧にしています。グラフの幅をとってしまうので。各戦隊に関係するのは、この6600万年前のポイントです。巨大隕石の衝突で恐竜がいなくなったり、あるいは生き延びたりして歴史が分岐していきます。各ヒーローでは細かい世界の分岐については無視していますが、『アバレンジャー』は地球がもう1つできたくらいの出来事だったので、更に分岐させています。2006年の『ボウケンジャー』だと、敵の大神官ガジャが4万年前の人なので、そのあたりに入れています。

大内　いいですねえ。

芝原　1975年に初代戦隊の『ゴレンジャー』の放送が始まります。この辺がすべての起点になっていますね。2000年放送の『タイムレンジャー』、これは西暦3000年から来ているので、少し未来の話です。

大内　1000年先って、僕らにとっては果てしない先なんですけど。

芝原　**地質学的には1000年先は「ちょっと先」ですね。**では、仮面ライダーについてみたいと思います。仮面ライダーは中生代以前がぽっかりあいています。全然拾いきれてないだけかもしれませんが。

大内　クウガが古代文明じゃなかったですか？

芝原　すごく迷いました……。資料によって設定年代が異なり、現在調査中です。大内さん、ご存知ないですか？

大内　うーん、僕もそこまでは知らないですねえ。資料によってばらつきがあるのかも。

芝原　あくまで公式設定で何万年前、と書かれているものを調べて、確定したものだけをこの資料に載せています。もし追加情報がありましたら、ぜひ皆様ご教示ください。

大内　地質学的には1万年前って、ついこないだ？

芝原　こないだですね（笑）。なぜ『仮面ライダーＢＬＡＣＫ』を一番下に持ってきているかというと、ブラックは５万年周期で、創世王という王様を選ばなければならないという周期性が描かれたストーリーだったからです。あれは仮面ライダーであると同時に、ある種族の王様なんですね。５万年ごとに王様を決めるトーナメントがあるので５万年周期で仮面ライダーが活動している世界になります。最低限、５万年よりは古い、と思われます。そして、周期と書かれているからには、仮に10回繰り返したとして、50万年前。１００回だとすると５００万年前……とにかく、ライダーの中ではかなり古い部類と考えて問題ないと思います。『仮面ライダー剣』も古いです。

大内　どのくらいですか？

芝原　そうですね、１万年前くらいです。特撮関係は1万年前の人が多いので、なかなか書くのが大変です。

大内　なんとなくイメージするはるか古代が、1万年前なんでしょうかね。

芝原　はい。あと、『特撮の地球科学』的に言えば、1万年前というのは、最終氷期が終わって地球が安定して、人類の文明作りが加速した時代なので、そこを起点にしてさまざまな古代文明が発達したという解釈も成り立ちます。1万年前には、この他にも多くの方がいます。

大内　なるほど、1万年前にも根拠があるんですね。

芝原　1971年に仮面ライダーの放送が開始されます。そして、少し未来だと電王。彼らは過去にも未来にも行きますけど。あと、ジオウ、ディケイドも時間移動して騒動が起きます。なぜ戦隊とライダーを並べたかというと、同じ東映株式会社の制作というのもありますが、2009年の『シンケンジャー』あたりから、共闘し始めたからです。最近だと映画も定期的に作られていますが、これぐらいから、両者の時間が交わりだします。

大内　ウルトラマンの方は、この年代表にあてはめるとどうなるんでしょう?

芝原　では早速いってみましょうか。昨日気づいてしまったのですが、ガイアの6話で、6億年前の化石が出てきます。アネモスとクラブガンという、共生関係にある2種類の古生物が作中に出てくるんです。

大内　6億年前なんですか。

芝原　ええ。で、滅んでしまった化石として出てきて、地球に選ばれなかった生き物という風にアルケミー・スターズに評されています。その自分たちの声を聴いてもらいたくて蘇ってくるという、なかなか切ない話です。問題は、このアネモスとクラブガンの化石の端っこに、アンモナイトの化石がくっついてる。

大内　あー、これは嫌な予感……。

芝原　アンモナイトの仲間の化石が出てくるのは、早くても4億年ちょっと前のデボン紀です。ところが、ウルトラマンの世界線だと6億年前にいる。なので作中では、おそらくここで時間軸の移動か時空のゆがみがあったのではないかと思われます。

大内　アンモナイトに似たような何かってことは。

芝原　その可能性もあります。できればそうであってほしい。

大内　**収れん進化的なことが起きたのかも。**

芝原　ただ、そもそも大きな生き物がいない時代なので。

大内　そんな大きな殻を持つ生物がいるわけがないってことですか。

芝原　まだ考察中です。あと有名どころでは、初代ウルトラマンの19話に出てくる、バニラとアボラスという怪獣がいます。これが2億『5000年前』。

大内　何か問題なんですか。

芝原　年代測定は種類によって制度の幅がありますので、だいたい億の後は数千万年前と続きます。さまざまな書籍で取り上げられているので、今更ではありますが、『2億とんで5000年前』なんです。

大内　5000万年前じゃないんだ。もう端数みたいなものですよね。

芝原　誤植だと指摘もありますが、この『特撮の地球科学』では違う解釈をします。ウルトラマンの世界では年代測定の精度が非常に上がっていると考えられます。だから、おそらく2億5000年前という高精度な年代測定値が得られているのでは。

大内　2億5000って、もう2億でいいじゃん、って思いますけど、それは高精度だからそこまで特定できてるってことなんですね。

芝原　はい。もう1つ忘れてはいけないのが、バニラ、アボラスという古生物が当時いたという文献を残した、超古代文明が存在したという描写です。恐竜が出てくる前の時代から、ウルトラマンの世界では文明があった可能性がある、ということも描かれる。その後、ウルトラマンの年表は、だいたい３０００万年前くらいへ飛びます。ティガが３０００万年前くらいの戦士だと明確に語られています。

大内　第二部でお話しした、古代怪獣はもっと最近なんですよね。

芝原　そうですね、それは本当にもっと新しい時代の生き物です。今、まさしく『ギャラクシーファイト』で描かれているウルトラ大戦争というのは、数万年前と言われています。言ってみれば作品ごとの差別化なんですが、『ウルトラマンティガ』はあえてすごく昔の話にしています。光の国の人たちが数万歳、ウルトラマンキングですら約30万歳なんですが、ティガはかなり時代を離しています。なぜライダーの横に置いたかというと、１９９３年にウルトラマンと仮面ライダーが、会社の枠を飛び越えて共闘しています。『ウルトラマンVS仮面ライダー』。

大内　共闘といえば共闘ですね。

芝原　はい。仮面ライダーが巨大化して、ウルトラマンと一緒に戦います。

大内　あの巨体が繰り出すライダーキックをくらったら、敵もたまらないでしょうね。

芝原　七瀬リサに変異する赤い球が存在する超時空の大決戦が、今のところ一番未来を描いた作品になっていると考えます。そこと高山我夢のいる時空と現実世界がつながっている。これがウルトラマンの世界。そして、次がゴジラの世界です。

大内　……あはは。まだ続きますね。

芝原　いろんなゴジラが出てきたんですが、明確に恐竜時代の恐竜をベースにしていると明言されているものは、それほど多くありません。例えば1954年の初代ゴジラは、博士が「私は見た！　確かにジュラ紀の恐竜だ」と言ってます。

大内　そうですよね、キョウリュウって言ってました。

芝原　中生代のはずなんですが「200万年前だ」。

大内　少し年代がずれていますね。

芝原　だからジュラ紀の生き物なのか、もっと新しい時代の生き物なのかよくわからない。そもそもこの初代ゴジラは恐竜なんでしょうかね……というところがあります。学会発表では、水棲生物だと言われていますので。恐竜なんだけど、水棲。となると、ますます恐竜かどうかわからなくなってくる。

大内　**水棲生物だと恐竜ではないんですか？**

芝原　はい。それが陸棲生物に進化する途中だったのではないか、というのが山根博士の説です。それに対して、１９８４年の『ゴジラ』。84年に出てきて、95年まで活躍したゴジラですね。この個体はゴジラザウルスという恐竜の生き残りがゴジラになった、と大本が恐竜だと明言されています。これが第二次世界大戦ぐらいまでは、ラゴス島という太平洋の小島で生き残っていた、という描写がある。ただし当時の恐竜の生き残りなのか、それとも子孫が脈々と現代まで生き残っていて、現代に姿を現したのかはわからない。

大内　恐竜時代から来たのか、それともただの子孫なのか。

芝原　２０１４年の『ＧＯＤＺＩＬＬＡ』に登場するゴジラは、ペルム紀に発生したといわれています。なので、恐竜時代より前です。

大内　前、なんですか。

芝原　恐竜時代が始まる三畳紀より前のペルム紀の生物だといわれているんですよね。だから、どうもこれも恐竜とはいえないいんじゃないかと思います。あるいは、この世界線においては、恐竜時代の時間軸がずれているのか。どちらかはわかりませんが。そう考えると、地球の歴史上、出自が明確に恐竜とされているゴジラは、実はそんなにいないんですね。解釈が難しいところではあります。

大内　そうなんだ。

芝原　ちなみに、ゴジラの世界にも古代文明はあって、200万年前のシートピアという文明が出てきます。正直、この図を作るまではゴジラが一番簡単かな、と思っていたのですが、意外にゴジラが一番難しい。

大内　意外と複雑なんですね。

芝原　特撮世界の時間スケールを第二部でかなり解説しましたが、もう一度見てみたいと思います。あの時はもろもろの物証から、『ウルトラマンZ』は未来の地球の話ではないか、と考えました。ところが、オオタ ユカ博士の発言で、メソポタミア文明が5000年前なんだよといわれてしまった。『ウルトラマンZ』の世界でメソポタミア文明は5000年前、我々の世界でも5000年前。だから、本来同じぐらいの年代のはずが、ウルトラマンZの方が未来の世界のように見える。この矛盾を解消するためには、どうしたらいいのか。

大内　そこで出てきたのが、時間の解釈ですね！

芝原　そうです。『ウルトラマンZ』の世界は、我々の世界に比べて1日がちょっと長いのではないか、という解釈をしました。1日が48時間あれば、同じ5000年でも『ウルトラマンZ』の世界では1万年経過していて、5000年分の時間のズレがある。こういう風に、少しずつそれぞれの世界で時間の流れとか歴史が違うのではないか、というのがそれぞれの作品を見て感じたことです。

大内　いわゆる、マルチバース展開ですね。

芝原　例えば初代ゴジラの世界ではジュラ紀が200万年前、しかし現実世界では恐竜は200万年前にはいない。1日がだいぶ長ければ200万年前が1億数千万年前になります。さらに『ウルトラマンガイア』の世界では6億年前の地層にアンモナイトがいます。地球の歴史にズレが生じているのではないかと思います。アンモナイトは、示準化石なんです。示準化石というのは、時代を知るための化石です。アンモナイトがいるなら時代が特定できます。

大内　そこで時代がわかるんですね。

芝原　とにかく、各世界設定ごとに時間のスケールが違うというのは間違いないだろう、と思っていたらちゃんと作中で言及されていました。2020年に公開されたばかりの、劇場版『ウルトラマンタイガ　ニュージェネクライマックス』という作品です。その前作『ウルトラマンR／B』から主人公の1人、湊イサミが出てきます。彼もまた研究者で、宇宙考古学をやっています。**宇宙考古学**という言葉はSF的な響きがありますが、分野名としては実在します。人工衛星によって撮影された画像を分析して、遺跡を探します。

大内　遺跡探しなんですか。

芝原　はい。例えば、ジャングルの中に埋もれている遺跡を探すなど。

大内　ああ、宇宙の遺跡ではなく、宇宙から遺跡を観測するんですね。

芝原　そういうことです。でも、どうしてもそっちを想像しちゃいますよね。SFによく出てくる宇宙の遺跡。

大内　火星のピラミッドとか。

芝原　ともあれ、湊イサミ君は今回、並行世界の地球からこの世界にやってくるわけなのですが、彼がいうには「この地球、俺たちの地球とは時間の流れが微妙に違う‼」これ、一字一句そのままです。

大内　深いなあ。

芝原　そんなわけで、ウルトラマンの世界の考察でした。

【宇宙考古学】
現実世界における宇宙考古学は、人工衛星によって得られた地上の画像データを分析し、遺跡を発見する分野を指す。現在の人工衛星に搭載されるセンサーは赤外線やマイクロ波なども測定できるため、地表が詳細に観測できる。

大内　地球って、特撮の星なんですねえ。

芝原　まだまだ沢山ネタがあります、地球は特撮の宝庫！

大内　シリーズにしたいですね。

芝原　そうですね！　皆さん、またいつかどこかでお会いしましょう。

おわりに
――小さなアパートの一室で特撮を撮影していた20年前

２０２１年は、特撮の歴史において記念すべき年です。

いや失礼しました、「特撮の地球科学」らしい表現に変えれば、２０２１年は「地球史上まれにみる特撮の当たり年」なのです。

ウルトラシリーズは55周年を迎え、さらに映画『シン・ウルトラマン』が公開されます。スーパー戦隊シリーズは45周年記念作品である「機界戦隊ゼンカイジャー」の放送が開始されました。さらに仮面ライダーシリーズも生誕50周年を迎えます。加えてゴジラ関係では最新作となる『ゴジラvsコング』が公開予定と、もう地球上のいたる所で激しい特撮ドラマが展開されます。果たして我々の惑星はこの大騒動に耐えられるのでしょうか。どうかご安心ください。本書でご紹介してきた数々の仮説（妄想）が当たっていれば、地球は今回もなんとか持ちこたえるでしょう。

さて、そんな記念すべき2021年から遡ること20年、まだ学生だった2001年の私は、つくば市内にある小さなアパートの一室で、ひたすら特撮を撮影していました。平成ガメラシリーズの特撮、特に怪獣同士の戦いが引き起こす大爆発シーンに感動したからです。とはいえ学生の身で、撮影用の火薬を使うのはもちろん厳禁です。それどころか、どんな小さな火であっても使いたくない。賃貸のアパート内で安全に、しかしガメラのような迫力ある爆発を撮影するにはどうしたら良いのか……？

一ヵ月ほど悩みに悩んだ結果、私は水と日本茶を利用する方法に辿り着きました。熱帯魚用の水槽に水を満たして洗濯糊を少し混ぜ込み、その中に出がらしにした茶葉を沈めると、水の中をゆっくりと茶葉が沈んでいきます。これを横向きのカメラで撮影し、その映像をソフトウェアで色調反転させると、真っ赤な爆炎がゆっくり広がっていくスローー映像のように見えるのです。これを見つけた時の感動は忘れられません。

その後、中古で買った3次元造形機でミニチュアを作り、それをコタツの上で撮影した映像と、先述した爆炎のCGをパソコンで合成したりなど……狭いアパートの部屋はどんどん特撮スタジオへと変貌していったのでした。

折しも個人向けのデジタルカメラとパソコンが普及し、少人数でも映像を制作できるようになった時代でした。なおかつ動画配信サービスも台頭してきたため、作品発表も手軽にできるようになっていました。つまりそれまで大人数のスタッフが必要だった自主制作映画が、やる気さえあれば少人数、あるいは一人でもできる時代になったのです。

作品を企画し、脚本を練り、ミニチュアを作って撮影し、一本の動画として世に出す。この一連の流れを経験したことは、いま研究系ベンチャーを運営する上で本当に役立っていますし、当時の機材やノウハウは今も地球科学の可視化技術として大いに活用しています。今でいう所のギーク、あるいはオタクスピリッツの商業化でしょうか。本当に生きる上で大切なことの多くを、特撮が教えてくれた気がします。

そして自分で作ってみて思うのは、やはりプロの特撮の現場で働いていらっしゃる方々の技術力の高さ、そして作品に対する情熱の凄さです。これはとても私のような一介のファンが追い付けるものではありません。しかも近年、あらゆる先進的なデジタル技術を巻き込みながら、特撮はますます高度化しています。ミニチュアにＣＧを合成するだけでなく、ミニチュアを3Dスキャンし、データ化して演者の動きとマッチングさせる。逆に3Dデータの動きに合わせてカメラを動かし、動きを同調させる……もはやどこまでがミニチュアでどこからがCGか分からない先進的な映像を見て、私は毎週ただただ驚くしかありません。

そんな時代に、しかも2021年という記念すべき年に、自分の本業である地球科学に絡めて特撮の本を書かせて頂けたのは本当に幸せでした。やっぱり特撮っていいな、大好きだな、そんな純粋な気持ちを、この本を書くことで改めて思い出せました。

最後に、こんな尖った内容の本を執筆させて下さった株式会社イースト・プレス様に心から御礼を申し上げます。そして20年前の自主制作時代から一緒に特撮を作り、その後こんな奇妙奇天烈な研究者へと成長してしまった私にずっと伴走してくれている妻、三恵子に最大限の感謝を捧げます。

2021・3・24

芝原暁彦（古生物?学者）

謝辞

特撮の第一人者である樋口真嗣監督、田口清隆監督、そして多数の特撮に出演されている俳優の斉藤麻衣様には、製作中の大変お忙しい時期にも関わらず、素晴らしい推薦文を頂戴しました。

立体模型製作の第一人者である大道寺 覚様（ニシムラ精密地形模型代表、地球技研CTO）には、精密な東京都地形データのご提供を始め、多数のご協力を賜りました。地図調整のプロである田中英一郎様（株式会社徳田屋）には、怪獣の移動経路地図や、つくば市の特撮地図など、数々の素晴らしい地図を調整いただきました。産業技術総合研究所の川邉禎久先生には、『シン・ゴジラ』の移動経路を類推した位置データをお借りしています。また同研究所の研究者で、ニコニコ学会β設立者でもある江渡浩一郎博士には、『Tsukuba Mini Maker Faire 2020』の資料引用についてご快諾いただきました。イラストレーターのすざ木しんぺい先生には、特撮をイメージした素敵なイラストを多数描いていただきました。

日本女子大学の高橋修先生には、特撮や映像史について常日頃からご指導を賜っています。また地図ソフト「カシミール3D」作者のDAN杉本様には、著者が学生時代に特撮を自主制作していた時代から、同ソフトの映像面での応用についてご指導いただき、本書での引用についても改めてご快諾を頂戴しました。また数々の書籍でお世話になっているサイエンスイラストレータのツク之助氏、谷村諒氏には、古生物イラストをご提供いただきました。さらに引用書籍のイラストでお世話になった徳川広和先生には、常日頃から特撮に関してもご教示いただいております。本書の文字おこしと科学系のイラストは、妻である芝原三恵子から手厚いサポートを受けました。

本書の共著者である大内ライダー様、および大内さんが所属する特撮リスペクトバンド「科楽特奏隊」の皆様にはSNS等で多大なご協力を賜りました。

「東京スリバチ学会」の皆川典久会長、アーティストの伊藤ルーリー様、および特撮展示の大先輩であるヨーギタカタ様には、著者が特撮についてプレゼンテーションするきっかけを作って頂きました。

最後に、本書の執筆を最初に企画していただき、完成まで粘り強くお付き合いただいた株式会社イースト・プレス編集の黒田千穂様ならびにスタッフの方々、さらに渋谷の「東京カルチャーカルチャー」にて「特撮の地球科学」のイベントを行った際にご尽力いただいたスタッフの皆様、そしてなにより、このイベントをご視聴下さった方々、本書をご覧いただいたすべての皆様方に、厚くお礼申し上げます。

みなさま本当に有難うございました。

2021.3.24 **芝原暁彦**（古生物？学者）

特撮の地球科学
古生物学者のスーパー科学考察

2021年4月20日　初版第1刷発行

著者　芝原暁彦
　　　大内ライダー
絵　すざ木しんぺい
編集協力・図版イラスト制作　芝原三恵子［空想技術研究所］
地図調整　田中英一郎［株式会社徳田屋］
地図データ提供　大道寺 覚［ニシムラ精密地形模型］
『シン・ゴジラ』移動経路の推測データ提供　川邉禎久［産業技術総合研究所］
写真提供　オリンパス株式会社
　　　　　東北大学総合学術博物館
ブックデザイン　金井久幸＋藤 星夏［TwoThree］
校正　荒井 藍
DTP　臼田彩穂
企画・編集　黒田千穂
発行人　北畠夏影
発行所　イースト・プレス
〒101-0051
東京都千代田区神田神保町2-4-7 久月神田ビル
Tel.03-5213-4700
Fax.03-5213-4701
https://www.eastpress.co.jp
印刷所　中央精版印刷株式会社

ISBN978-4-7816-1972-9